大相撲行司の昇格・口上・持ち物

根間弘海

専修大学出版局

まえがき

　本書は行司に関するテーマを扱っているが、主として、前半は江戸末期から明治末期までの行司番付、後半は軍配房の色の変遷や行司の口上などを扱っている。どのテーマも行司に関するものだが、ほとんどがこれまであまり注目されず、したがって深く研究されていなかった。本書は未開拓の分野に足を入れていることから、本書で提示する主張や分析などは必ずしも正しくないかもしれない。

　たとえば、第3章では嘉永元年から慶応4年までの行司番付表のうち、その3段目に焦点を絞り、行司の番付を調べているが、山型記載の場合、その順位は必ずしも正しくないかもしれない。番付表3段目中央に来る行司の判別が難しいことがあるからである。横列記載の場合でも、山型記載の場合と同様に、番付表の記載だけでは階級間の境を明確に判別できないことがある。幕末の行司番付の分析は初めてなので、これをきっかけにし、さらに研究が進むことを期待している。

　このように、他の章も初めての研究テーマであることが多い。初めての研究は楽しみでもあるが、新しい分析や提案に問題がないか、心配の種も尽きない。しかし、前を進むには、そういう研究も必要である。問題点があれば、解明のために研究を重ねていけばよいはずだ。初めて研究する領域ではそのような疑問を抱きながら、自分なりの分析や提案をしている。

　第7章だけは例外で、このテーマは、実は、誰もが周知のものであり、何も目新しいことはない。行司の掛け声や口上をまとめてあるだけである。なぜ取り上げたかと言えば、まとまったものを文字の形で残しておきたかったからである。そうすれば、将来、同じようなテーマで研究する人にとって役立つはずである。私自身がこのテーマで深く研究しようとし、過去の文献を調べてみたが、そのような文献がなく、壁にぶつかったしまった。この章が将来、役立つか否かは、もちろん、誰にもわからない。

本書の執筆に際しては、「相撲趣味の会」の野中孝一さん、「大相撲談話会」の多田真行さんと福田周一さん、元・木村庄之助（29代・33代・35代、38代）、元・40代式守伊之助、現・木村元基（幕内）、相撲研究家の杉浦弘さんにそれぞれ、大変お世話になった。現役の行司には階級を問わず、数人の方々に行司に関することを控室や普段の会話の中で、何かと教えてもらった。また、出版に際しては、これまで同様に、専修大学出版局の上原伸二局長にご尽力とご協力をいただいた。ここに、改めて感謝の意を表しておきたい。資料の整理などでは、娘の仁美と峰子にもお世話になっている。感謝の意を記しておく。

　なお、本書では多くの文献から引用文を提示しているが、字句や表現などを少し変えていることがある。正確な引用文が必要な場合は、必ず元の出典を直に参照することを勧める。数字も頻繁に出てくるが、その表し方は統一されていない。アラビア数字（1, 2, 3など）や漢数字（一、二、三など)が混在している。内容的には同じなので、あまり気にしないでほしい。

【各章の概要】

第1章　明治前半の十枚目格行司の昇格年月再訪

　本章では、二つのことを扱っている。一つは、番付表と星取表を参照しながら、十枚目行司の番付を調べることである。星取表2段目左端には十枚目格行司が記載されている。したがって、星取表に記載されていない行司は幕下格以下となる。その意味では、星取表が参考になるのは、明治3年11月から45年5月までである。明治3年11月以前の星取表は、幕下十枚目格を確認するには参考にならない。左端の行司は幕内格だからである。二つは、番付表だけに基づくと、行司の階級を正しく分析できないことである。たとえば、竜五郎（のちの16代木村庄之助）、庄五郎（のちの木村瀬平、立行司）、玉治郎（のちの木村庄三郎、17代木村庄之助）、銀治郎、宋四郎などの昇格年月に関し、本書は星取表を参考にし、多くの

4

文献に見られるものとは異なる分析をしている。一人だけ例示すれば、木村竜五郎は明治6年11月に東京相撲を脱退し、高砂改正組に同行しているが、そのとき竜五郎は青白房だったとする文献があるが、本書は幕下格の黒房だったと分析している。

第2章　明治33年以降の十枚目格行司の昇格年月再訪

本章では、二つの時代に分けて分析している。一つは、明治33年から45年までの十枚目格行司の昇格年月を調べることである。明治末期までは、星取表2段目左端には十枚目行司が記載されているので、その行司の階級を分析するのは比較的容易である。しかし、番付表3段目には必ずしも青白房だけが記載されているわけではない。黒房行司も記載されている。青白房行司と黒房行司の見分けが難しいとき、星取表が大いに参考になる。二つは、大正期の青白房行司を分析することである。大正期では星取表はまったく参考にならない。星取表2段目左端には紅白房が記載されているからである。さらに、番付表でも紅白房行司と青白房行司を見きわめることは必ずしも容易でない。字の大小、濃淡、空白部分の大小などを参考にして分析するが、それが難しいのである。前後の行司を考慮し、番付や階級を分析してあるが、その分析が事実を正しく反映しているか、やはり吟味する必要がある。もう一つ、大正15年5月場所で式守錦太夫が草履を履いていることを示す写真が不鮮明のため、証拠として確実性に欠けていたが、番付表の記載から履いていたという分析をしている。当時、番付表最上段では草履格を記載するしきたりがあり、錦太夫は15年1月場所では二段目に記載されていたのに、5月場所では最上段に記載されているからである。

第3章　嘉永から慶応までの行司番付

本章では、嘉永元年11月から慶応4年6月までに期間を限定し、番付表3段目の行司番付を調べている。最上段と2段目は太字で記載されているし、行司の数も少ないので、調べないことにしてある。順位付けで迷うことはない。3段目にどの階級が記載されているのか不明であること、

階級があってもその境目を見きわめるのが容易でないことなどから、行司の順位だけを調べることにした。3段目記載の行司の階級は調べていない。これまで、不思議なことに、順位付けさえ研究されていない。3段目の順位付けが一場所あるいは二場所だけでもされていれば、どの階級が記載されているか、かなり参考になるはずだが、そのような資料を入手できなかった。幕末の番付表に基づいて、3段目を詳細に分析すれば、青白房がいつごろ現れたかがわかるはずだと想定していたが、実際に分析してみると、それはまったく期待外れだった。したがって、本章では、青白房（つまり幕下十枚目格）がいつ現れたかに関し、何も新しい提案をしていない。嘉永以降の番付表に基づき、3段目行司の順位を示してあるが、傘型（山型）記載ではその分析が必ずしもうまく行かない場合があった。というのは、中央に起点となる行司が二人記載されることがあるが、どの行司が本当の起点になるのかで迷いがときどきあったのである。起点が違えば、それに伴って順位にも違いが生じる。また、中央に三人記載される場合でも、起点を判断するのが難しいケースもあった。このように、本書の分析には問題がいくつかあることを指摘しておきたい。初めての分析であっても、完璧を目指しているが、やはり何か割り切れないものが残っているのも事実である。

第4章　朱房の草履格と足袋格の変遷

　朱房行司には大正末期まで二通りあった。一つは草履格であり、もう一つは足袋格である。江戸時代にも朱房・草履格と朱房・足袋格がいたが、階級は三役格だった。ところが、明治末期には朱房・足袋格の階級は幕内になっている。いつごろ、三役格から幕内格になったのだろうか。そのことに関心を抱き、それがわかる文献はないかを調べてみた。明確な年月がわかる文献は明治43年ないし44年の新聞記事があるが、それ以前に階級の降格を示す文献がないかを調べてみた。すると、明治中期に朱房・足袋格を幕内とする新聞記事があった。しかし、正確な年月が確認できる新聞記事はない。当時の行司の房色や階級を吟味してみると、朱房・足袋格を「幕内」とするのは明治38年5月だとするのがよさそうである。木村

庄三郎が 37 年 5 月に草履格、式守伊之助が紫白房となっている。また、木村庄太郎は 38 年 5 月に草履格になり、三役格となっている。この 3 名の行司の経歴や房色の変化、それに当時の新聞記事を考慮すれば、38 年 5 月を境にして大きな間違いはなさそうである。それから、明治 43 年 5 月までの相撲界の大きな催事（たとえば台覧相撲）などでも、朱房・足袋格は幕内として扱われている。資料で明確に確認できるのは 43 年ないし 44 年だが、それ以前に「幕内格」は決まっていたに違いない。本書では、そのように分析しているが、それが正しいかどうかは、もちろん、吟味しなければならない。

第 5 章　事実の確認と証拠

　行司の研究には、どうしても文献が必要である。ところが、その文献の記述に不確かな記述を見つけることがある。本章では、そのような記述を取り上げて、何が問題点なのかを指摘している。たとえば、それをいくつか列挙してみよう。

(1)　15 代木村庄之助は明治 25 年春の巡業中（3 月末から 4 月）に横綱西ノ海の土俵入りを引くとき、准紫房を特例として許されているが、5 月本場所でもその房色を使用する旨の新聞記事がある。その准紫房はいつまで黙認されたのだろうか。というのは、30 年中にその准紫房を授けられたという新聞記事があるからである。

(2)　木村瀬平は明治 29 年 6 月に草履を許された。30 年春場所、熨斗目麻上下を着用し、木刀携帯で土俵に上がっている。そのことに、協会側は不審を抱き、なぜ帯刀しているのかと尋ねている。瀬平は草履を許されたら、帯刀するのも「しきたり」だと語っている。当時、草履格が帯刀するのは、本当にしきたりだったのだろうか。

(3)　「相撲行司家伝」（文政 10 年 11 月付）によると、5 代木村庄之助は寛延 2 年に草履を許されたとなっている。行司免許状に草履のこと

は記載されている。木村庄之助（7代）が草履を初めて許されたのは、天明7年12月である。5代木村庄之助の免許状には、なぜ草履のことが記載されているのだろうか。その免許状は後で作成し、「相撲行司家伝」（文政10年11月付）に掲載したものではないだろうか。

この他にも4つほど取り上げ、問題提起をしている。それぞれの問題点に対して、私なりの主張や提案をしているが、それが正しいかどうかは、やはり吟味しなければならない。

第6章　土俵祭の事例

本章では、過去の土俵祭をいくつか提示し、現在の土俵祭と比較した。現在の土俵祭の式次第や神々は多くの文献で提示されているので、本章では現在の土俵祭には深く立ち入らない。土俵祭に関しては、一般的に、寛政3年6月以降が対象になっているが、実はそれ以前から土俵を清める儀式は執り行われていたことを指摘してある。特定の場所を決めて、そこで何かをするときは、初めにそこを清める儀式を行うのが、神道の在り方だからである。寛政3年6月以前に『相撲伝秘書』（安永5年）があるが、その中に「地祭」のことが細かく記されている。当時の地祭は、現在の土俵祭に相当する。以前の土俵祭では土俵を神聖化するのに、「天神七代、地神五代」に加え、万の神々を招き寄せていたが、現在の相撲三神を定めたのは、昭和20年ころである。その神々を定めたのは、22代木村庄之助（当時、式守伊之助）である。一人で決めたのではなく、彦山光三氏と相談して決めている。内館牧子著『女はなぜ土俵にあがれないのか』に「地祭」という言葉は、土俵祭として使用されたことがないという旨の記述があるが、その言葉は、実は、吉田司家の当主・吉田追風を初め、明治時代の新聞記事や江戸時代の文献でもよく使用されていることを指摘する。

第7章　行司の口上や掛け声

行司は、土俵上や相撲館内でさまざまな口上を唱えたり、掛け声を発したりしている。本章では、その主な口上や掛け声をいくつか詳しく提示し

ている。新しい主張や提案は何もしていない。それでは、なぜそのような口上や掛け声をわざわざ取り上げているのか、ということになるが、それには二つの理由がある。一つは、口上や掛け声をまとめた文献がないことである。断片的には、相撲の本や雑誌などでもいくつか、しかも具体的に示してあるが、多くの事例を取り上げ、具体的に示してあるものはないと言っていい。インターネット上にはけっこう具体的に網羅してあるものもあるが、それは一時的であり、そのうち消えてしまうものである。文字として半永久的に残るものかとなると、やはり疑問符がつく。もう一つは、江戸、明治、大正といった時代のある時期の口上や掛け声をまとめて記述した文献がなかったことである。現在の口上や掛け声の多くは、伝統的に受け継がれてきたものも少なくないはずだが、それを確認する資料がない。どういう変遷を経て、現在に至っているのかを調べることができないのである。そういう状況を鑑み、せめて現在のものをありのまま記しておけば、いつかきっと有益な参考になるかもしれない。そういう思いで、その事例をいくつかまとめて提示することにした。

第8章　行司の持ち物への雑感

　本章では、行司の持ち物や行司に関連する事柄に焦点を絞り、疑問を投げかけたり短い解説を加えたりしている。行司の持ち物と言えば、やはり軍配である。その軍配の歴史を知ろうとすれば、意外とわからないことがある。たとえば、形状は卵形だけでなく、瓢箪形もある。昔の絵図を見ていると、変わった形状も描かれている。しかし、江戸末期には大体、卵形と瓢箪形の二つである。文献によっては、卵形の軍配は式守家が使用し、瓢箪形は木村家が使用すると書いてある。その区分けは実際にあったのだろうか。軍配には房が付いていて、階級によって房色が決まっている。それぞれの色は、いつ頃決まったのだろうか。同時に決まったのだろうか、それとも別々に決まったのだろうか。立行司は帯刀し、土俵に上がる。なぜ立行司だけ、帯刀が許されているのだろうか。いつ頃から、立行司は帯刀するようになったのだろうか。明治初期には廃刀令が出て、立行司でも帯刀が許されていない。帯刀しなかったのは、どのくらい続いたのだろう

か。帯刀の復活は何年何月だろうか。それを裏付ける資料はあるのだろうか。このように、本章では、特定の項目を取り上げ、それについて細かい疑問を投げかけたり短い説明を加えたりしている。他の章と重なり合うことも少なくない。

第9章　行司の草履格と熨斗目麻上下

　明治時代の錦絵を見ると、立行司の木村庄之助と式守伊之助は二人とも熨斗目麻上下を着用している。ところが、江戸時代の錦絵を見ると、時代によって木村庄之助だけが熨斗目の装束を着用し、式守伊之助はその装束を着用していない。天明時代や寛政時代の錦絵を見ると、木村庄之助と式守伊之助は二人ともその装束を着用していないが、天保時代の錦絵を見ると、木村庄之助は着用しているのに、式守伊之助は着用していない。どうやら、二人は別々に「熨斗目」を許されていたらしい。いつごろ、そのような差別が生じたのだろうか。

　江戸時代の錦絵を注意して調べてみると、木村庄之助は文政末期に熨斗目の上下装束の着用を許されている。正確な年月は確定できないが、推測では文政10年である。文政8年か9年の錦絵では熨斗目を着用していないが、11年の錦絵ではそれを着用している。その当時の木村庄之助（9代）は文政10年に紫白房を許されていることから、その頃に熨斗目の装束も許されたようである。

　もう一方の立行司・式守伊之助に関しては、明治時代の新聞記事によると、文久元年に「熨斗目」装束の着用を出願している。それが正しいかどうかを錦絵で調べてみると、出願の文久元年が正しいかどうかは確認できなかったが、その2年後の文久3年の錦絵でその着用を確認できた。文久2年春場所の錦絵ではそれを着用していない。それで、式守伊之助は文久3年から「熨斗目」装束を着用するようになったとしておく。今後、文久2年冬場所を描いた錦絵で、「熨斗目」を着用したものが見つかれば、文久3年か文久2年のうち、いずれが正しいかは明らかになる。

　明治30年春場所、木村瀬平は立行司でないのに熨斗目麻上下を着用している。そのことを不審に思った検査役（現在の審判委員）が瀬平に問

いただしたところ、瀬平は草履を許されたら熨斗目の装束も「しきたり」として許されると応じている。その頃、その「しきたり」があったかどうかははっきりしないが、瀬平は一回目の草履格だった頃、確かに熨斗目の装束を着用している。また、明治 17 年頃、木村庄三郎も熨斗目を着用している。二人とも、それは錦絵で確認できる。瀬平が 30 年春、草履格でありながら「熨斗目」の装束を着用したのは、瀬平自身の経験に基づいている。吉田司家もそれを黙許している「ふし」もある。結果的に、協会側は瀬平の「熨斗目」を認めている。明治 20 年代後半、草履格の行司でも「熨斗目」装束を許されていたかどうかは必ずしも明確でないが、瀬平の言い分が間違っているとは断言できない。10 年代後半には、草履格の瀬平自身や木村庄三郎がそれを実際に着用していたからである。

目　次

第9章　行司の草履格と熨斗目麻上下　259

第1章　明治前半の十枚目格行司の昇格年月再訪

1.　本章の目的[1]

　本章では、明治元年11月から32年5月までの行司番付を扱い、主として次のことを指摘する。[2] 本章では基本的に、明治時代の行司を扱うので、年号の「明治」を省略することがある。また、階級を表すのに「十枚目格」や「幕内格」としているが、「階級」と「格」を特に区別して使用しているわけではない。本場所の年月は基本的に開催期間に基づいている。[3]

（1）　明治元年11月から3年4月まで、星取表の2段目左端の行司は幕内格である。十枚目格ではない。

---

1)　本章では星取表や大相撲勝負一覧表を活用しているが、この資料に関しては、相撲趣味の会の野中孝一さん、両国の相撲博物館、葛城市相撲館「けはや座」に大変お世話になっている。野中さんからは明治5年から明治17年までの大相撲勝負一覧表全部のコピーをいただいた。さらに、執筆中の原稿も読んでもらい、貴重なコメントもいただいた。相撲博物館には文久2年冬から明治30年5月までの星取表2段目左端の行司名を教えてもらった。「けはや座」には明治30年頃の星取表をいくつか、コピーでいただいた。お世話になった方々に、改めて感謝を申し上げる。

2)　本章では、行司名を記す場合、基本的に木村と式守の姓を省略している。姓とともに正確な行司名を知りたければ、番付表で確認することを勧める。本場所の年月がわかれば、行司名で混乱が生じることはない。

3)　本場所の開催年月は酒井忠正著『日本相撲史（中）』を参考にした。文献によって、開催年月が異なるが、多くの場合、番付記載の年月に基づくか、実際の開催年月に基づくかによる。当時は、晴天興行なので、厳密な開催期間は必ずしも決まっていない。これまでの拙著でも本場所の年月は一貫していないことを指摘しておきたい。

(2)　明治 3 年 11 月から 45 年 5 月まで、星取表の 2 段目左端の行司は十枚目格である[4]。したがって、その星取表に掲載されていない行司は、幕下格以下である。

(3)　番付表の 2 段目左端の行司は明治 30 年 1 月場所まで必ずしも十枚目格の最下位とは限らない。3 段目に十枚目格が記載されていることもある。

(4)　番付表では明治 30 年 5 月場所を境にして記載されている行司の格が違っている。それまでは 2 段目に十枚目格と幕内格が記載されているが、31 年 1 月以降は、基本的に、3 段目に十枚目格が一つの塊として記載されている。しかし、ときには、3 段目に幕内格と十枚目格がともに記載されることもある。

(5)　明治前半の行司の昇進年月が文献で間違って記述されていることがある。その行司を何人か例示し、正しい昇格年月を提示する。

　本章は拙著『方向性と行司番付』」(2024) の第 9 章「明治 30 年までの行司番付と房色（資料編）」と密接に関わり合っているので、両方合わせて読むと明治 30 年以前の行司番付の根拠がより深くなる[5]。本章では、十枚目格と幕下格の境目を番付表と星取表を照合して判別している。十枚目格と幕内格、それに幕内格と三役格（朱房）の区別は、まったくと言っていいほど行っていない。

---

4)　大正期の星取表 2 段目左端の行司は紅白房足袋（幕内格）や朱房足袋（幕内格）に変わっている。江戸末期の星取表はどうやら紅白房（幕内格）である。星取表 2 段目左端の行司の格は時代によって変わっている。常に一定の階級でなかったことを指摘しておきたい。

5)　拙著は書名を表わす場合、たとえば『方向性と行司番付』(2024) のように、書名を簡略化した一部と出版年だけを示すことがある。

2.　番付表 3 段目の十枚目格行司

　番付表 3 段目の行司が星取表では 2 段目に記載されることがある。これは 2 段目行司が青白房であることを示している。3 段目の中央に記されている場合は明らかに肉太で記載されているので、容易に見分けがつく。右方の場合、字の大小だけでは見分けづらいことがある。その際、星取表と照合すると、判明が一目瞭然となることがある。星取表 2 段目左端に記載されていれば十枚目格（青白房）だし、そうでなければ幕下格（青白房）である。

　星取表のコピーは明治 5 年 3 月から 17 年 5 月までしか持っていないので、その範囲内のものだけを示す。明治元年 11 月から明治 3 年 4 月までの星取表 2 段目には、番付表 3 段目右方に大き目の字の行司が記載されていないからである。なぜそのように記載されていないかに関しては、次のことが考えられる。

- （1）　大き目の字は幕下格行司である。星取表に有資格者（十枚目格以上の行司）として記載されないからである。
- （2）　大き目の字は十枚目格である。明治 3 年春場所まで、番付表 3 段目の行司は星取表に記載していなかった。

　このいずれが正しいのか、今のところ、不明である。もともと幕下格行司だったなら、なぜ特定の行司を大き目の字で記載するのだろうか。明治 3 年冬場所を境に、星取表では有資格者（つまり十枚目格以上の行司）だけを記載するように変更がされているとすれば、江戸末期ではどうなっていたかを調べる必要がある。もしそれまでも 3 段目の大き目の行司を星取表に記載していなかったなら、番付表 3 段目の大き目の行司は十枚目格である。そうでなかったなら、幕下格行司ということになる。本章では、江

戸末期の星取表では十枚目格を記載していなかったと推定している[6]。

　たとえば、明治 3 年 4 月の番付表と同年 11 月の番付表 3 段目では庄五郎と多司馬はまったく同じ十枚目格だが、星取表の記載が異なる。3 年 4 月の星取表の左端には幕内格の錦太夫が記載されているが、3 年 11 月の星取表では十両格の多司馬が記載されている。これは星取表の記載法が変わったことを意味する[7]。

　明治 3 年春場所までの番付表 3 段目の大き目の字の行司の扱いが定かでないので、本章では明治 3 年冬場所以降の番付表や星取表に光を当てることにする。

(1)　3 段目中央の肉太の行司が 2 段目と同格である例
　　　7 年 12 月　　　護郎、庄治郎

---

6)　慶応 3 年冬場所の星取表では 2 段目左端の行司は多司馬になっている。この星取表は野中さんからコピーでいただいた。多司馬が当時、幕内行司の最下位だったのかどうか、わからない。江戸末期の行司の階級はまだ調べてない。明治 3 年冬場所を境にして、星取表に記載する行司の階級が違ったかどうかは、今後さらに検討する必要がある。因みに、星取表 2 段目左端の行司名を記しておく。慶応元年冬から慶応 3 年冬までは多司馬、元治元年冬と慶応元年冬は庄三郎、元治元年夏は宋四郎、文久元年冬は庄吉、文久 2 年冬から文久 3 年春は四郎次郎である。これらの行司名はほとんど、相撲博物館に教えてもらった。各行司の階級がわかれば、星取表の記載の仕方がわかるかもしれない。ところが、たとえば、天保以降から明治までの十枚目格や幕内格行司の階級を知りたくても、それが、今のところ、ほとんど不明である。

7)　これはまた、幕下十枚目格行司が明治 3 年 11 月から番付表に初めて記載されるようになったという見方も同時に否定する。十枚目行司は以前からいたことを番付表で確認できるからである。しかし、十枚目格行司（つまり青白房行司）がいつから現れたかは番付表では確認できない。十枚目格力士（つまり十両力士）が番付表に記載される前に十枚目格行司は先に記載されたのではないかという見方を私は拙著『格付けと役相撲』（2023）の第 7 章「行司の格付けと房色の定着」で示唆した。それを番付表で確認してみたが、今のところ、うまくいかない。番付表 3 段目の記載行司の一部が十枚目格に相当するはずだが、字の大小や肉太だけでは真の十枚目格と幕下格の区別ができないからである。

8 年 4 月	護郎、庄治郎、多司馬
8 年 12 月	庄治郎、多司馬
16 年 1 月	錦太夫、嘉太郎
17 年 1 月	錦太夫、嘉太郎、直

(2)　3 段目右方の記載で、星取表から十枚目格である例

3 年 11 月	多司馬、庄五郎[8]
9 年 4 月	多司馬
12 年 1 月	相馬、直之助、秋二郎
14 年 1 月	直之助、秋治郎、錦之助
15 年 1 月	錦太夫、秋治郎
15 年 6 月	錦太夫

　拙著『方向性と行司番付』(2024) の第 9 章「明治 30 年までの行司番付と房色（資料編）」では間違った分析をしている箇所が三つある。

(1)　明治 11 年 4 月場所の番付表

　3 段目の相馬以下を黒房としているが、これは正しくない。相馬、直之助、秋二郎は青白房とするのが正しい。秋二郎は番付表に記載されていない。別番付で掲載されているが、階級はわからない。星取表では 2 段目左端に記載されていることから、上位の相馬と直之助も青白房となる。[9]

---

8)　星取表 2 段目左端に十枚目格が記載されるようになったが、番付表 3 段目の庄五郎と多司馬はこれまでと変わっていない。つまり、この両行司はこれまでも十枚目格だったに違いない。

9)　拙著『方向性と行司番付』(2024) の第 9 章「明治 30 年までの行司番付と房色（資料編）」で間違った分析をしているが、その主な原因は番付表と星取表を詳しく照合していないからである。執筆当時、星取表の行司欄のコピーを持っていなかった。秋二郎が東京相撲に復帰したことは別番付(明治 11 年)や『読売新聞』(明治 11 年 6 月 21 日) の朝刊二面最上段の記事でわかっていたが、その階級までは調べていなかった。

（2）　明治 14 年 1 月場所の番付表

　3 段目の右端から 3 番目の錦之助は右方の直之助と秋二郎と比べ、字が小さい。それで、錦之助は幕下と分析したが、星取表では 2 段目に記載されている。つまり、青白房である。おそらく番付発表後に青白房へ昇進したに違いない。

（3）　明治 17 年 4 月場所の番付表

　行司・嘉太郎は記載されていないが、星取表では 2 段目左端に記載されている。何らかの理由で、本場所を休場することになっていた。しかし、休場することなく、出場することになったに違いない。

　明治前半の星取表と十枚目格行司の照合に関しては、本章末尾の「B.資料 2：明治前半の星取表と十枚目格行司との照合」で提示してある。

　明治元年 11 月、2 年 3 月、2 年 11 月、3 年 4 月までの星取表 2 段目左端の行司は幕内格行司の最下位である[10]。すなわち、十枚目格の最下位ではない。江戸末期までの星取表をいくつか調べてみると、それには幕内格行司が記載されている[11]。その記載法を明治 3 年 4 月まで踏襲していたようである。ところが、明治 3 年 11 月の星取表から記載法が変わり、2 段目左端には十枚目格を記載している。その記載法は明治 45 年 5 月まで続いている。なぜ 3 年 11 月を境にして、記載法が変わったのかは、今のところ、

10）　拙著『方向性と行司番付』(2024)の第 9 章「明治 30 年までの行司番付と房色（資料編）」では明治元年 11 月から 3 年 4 月までの星取表の記載方法に関して疑問を呈しているが、それは十枚目格を前提としていたからである。その前提が間違っていたのである。江戸末期には 2 段目左端は幕内格行司であり、それが明治当初にも踏襲されていた。江戸末期の番付表では十枚目格は 3 段目にやはり大き目の字で記載されている。十枚目格がいたことは確認できるが、それがどの番付表までさかのぼって確認できるかは、今のところ、不明である。

11）　たとえば、慶応時代の星取表を調べてみると、星取表 2 段目左端は番付表 2 段目左端の行司と一致している。

不明である。本章では、明治 3 年 4 月以前の星取表に関しては、ほとん
ど触れない。¹²⁾

3.　誤った昇格年月

　文献によっては、行司の十枚目格（格足袋）や幕内格（本足袋）の昇格
年月を間違って記述していることがある。資料が少なく、昇格年月を確認
できない場合、先人の記した文献の記述をそのまま活用することがある。
私もその例にもれず、特に明治 30 年以前の行司の昇格年月に関しては、
新聞記事や相撲雑誌などをそのまま活用する傾向があった。

　最近、明治 30 年以前の昇格年月に関し、番付表、星取表、錦絵などを
活用して再調査し、拙著『方向性と行司番付』（2024）の第 9 章「明治 30
年までの行司番付と房色（資料編）」として掲載した。その研究をしてい
るうちに、何人かの行司の昇格年月がこれまで提示されているものと異な
るかもしれないという疑問が出てきた。そこでもそれについて言及してい
るが、深く立ち入っていない。そこで、疑問に思っていた行司を何人か取
り上げ、改めて正しい昇格年月を提示することにした。焦点は、格足袋（十
枚目格、青白房）と本足袋（幕内格、紅白房）への昇格年月である。それ
以外の昇格年月は取り上げない。本足袋以上の昇格年月に関しては、他の
拙著でも幾度となく取り上げている。

（1）　竜五郎（のちの 16 代木村庄之助）

　竜五郎は明治 6 年 11 月、東京相撲を脱退し、高砂改正組に同行したとき、

---

12)　本章では、明治 3 年 11 月を境に星取表 2 段目左端の行司が変わっているが、
説明の簡潔さから、その境がなかったかのような記述をしていることがある。す
なわち、明治時代はすべて、星取表 2 段目左端は十枚目格であると記述している
ことがある。これは説明を簡潔にしたいためであり、3 年 11 月を境に変更があっ
たことを強調しておきたい。

幕下十枚目すなわち足袋格（青白房）だったのか、幕下格（黒房）だったのかということである。『東京日日新聞』（45 年 1 月 7 日）の「木村庄之助逝く」、同新聞の（45 年 1 月 15 日）の「明治相撲史」、『二六新聞夕刊』（45 年 1 月 7 日）の「十六代目木村庄之助」などでは足袋格としている。[13]私もそれに従い、これまで足袋格として扱ってきた。[14]しかし、番付表や星取表を参照すると、どうやら幕下格だったのではないかという疑問が湧いてきた。

そう思ったのは、明治 6 年 11 月の番付表を見ると、竜五郎は 3 段目右方から 6 番目にあり、記載されている字も小さいのである。星取表 2 段目にも記載されていない。ということは、十枚目格ではなかったということである。星取表 2 段目左端の行司は多司馬である。つまり、番付表の 3 段目は幕下格である。

上司延貴著『相撲新書』（明治 32 年）に「明治三年幕下に進みて（後略）」（p.88）とある。6 年 11 月のあいだに足袋格へ進んだことを記述している他の文献も見当たらない。それはおそらく、そのあいだに足袋格へ昇格していないからではないだろうか。文献がわからなくても、番付表と星取表という二つの資料を根拠にして、竜五郎は明治 6 年 11 月には幕下格だったと判断して間違いない。番付表の字の大きさや濃淡があいまいな根拠だとしても、星取表 2 段目左端が十枚目格の最下位行司だという前提に立てば、竜五郎は当時、足袋格（つまり十枚目格）ではなかったのである。[15]

---

13) 本書では、新聞名や発行年月日を簡略化し、ときどき『読売』（M21.12.25）のように表わすことがある。「明治時代」や「大正時代」を単に「明治（M）」や「大正（T）」として表すこともある。文脈から、どの時代であるかは容易に察することができよう。

14) たとえば、拙著『名跡と総紫房』（2018）の第 6 章「16 代木村庄之助と木村松翁」では竜五郎を幕下十枚目格としている。これは誤った分析であることを指摘しておく。

15) 誠道は鬼一郎に改名した 20 年に朱房を許されたとする文献もある。たとえば、『相撲新書』（明治 32 年、p.88）を参照。「木村誠道改式守鬼一郎」と記した錦絵「西ノ海と一ノ矢の取組」（国明筆、明治 20 年 5 月 27 日付）もある。しかし、本章では、行司歴を紹介した新聞記事に基づき、18 年 1 月とする。明治 18 年 1 月

　これから一つの教訓を得るとすれば、たとえ新聞記事であっても、また相撲に特化した関連記事であっても、そこに記述されたことをそのままうのみにしてはいけないということである。こと番付昇格に関しては、番付表を参照することである。それで決着がつきそうでなければ、他の資料、たとえば星取表などに当たることである。たとえば、『朝日新聞』（明治45 年 1 月 7 日）の「木村庄之助逝く（高砂脱走當時）」では、「（明治：補足）六年幕下格たりし當時」とある。それが「幕下十枚目格」と区別した記述であれば、正しい階級を記述していることになる。

(2)　庄五郎（のちの木村瀬平、立行司）

　ここでの焦点は、庄五郎（のちの瀬平）が慶応元年 11 月に紅白房（幕内格、本足袋）に昇進したかということである。『時事新報』（明治 38 年2 月 6 日）の「故木村瀬平の経歴」には、慶応元年 11 月、「紅白紐」になったとある。私はその記事をそのまま信じて、これまで拙著ではそのように記してきた[16)]。ところが、番付表や星取表を調べてみると、それが事実に反することがわかった。というのは、その二つの資料には当時、庄五郎が 2段目以上の行司欄に記載されていないのである。

　明治元年 11 月番付表では、庄五郎の名前が記載されているが、それは3 段目である。そこは十枚目格か幕下格である。大き目の字なので、十枚目格かもしれないと思い、星取表を調べてみると、不思議なことに、星取表に名前が記載されていない。明治 3 年あたりまでは、星取表で番付表 3段目の行司を記載していなかったかもしれない。つまり、明治のある時点

---

　　24 日付の錦絵（国明筆）があり、それにもやはり「木村誠道改式守鬼一郎」とある。20 年 4 月の番付表に記載する 2 年前には鬼一郎に改名していたかもしれない。同じ図柄なのでどちらの日付が優先するかによって、判断が異なる。20 年 4月付の錦絵が 18 年 1 月の日付になっているとすれば、話がややこしくなる。今のところ、いずれが真実なのか、必ずしも明らかではない。

16)　たとえば、拙著『名跡と総紫房』(2018) の第 9 章「16 代木村庄之助と木村松翁」の中の【資料】6 代木村瀬平の行司歴（p.148）に詳細に記してある。

で、星取表では番付表 3 段目の十枚目格も記載するようになった可能性を否定できない。そういう記載の仕方が変わったとしても、庄五郎が幕内格であったなら、それを記載しないということはあり得ない。庄五郎は幕内格として記載されていないとすると、慶応元年 11 月に幕内格へ昇格したというのはあり得ないことになる。庄五郎は脱走癖があり、頻繁に休場を重ねていたころから、足袋格以下か幕下格以下に名目上だけ記載されていた可能性はある。なぜ『時事新報』（明治 38 年 2 月 6 日）には慶応元年 11 月に紅白房に昇進したという記事になっているのだろうか。庄五郎が幕内格（紅白房、本足袋）に昇進したのは、明治 8 年 4 月場所である。それまでは十枚目格（青白房、格足袋）であった。[17]

(3)　玉治郎（のちの木村庄三郎、17 代木村庄之助）

　玉治郎はいつ十枚目格行司や幕内格行司になっただろうか。それが焦点である。玉治郎は明治 18 年に大阪相撲から東京相撲に移ってきた。その際、本人は『時事新報』（44 年 5 月 11 日）の「十代目式守伊之助」や『相撲画報〈春場所号〉』（大正 11 年 1 月）の 17 代木村庄之助談「五十三カ年の土俵生活」（pp.31-2）などで、最初は「足袋格」に据え置かれたが、翌場所に「本足袋格（幕内）」に昇進したと語っている。それが事実に基づいているか、番付表で確認してみよう。

・19 年 1 月の番付表　　3 段目左端に記載。
・19 年 5 月の番付表　　3 段目の右方から 2 番目に記載。大き目な字になっている。
・20 年 1 月の番付表　　2 段目左端に記載。24 年 1 月場所まで続く。

---

17)　番付表を調べてみると、庄五郎は元治 2 年 3 月には 3 段目の右端、慶応 4 年 6 月には 3 段目の右端から 3 番目にそれぞれ記載されている。十枚目格であり、幕内格ではない。

星取表を見ると、次のようになっている。

・19 年 1 月月から 19 年 5 月まで星取表では、2 段目左端に記載されていない。
・20 年 1 月から 24 年 1 月まで星取表では、2 段目左端に記載されている。

　本章では、星取表 2 段目左端は十枚目格の最下位行司であることを前提としている。その前提に基づくと、玉治郎は 20 年 1 月に初めて十枚目格（格足袋）へ昇格している。確かに、19 年 5 月番付表では 3 段目に大きな字で記載されていることから、普通なら十枚目扱いである。しかし、まだ幕下格扱いのままである。大きな字が何を意味しているかが問題になるが、星取表の前提では十枚目格の人数と関係なく、十枚目格であればその最下位行司を 2 段目左端に記載するのである。この場所前もそうだったし、以降の場所でもそうである。この前提に立てば、玉治郎は 19 年 5 月ともに幕下格だったことになる[18]。

　十枚目格へ昇進したのは 20 年 1 月である。それは星取表に反映されている。それが正しいとすれば、玉治郎は 24 年 1 月まで約 5 年間も十枚格の最下位だったようだ。五年間も幕下格と十枚目格のあいだで人事の動きが何もなかったというのは奇異な感じもするが、本章の前提ではそれが事実なのである[19]。前提を崩すだけの根拠がないことから、その前提で進める

---

18)　玉治郎は星取表によると、20 年 1 月から 24 年 1 月まで 2 段目左端に記載されている。玉治郎は大阪相撲を含めて、明治 3 年 5 月以降、明治 25 年 5 月まで十両格だった。その前提が崩れたなら、本章の分析は崩れる。玉治郎が 20 年 1 月以降約 5 年間も十両格のままだったことは確かに奇異な感じがするので、そのあいだ、星取表に記載する行司の階級にも変化があったかもしれないという推測もないわけではないが、その推測を裏付ける証拠がないのである。

19)　私は明治 18 年以降 30 年までの星取表の行司欄のコピーを持っていない。5 年間に十枚目格と幕内格のあいだで人事がまったくなかったかと述べているのは、2 段目左端の行司、つまり玉治郎がずっと継続しているからである。その行司名に変化がなければ、幕下格の上位にも変化がないとみなしても問題ないはずである。

しかすべがない。

　行司本人が大阪相撲から東京相撲に移ってきた 18 年、「足袋格」に据え置かれ、翌場所は「幕内格」に昇進したと語っているのだから、それを真実として受け入れればよいのではないかという疑問があるかもしれない。要は、本人が語っていることは、常に正しいかという問題である。証拠がまったくなければ、本人が語っていることを信じるしかないが、番付表や星取表は行司の順位を明確に示す資料でもある[20]。その資料と一致していなければ、やはり検討しなければならない。本章では星取表に基づき、玉治郎は 20 年 1 月に十枚目格に昇進したと結論づけることにしてある。

　それでは、玉治郎はいつ紅白房へ昇進したのだろうか。本章では、明治 25 年 5 月と分析している。確かな直接的裏付けはないが、一枚上の銀治郎がこの場所で昇進しているからである。この銀治郎は明治 24 年 1 月まで十枚目格だった。一枚下の玉治郎が銀治郎を飛び越えて、紅白房へ昇進したはずがない。これも間接的な証拠となり得る。ときどき文献によっては、20 年 1 月に幕内格（紅白房、本足袋）へ昇進したと書いてあるが、これば番付表の記載に基づいているのかもしれない[21]。その場所、玉治郎は 2 段目左端に記載されているからである。星取表の前提が生きている限り、玉治郎は 24 年 5 月に銀治郎とともに幕内格へ昇格したに違いない。

（4）　銀治郎

　銀治郎は玉治郎と同様に、明治 20 年 11 月に本足袋（紅白房、幕内格）へ昇進したという文献がときどき見られる。それは正しい年月だろうか。玉治郎の紅白房への昇進が明治 24 年 5 月だったように、銀治郎の紅白房

---

20)　再三繰り返しているが、星取表 2 段目左端の行司が必ずしも十枚目格ではないということがわかれば、本章の分析には問題があることになる。少なくとも明治 30 年頃までは、その前提は覆らないという立場である。

21)　たとえば、『大相撲人物大事典』（平成 13 年）の「行司の代々」（p.689）では、17 代木村庄之助は明治 20 年 1 月場所で幕内格に昇格したとしている。

への昇進は 24 年 5 月ではないだろうか。

・明治 19 年 4 月

番付表 3 段目右方から 2 番目に大き目の字で記載されている。一番右端は玉治郎である。そのとき、星取表の 2 段目左端は亘りである。すなわち、亘りは十枚目行司だが、玉治郎は幕下格である。その左隣の銀治郎も当然、幕下格である。

・明治 20 年 1 月（あるいは 19 年 12 月）

番付表では銀治郎と玉治郎が入れ替わり、銀治郎が一枚上位である。星取表の 2 段目左端は玉治郎となっているが、銀治郎も玉治郎の上位として記載されているに違いない。[22] ということは、銀治郎も玉治郎も十枚目行司となる。その状態が 24 年 1 月まで続く。つまり、両行司とも 24 年 1 月まで十枚目行司である。

・明治 24 年 5 月

銀治郎と玉治郎が紅白房へ昇進した。玉治郎と銀治郎がこの場所、紅白房へ昇進したことを裏付ける直接的証拠はない。間接的証拠としては、一枚上の亘りがこの場所、紅白房へ昇進しているし、3 枚下位の小市（のちの 2 代誠道）が先場所（24 年 1 月）に十枚目格（青白房）へ昇進している。[23]

・明治 32 年 1 月

　銀治郎は本場所前に行司を引退し、年寄峰崎となっている。紅白房だっ
た。『都新聞』（明治 32 年 1 月 10 日）の「名跡相続」を参照。

(5) 宋四郎

　宋四郎は明治 30 年 5 月、幕内だったとする文献がある。この年月は事
実に即しているだろうか。本章では、否としている。

・明治 30 年 5 月

　番付表 3 段目右方の勇が大き目の字で記載されている。しかし、星取
表の 2 段目左端には一枚下の源太郎が記載されている。源太郎は番付表 3
段目では右方から 2 番目で、その右側の勇より小さめの字で記載されてい
る。源太郎は場所中に十枚目格に昇進したに違いない。

・明治 31 年 1 月

　宋四郎（源太郎から改名）は 3 段目右方から 2 番目に大き目で、太字
で記載されている。その右側は勇、左側は錦之助である。つまり、宋四郎
は真ん中である。この 3 名の行司は十枚目格（青白房）である。[24] 星取表 2
段目左端の行司は錦之助である。つまり、勇、宋四郎、錦之助は十枚目格
（青白房）である。

・明治 33 年 1 月

　与太夫（3 代錦之助が与太夫に改名）がこの場所、紅白房へ昇格してい
ることから、宋四郎も実質的には紅白房へ昇進していたに違いない。しか

---

24)　竹森章編『相撲の史跡（3)』（昭和 55 年、p.46）では、宋四郎は明治 31 年 1
　　月に幕内格に昇格したとしている。本章では、幕内格に昇格したのは 33 年 5 月
　　としている。

し、宋四郎は兵役のため、この場所を欠場している。翌場所（つまり 5 月場所）、兵役から場所に復帰したので、晴れて紅白房となっている。[25]

　この経緯を考慮すれば、宋四郎は明治 30 年 5 月ではなく、33 年 5 月に幕内格（紅白房）へ昇格したと判断してよい。[27]

4.　今後の課題

　今後、特に注意してほしいことをいくつか列記しておく。

（1）　本章では、少なくとも明治前半に限れば、星取表 2 段目左端は十枚目行司の最下位だとしているが、それは正しい判断だろうか。その例外はないだろうか。

（2）　番付表 3 段目右方で大き目の字で記載されている行司で、十枚目となる行司は、なぜ番付表の 3 段目に記載されているだろうか。そうする理由があるのだろうか。

（3）　番付表 3 段目中央に肉太の大きな字で並列記載されたり山型記載されたりするのは、そうする理由があるのだろうか。右方に大き目な字で記載しない理由があるのだろうか。

（4）　本章で提示した各行司の十枚目格昇格年月が番付表や星取表以外の資料と照合しても正しいだろうか。正しくない事例があれば、その理

25）　宋四郎の兵役に関しては、拙著『方向性と行司番付』（2024）の第 5 章「明治 30 年以降の行司番付再訪（資料編）」や当時の新聞記事等でも見られる。たとえば『時事新報』（明治 38 年 5 月 21 日）の「名誉ある行司」や『時事新報』（明治 39 年 1 月 9 日）の「木村宋四郎退隠」を参照。

26）　『相撲の史跡（3）』の「木村宋四郎」（p.46）では改名のとき、幕内（紅白房）へ昇格したとしているが、本章では兵役から復帰後、33 年 5 月場所に昇格したとしている。

27）　『大阪毎日』（明治 34 年 4 月 7 日）の「大砲の横綱（立行司木村瀬平通信）」を参照。それには与太夫、大藏、錦太夫等が紅白房を許されている。

由は何だろうか。

(5)　瀬平、竜五郎、玉治郎、銀治郎、宋四郎の十枚目格や幕内格への昇
　　格年月に関し、文献によっては間違っていると指摘している。その指
　　摘は本当に正しいのだろうか。

(6)　資料を末尾に提示してあるが、それぞれの資料は正しく分析されて
　　いるだろうか。分析にミスがあれば、それは一部の箇所だけでなく、
　　全体にも及ぶことがあるかもしれない。

(7)　本章では、番付表では行司の階級、特に十枚目格と幕内格は文字の
　　記載の仕方では必ずしも明確な判定ができないとしている。実際に文
　　字を正確に精査すれば、たとえば十枚目格と幕内格でも正確に判別で
　　きるのではないだろうか。もし字の大小や濃淡で区別できるのであれ
　　ば、星取表などを参考にする必要はないかもしれない。

　差し当たっては、このような疑問がわくが、他にも、疑問を提示できる
かもしれない。いずれにしても、このような疑問はいずれ、解明しなけれ
ばならない。

5.　【資料編】

　本章では番付表に加え、星取表について繰り返し言及するので、その行
司欄 2 段目左端の行司名を提示しておく。本章では明治元年 11 月場所か
ら 32 年 5 月場所までの行司名が提示してある。この資料の年号はすべて、
「明治」である。

　なお、私は星取表二段目左端の行司名は相撲博物館、「けはや座相撲館」、
野中さんに教えてもらったが、その行司欄をすべて、自ら確認したわけで
はない。たとえば、18 年 1 月から 29 年 5 月までは確認していない。30
年代でもいくつか確認していないものがある。確認していない星取表の中
に、2 段目左端の行司名が異なるものがあったとしても、それは 1 場所か
2 場所くらいであろう。

A.　星取表の資料１：明治元年 11 月から 32 年 5 月

....

(1)　慶応 4 年春　……
　　　元年 11 月　　錦太夫〈1〉

(2)　2 年 4 月　……
　　　2 年 11 月　　錦太夫

(3)　3 年 4 月　　錦太夫
　　　3 年 11 月　　多司馬

(4)　4 年 3 月　　庄五郎
　　　4 年 11 月　　多司馬

(5)　5 年 4 月　　見蔵
　　　5 年 11 月　　多司馬

(6)　6 年 4 月　　多司馬
　　　6 年 12 月　　多司馬

(7)　7 年 3 月　　護郎
　　　7 年 12 月　　庄治郎

(8)　……　　……
　　　8 年 4 月　　多司馬

(9)　9 年 1 月　　多司馬
　　　9 年 4 月　　多司馬

(10)　10 年 1 月　　吾郎
　　　10 年 6 月　　吾郎

(11)　11 年 1 月　　語郎
　　　11 年 6 月　　秋二郎

(12)　12 年 1 月　　秋二郎
　　　12 年 6 月　　秋治郎

(13)　13 年 1 月　　秋治郎
　　　13 年 5 月　　秋治郎

(14)　14 年 1 月　　錦之助
　　　14 年 5 月　　秋治郎

(15)　15 年 1 月　　錦太夫
　　　15 年 6 月　　錦太夫

(16)　16 年 1 月　　嘉太郎
　　　16 年 5 月　　直

(17)　17 年 1 月　　直〈2〉
　　　17 年 5 月　　嘉太郎〈3〉

(18)　18 年 1 月　　亘理
　　　18 年 5 月　　亘理

(19)　19 年 1 月　　亘り
　　　19 年 5 月　　亘り

(20)　20 年 1 月　　玉治郎
　　　20 年 5 月　　玉治郎

(21)　21 年 1 月　　玉治郎
　　　21 年 5 月　　玉治郎

(22)　22 年 1 月　　玉治郎
　　　22 年 5 月　　玉治郎

(23)　23 年 1 月　　玉治郎
　　　23 年 5 月　　玉治郎

(24)　24 年 1 月　　玉治郎
　　　24 年 5 月　　政治郎

(25)　25 年 1 月　　政治郎
　　　25 年 6 月　　政治郎

(26)　26 年 1 月　　政治郎
　　　26 年 5 月　　藤治郎

(27)　27 年 1 月　　藤治郎
　　　27 年 5 月　　藤治郎

(28)　28 年 1 月　　藤治郎
　　　28 年 6 月　　藤治郎

(29)	29 年 1 月	藤治郎	(31) 31 年 1 月	錦之助
	29 年 5 月	藤治郎	31 年 5 月	勘太夫
(30)	30 年 1 月	藤治郎	(32) 32 年 1 月	久蔵
	30 年 5 月	源太郎	32 年 5 月	久蔵

···

【注記】

〈1〉　明治元年 11 月から 3 年 2 月まで、番付表 3 段目右方に大き目の字で記載された行司がいるが、星取表では記載されていない。そのため、この行司が十枚目格なのか、判断ができない。3 年 11 月以降はそのような大き目の字の行司は十枚目格行司として星取表に反映されている。

〈2〉　一つの星取表では喜代治となっているが、もう一つの星取表では直となっている。稀にではあるが、左端の行司が星取表によって異なることがある。直と記載されているほうが、番付表に基づいている。というのは、直は番付表 3 段目中央に記載されているからである。つまり、十枚目格である。

〈3〉　一つの星取表では直となっているらしい。実は、私はその版を直接見ていない。この場所の番付表には嘉太郎の記載がない。直は二段目左端に記載されている。もう一つの星取表では直と嘉太郎がその順序で記載されているので、十枚目格の最下位は嘉太郎としておく。

B.　資料 2：明治前半の星取表と十枚目行司との照合

　星取表では十枚目格と幕下格の区別ができるが、十枚目格と幕内格の区別はできない。2 段目には、一般には、十枚目格と幕内格が記載されているが、その境を明確に示すものはない。番付表を参考にする必要がある。

　十枚目格が 2 段目だけでなく、3 段目にも記載されていることがある。その分け方は 2 段目に記載される人数の多少にかかわっていると思われるが、その人数が定まっているのかは不明である。2 段目には青白房と紅白房が記載されることから、その人数によって 3 段目にも影響が出ることに

なる。2 段目に記載される人数に決まりがあったのかどうかを調べてみた
が、必ずしも一定していない。

(1)　1.11：番付表—錦太夫、星取表—錦太夫。番付表 3 段目右方：正五
　　　　郎、由三郎、正治郎は大き目の字である。

　　　・　3 段目の行司は元年 11 月、2 年 3 月、2 年 11 月の星取表に
　　　　　記載されていない[28]。なぜ記載されていないかは、不明である。
　　　　　星取表では、2 段目の行司が記載されている。しかし、本章
　　　　　では青白房としている。

(2)　2.4：　番付表—錦太夫、星取表—錦太夫[29]。番付表 3 段目：由三郎、
　　　　　正五郎、正治郎は大き目の字である。

　　　2.11：番付表—錦太夫、星取表—錦太夫。番付表 3 段目：庄五郎、
　　　　　由三郎。

　　　・　行司は大き目の字である。正治郎は二人に比べ、小さめの字
　　　　　である。

(3)　3.4：　番付表—錦太夫、星取表—錦太夫。番付表 3 段目：庄五郎、
　　　　　多司馬。

　　　・　3 段目右方の庄五郎と由三郎は大き目の字である。やはり星
　　　　　取表では記載されていない[30]。

---

28)　3 段目右方の大き目の字の行司が星取表に記載されていないことから、これら
　　の行司は十枚目格ではないかもしれない。つまり、幕下格である。本章の分析が
　　正しいかどうかは、検討の余地があることを指摘しておきたい。他の場所では、
　　大き目の字や肉太の字の行司は、多くの場合、十枚目格扱いである。
29)　この場所の星取表はまだ見ていないが、前後の場所の星取表から推測して錦太
　　夫としてある。この場所の星取表が見つかれば、正しい推測になっているか確認
　　する必要がある。
30)　明治元年 11 月から明治 3 年 4 月までの番付表で 3 段目右方の大き目の行司を

- 由三郎は明治3年4月、多司馬（6代）に改名している。のちの11代庄太郎である。

3.11：番付表―錦太夫、星取表―多司馬。番付表3段目：庄五郎、多司馬（中央部で並列）。
- 3段目中央に庄五郎と多司馬が並列記載されている。多司馬は十枚目である。

(4) 4.3： 番付表―庄五郎、星取表―庄五郎。番付表3段目：多司馬。
- 3段目右方に多司馬が大きな字である。他の正次郎、見蔵、正八郎は字の大きさがはっきりしない。

4.11：番付表―多司馬、星取表―多司馬。番付表3段目：区別なし。

(5) 5.4：番付表―見蔵、星取表―見蔵。番付表3段目：区別なし。

5.11：番付表―多司馬、星取表―多司馬。番付表3段目：区別なし。

(6) 6.4：番付表―多司馬、星取表―多司馬。番付表3段目：区別なし。

6.12：番付表―多司馬、星取表―多司馬。番付表3段目：区別なし。

十枚目格としているのは、3年11月以降の星取表の記載法と一致するからである。2段目左端の行司が十枚目格であるなら、番付表の3段目右方の大き目の字は十枚目格となる。もしその右方の大きめの行司を「幕内格」として判断したら、3年11月以降の同じ字体の行司も幕内格と判断しなければならない。それは事実に反する。3年4月以前の星取表で幕内格行司以上と記載しているが、それまでそういうしきたりだったからであろう。星取表に幕内格が記載されているからと言って、3年4月まで「十枚目格」はいなかったということを意味しているわけではない。

(7)　7.3：　番付表―護郎、星取表―護郎。番付表 3 段目：区別なし。

　　　・　　語郎は荒次郎、護郎、吾郎、喜代治と幾度も改名している。

　　　7.12（または 8.1）：番付表―庄五郎、星取表―庄治郎。番付表 3 段目：
　　　護郎、庄治郎、多司馬（中央部で並列）。

(8)　8.4：　番付表―庄五郎、星取表―多司馬。番付表 3 段目：護郎、庄
　　　治郎、多司馬（中央部で並列）。

(9)　9.1　（または 8.12）：番付表―護郎、星取表―多司馬。番付表 3 段目：
　　　庄治郎、多司馬（中央部で並列）。

　　　9.4：　番付表―庄治郎、星取表―多司馬。番付表 3 段目：多司馬。

(10)　10.1：番付表―吾郎、星　　取表―吾郎。番付表 3 段目：区別なし。

　　　10.6：番付表―吾郎、星取表―吾郎。番付表 3 段目：相馬。

(11)　11.1（または 10.12）：番付表―護郎、星取表―語郎。番付表 3 段目：
　　　相馬。

　　　・　　秋二郎は秋治郎、直に改名している。明治 19 年 12 月に引
　　　退している。直は明治 16 年 5 月、3 段目で錦太夫、嘉太郎、
　　　直の順序で山型記載されている。

　　　11.6：番付表―語郎、星取表―秋二郎。番付表 3 段目：相馬、直之助。

(12)　12.1：番付表―語郎、星取表―秋二郎。番付表 3 段目：相馬、直之
　　　助、秋二郎。

　　　12.6：番付表―語郎、星取表―秋二郎。番付表 3 段目：相馬、直之
　　　助、秋治郎。

(13) 13.1：番付表―語郎、星取表―秋二郎。番付表3段目：直之助、秋
　　　次郎。

　　　13.5：番付表―喜代治、星取表―秋二郎。番付表3段目：直之助、
　　　秋治郎。

(14) 14.1：番付表―喜代治、星取表―錦之助。番付表3段目：直之助、
　　　秋治郎。

　　　14.5：番付表―喜代治、星取表―秋二郎。番付表3段目：直之助、
　　　錦太夫、秋次郎。
　・　　根岸版の星取表では嘉太郎、松木版の星取表では直となって
　　　いる。番付表では、直は二段目左端に記載されている。その
　　　一枚上は錦太夫である。
　・　　錦之助が錦太夫に改名した。

(15) 15.1：番付表―喜代治、星取表―錦太夫。番付表3段目：錦太夫、
　　　秋治郎。

　　　15.6：番付表―喜代治、星取表―錦太夫。番付表3段目：錦太夫。

(16) 16.1：番付表―喜代治、星取表―嘉太郎。番付表3段目：錦太夫、
　　　嘉太郎（中央部で並列）。
　・　　嘉太郎は明治16年1月、3段目に錦太夫とともに並列記載
　　　されているので、実質的には2段目記載と見なしてよい。

　　　16.5：番付表―喜代治、星取表―直。番付表3段目：錦太夫、嘉太
　　　郎、直（中央部で山型）。

（17）17.1：番付表―喜代治、星取表―喜代治。番付表 3 段目：錦太夫、
　　　嘉太郎、直（中央部で山型）

　　　17.5：番付表―直、星取表―嘉太郎。番付表 3 段目：区別なし。
　　・　　番付表に嘉太郎の記載がない。番付作成時は休場の予定だっ
　　　たかもしれない。星取表は場所後に作成するものである。そ
　　　れには記載されている。

（18）18.1：番付表―亘り、星取表―亘理。番付表 3 段目：区別なし。³¹⁾
　　・　　亘りは亘理と改名したりしている。番付表では突然記載され
　　　ているので、他の相撲組織から移ってきたかもしれない。そ
　　　の辺のいきさつは調べてない。

　　　18.5：番付表―亘理、星取表―亘理。番付表 3 段目：区別なし。

（19）19.1：番付表―亘理、星取表―亘り。番付表 3 段目：区別なし。

　　　19.5：番付表―亘理、星取表―亘り。番付表 3 段目：玉治郎、銀治郎。

（20）20.1：番付表―玉治郎、星取表―玉治郎。番付表 3 段目：区別なし。

　　　20.5：番付表―玉治郎、星取表―玉治郎。番付表 3 段目：区別なし。

（21）21.1：番付表―玉治郎、星取表―玉治郎。番付表 3 段目：区別なし。

　　　21.5：番付表―玉治郎、星取表―玉治郎。番付表 3 段目：区別なし。

---

31)　18 年以降の星取表は 2 段目左端の行司名しか調べていない。行司欄全体はコ
　　ピーでほんのわずかしか見ていない。しかし、2 段目の行司名がわかれば、番付
　　表からその上位の行司がいた場合、その行司名もわかる。

（22）22.1：番付表―玉治郎、星取表―玉治郎。番付表 3 段目：区別なし。

22.5：番付表―玉治郎、星取表―玉治郎。番付表 3 段目：区別なし。

（23）23.1：番付表―玉治郎、星取―玉治郎。番付表 3 段目：区別なし。

23.5：番付表―玉治郎、星取―玉治郎。番付表 3 段目：区別なし。
・　政治郎は明治 27 年 5 月番付表には掲載されていない。

（24）24.1：番付表―玉治郎、星取―玉治郎。番付表 3 段目：市之丞、米蔵、小市。
・　市之丞、米蔵、小市が 2 段目に記載されていることから、この 3 名は 24 年 1 月の番付表 3 段目でも区別されているのかもしれない。しかし、字が太いとか大きいというようには見えない。
・　小市（のちの誠道）は 3 段目の右方から 3 番目に記載されているが、格足袋になったと語っている。『春場所相撲』（大正 12 年 1 月号）の 12 代目式守伊之助談「四十六年間の土俵生活」（p.111）を参照。番付表 3 段目右方の大き目の字は幕下格（青白房）である。29 年 1 月と 5 月も参照。
・　一学は幸吉から改名。明治 24 年 1 月に小市とともに十枚目だったかどうかは不明。字体では判別が困難である。明治 30 年 1 月に幕内へ昇格した。
・　朝之助は一学より後に紅白房に昇格している。

24.5：番付表―政治郎、星取―政治郎。番付表 3 段目：正吉、朝之助。
・　正吉と朝之助が他と比較してとりわけ大きいかどうかは必ずしもはっきりしない。
・　正吉は庄九郎に改名。

(25) 25.1:番付表—政治郎、星取—政治郎。番付表 3 段目：正吉、朝之助。

　　　25.6:番付表—政治郎、星取—政治郎。番付表 3 段目：正吉、朝之助。

(26) 26.1:番付表—政治郎、星取—政治郎。番付表 3 段目：正吉、朝之助。
　・　　朝之助は格足袋に昇格している。『夕刊やまと新聞』（大正
　　　　11 年 1 月）の「行司決る」を参照。それには「26 年、格足
　　　　袋より本足袋になり」とあるが、幕下（黒房）より格足袋（青
　　　　白房）になったからである。31 年 5 月場所も参照。

　　　26.5:番付表——一学、星取表—藤二郎。番付表 3 段目：正吉、
　　　　政治郎、朝之助、藤治郎。
　・　　政治郎が降下している。

(27) 27.1：番付表—藤治郎、星取表—藤治郎。番付表 3 段目：吉太郎。
　・　　正吉と藤治郎が 2 段目に記載されている。

　　　27.5：番付表—藤治郎、星取表—藤治郎。番付表 3 段目：吉太郎。
　・　　朝之助が 2 段目に記載されている。先場所は記載されていな
　　　　かった。

(28) 28.1：番付表—藤治郎、星取表—藤治郎。番付表 3 段目：吉太郎。

　　　28.6：番付表—藤治郎、星取表—藤治郎。番付表 3 段目：吉太郎。

(29) 29.1：番付表—藤治郎、星取表—藤治郎。番付表 3 段目：吉太郎。

　　　29.5：番付表—藤治郎、星取表—藤治郎。番付表 3 段目：吉太郎。
　・　　小市は 29 年の 5 月場所から本足袋となって紅白の房を許さ

れている。『春場所相撲号』（大正 12 年 1 月号）」の 12 代目
式守伊之助談「46 年間の土俵生活」（p.111）を参照。番付
表では十枚目格と幕内格の区別は必ずしも明白でない。

(30) 30.1：番付表—藤治郎、星取表—藤治郎。番付表 3 段目：勇、角太
郎、源太郎。

30.5：番付表—藤治郎、星取表—源太郎。番付表 3 段目：勇、源太郎。
・ 宋四郎は源太郎から改名。一時兵役につき、33 年 5 月に復
帰している。源太郎と勇をそれまで幕下格としたのは、星取
表 2 段目左端に藤治郎が記載されているからである。

(31) 31.1：番付表—藤治郎、星取表—錦之助。番付表 3 段目：勇、宋四
郎、錦之助。
・ 錦之助は 3 段目右方の 3 番目に大き目の字で記載されてい
る。それまで幕下だった。35 年春場所に紅白房へ昇格して
いる。青白房と紅白房は同じ段に記載されている。錦之助と
与之吉のあいだに空白がある。

31.5：番付表—藤治郎、星取表—勘太夫（与之吉改め）。番付表 3 段目：
勇、宋四郎、錦之助、勘太夫。
・ 朝之助は庄九郎とともに青白房から紅白房になった。『中央
新聞』（明治 31 年 2 月 1 日）の「相撲だより」や『読売新聞』（明
治 31 年 2 月 1 日）の『相撲彙聞』を参照。勘太夫と大蔵で
は字の太さが異なる。

(32) 32.1：番付表—藤治郎、星取表—久蔵。番付表 3 段目：宋四郎、錦
之助、勘太夫。
・ 番付では勘太夫と大蔵のあいだに空白があり、字の太さも異
なる。勘太夫までが青白房になるが、星取表 2 段目左端では

久蔵が記載されている。場所中に青白房に昇格したに違いない。それは翌場所（つまり 5 月場所）の番付に反映される。[32]
・　勇は 32 年 1 月番付表に記載されていない。十枚目格で終わっている。

32.5：番付表―与太夫、星取表―久蔵。番付表 3 段目：与太夫、勘太夫、大藏、錦太夫、久蔵。
・　久蔵と角治郎のあいだに空白がある。字の太さも違う。大藏、錦太夫、久蔵は番付表でも勘太夫と同じ階級の字である。つまり、青白房である。『国技』（T6.11, p.13）や『国技勧進相撲』（昭和 17 年、p.1）を参照。

---

32)　場所中に階級の昇進があった場合、それは翌場所の番付表に反映されるが、その昇進年月をどう扱うかは極めて微妙な問題である。行司は、多くの場合、昇格した年月が重要で、それを昇格年月としている。しかし、番付表の記載を重要視すれば、それに記載された本場所を昇格年月とするのが普通である。大正末期まで行司の昇格年月は一定でなかったので、昇格年月が異なることもある。要は、番付に基づくか、免許の日付に基づくかをあらかじめ決めておくとよい。免許日を確認することは容易でないので、一般的には番付表に基づいている。星取表は場所後に発行されるので、場所中に昇格した行司も階級に即して記載することが多い。番付表と星取表のいずれを優先するかによって差が生じる。大正末期までは行司の昇格年月は一場所の違いがあっても不思議ではないのである。

第2章　明治33年以降の十枚目格行司の昇格年月再訪

1.　本章の目的[1]

　明治33年という年号からもわかるように、この第2章は拙著『方向性と行司番付』(2024)の第9章「明治30年までの行司番付と房色（資料編）」と本書の第1章「明治前半の十枚目格行司の昇格年月再訪」の延長線上にある。[2]この二つでは明治元年から32年5月までを扱っている。

　本章では、明治33年1月から大正15年5月までの番付表と星取表を照合しながら、各本場所の行司人事を簡単に見ていく。その照合の中で、主として次のことを指摘する。明治期と大正期に分けているので、それぞれに指摘する内容が異なる。

A.　明治期で指摘するもの

(1)　星取表の2段目左端では、明治3年11月以降明治45年5月まで、十枚目格行司が記載されている。十枚目格最下位の行司を知るには、その行司を調べればよい。

(2)　番付表では十枚目格行司は明治33年5月まで2段目と3段目に記載されていたが、3年1月以降は3段目に青白房が記載されている。

---

1)　星取表に関しては、両国相撲博物館（中村史彦さん）に明治31年1月から大正15年5月までの行司欄2段目左端の行司名を教えてもらった。また葛城市の相撲館「けはや座」（小池弘悌さんと松田司さん）には大正期の星取表のコピーを何枚か郵送してもらった。ここに改めて、感謝の意を表する。

2)　拙著は繰り返し取り上げられるので、書名を簡略化し、出版年号を記してある。参考文献の出版年を見れば、どの拙著かはわかる。

2段目には紅白房が記載されている。³⁾

(3)　番付表3段目に青白房が記載されるとき、その青白房は一塊に記載される。青白房と黒房の境が番付表で見分けにくい場合、星取表が大いに手助けとなる。

(4)　番付表3段目に紅白房が記載されるときは、山型記載になっている場合が多い。中央に紅白房、その周辺に青白房となっている。紅白房と青白房は字の濃淡やサイズで見分けがつくようになっているはずだが、その見分けは必ずしも容易でない。その場合、星取表はあまり手助けにならない。

(5)　番付表の2段目には明治32年1月以降、一般的に紅白房を記載している。最上段も一般的に言って草履格を記載している。草履格でない場合、当時の三役以上である。

B.　大正期で指摘するもの

(1)　大正2年以降の星取表になると、2段目に青白房行司は記載されない。代わりに、朱房足袋行司や紅白房行司が記載される。9年1月までは、基本的に、紅白房行司が中心で、末尾に紅白房が1名記載されることがある。その行司は、多くの場合、鶴之助（ときには正に改名）である。

(2)　9年5月場所以降は、2段目が朱房足袋行司となるが、鶴之助は11

---

3)　朱房や紅白房といった房色は単に朱、紅白として表す。「房」がなくても、軍配房のことである。房色や履物は行司の階級によって決まっているので、階級がわかっていればどの房色か、どの履物を示さなくても、問題になることはない。

年 5 月から朱房足袋行司に昇格している[4]。つまり、鶴之助は 2 年 5月から 9 年 1 月まで 2 段目に記載されたり 3 段目に記載されたりしている。なぜ鶴之助が紅白房でありながら、2 段目に朱房行司とともに記載されたり、3 段目に紅白房とともに記載されたりしているのか、今のところ、不明である。

(3)　大正時代の星取表では、明治時代の星取表と違って、青白房と黒房の境を見きわめるのに役立たない。青白房が星取表に記載されていないからである。さらに、朱房足袋行司と紅白房の境を見きわめるのにも有効的でない。字の濃淡や大小が決定的な手掛かりとなっていないからである。番付表と照合すれば、時代によって 2 段目や 3 段目に記載される行司の階級が決まっていることが多いので、それを手掛かりとして行司の階級を推測できることもある。

(4)　大正 15 年 5 月場所、錦太夫は朱房・草履である。4 年ほどさかのぼって大正 12 年 1 月以降を調べてみても、番付最上段には草履格が記載されている。錦太夫は 15 年 5 月場所に記載されていることから、草履格だったとみなして差し支えない。

2.　拙著や拙稿

　明治期と大正期の行司番付はこれまで拙著や拙稿でも幾度か扱ってきたので、できればそれらも合わせて読んでいただければありがたい。そうすれば、本章で指摘したことや過去の分析などと比較し、何が新しい指摘なのかがわかりやすくなる。参考までに、朱房や紅白房や青白房に関して過去に扱った拙著や論考を記しておく。本章では黒房や紫房の異種に関して詳しく触れないので、それに関する拙著や拙稿は記さないことにする。

---

4)　鶴之助は正に改名したり、さらに正から元の鶴之助に改名したりしている。

(1) 『大相撲行司の伝統と変化』（2010）の第9章「明治30年以降の番付と房の色」

(2) 『大相撲行司の軍配房と土俵』（2012）の第5章「草履の朱房行司と無草履の朱房行司」、第8章「大正時代の番付と房の色」

(3) 『大相撲の歴史に見る秘話とその検証』（2013）の第7章「大正末期の三名の朱房行司」

(4) 『大相撲立行司の名跡と総紫房』（2018）の第6章「16代木村庄之助と木村松翁」

(5) 『大相撲の行司と階級色』（2022）の第4章「大相撲の三役行司再訪」

(6) 『大相撲行司の格付けと役相撲の並び方』（2023）の第1章「大相撲朱房行司の変遷」

(7) 『大相撲の方向性と行司番付再訪』（2024）の第5章「明治30年以降の行司番付再訪（資料編）」、第6章「大正期の行司番付再訪（資料編）」、第9章「明治30年までの行司番付と房色（資料編）」

(8) 「明治前半の十枚目格行司の昇格年月再訪」『専修人文論集』（第115号、2024）

3. 星取表（明治33年から45年）

　星取表と番付表とは行司の階級が異なることがある。星取表は場所後に発行されるので、番付発表後に昇格した行司との差が生じる。行司の昇格年月は一定していなかったからである。たとえば、場所中に昇格した場合、星取表にそれが反映されることがある。番付表と星取表のどちらを採用するかは、どの立場を優先するかの問題である。一般には、番付表を優先する。

　本章では番付表に加え、星取表について繰り返し言及するので、その行司欄2段目左端の行司名を提示しておく。ここでは、33年1月場所から45年5の行司名も参考までに提示してある。この資料の年号はすべて、「明治」である。

(1)	33 年 1 月	錦之助			39 年 5 月	清治郎
	33 年 5 月	左門	(8)	40 年 1 月	清治郎
(2)	34 年 1 月	左門		40 年 5 月	善明
	34 年 5 月	左門	(9)	41 年 1 月	善明 [5]
(3)	35 年 1 月	吉之助		41 年 5 月	善明
	35 年 5 月	吉之助	(10)	42 年 1 月	鹿之助
(4)	36 年 1 月	吉之助		42 年 6 月	留吉
	36 年 5 月	吉之助	(11)	43 年 1 月	留吉
(5)	37 年 1 月	豊吉		43 年 6 月	留吉
	37 年 5 月	豊吉	(12)	44 年 2 月	留吉
(6)	38 年 1 月	豊吉		44 年 6 月	鶴之助
	38 年 5 月	豊吉	(13)	45 年 1 月	錦之助
(7)	39 年 1 月	庄吾		45 年 5 月	錦之助

4.　番付表と星取表の照合（明治 33 年から 45 年）

　明治 34 年あたりから幕内格行司の数が増え、十枚目格は 3 段目に多く記載されるようになっている。3 段目に幕内格と十枚目格がともに記載されることもあるし、十枚目格だけの場合もある。記載の仕方も山型が増えてくるが、それも一定ではない。連続して山型記載が続いているかと思うと、また元の並列（横列）記載になったりする。山型記載では中央部に 2 段目の行司と同じ番付の行司が来ることが多いが、これも常にそうだとは限らない。なぜ記載の仕方に変動があるのかは、今後追求する必要がある。

　なお、番付表の記載法は 34 年春場所を境に変化する。3 段目に紅白房と青白房が混在し、青白房が左端になる。そして、幕下格は 4 段目に記載

---

5)　明治 34 年 1 月以降、番付表 3 段目には青白房と紅白房がともに記載されていることがある。しかし、それ以降も星取表 2 段目の左端は青白房最下位の行司である。番付表 3 段目の幕内格は中央に並列記載か山型記載になっている。

される。明治後半の星取表の2段目左端はすべて、青白房である。

(1)　33.1：番付表―与太夫、星取表―錦之助。
・　　番付表3段目の勘太夫、大藏、錦太夫、錦之助は青白房である。
・　　錦之助（久蔵の改名）と角治郎のあいだで空白がある。
・　　青白房行司はすべて、3段目にまとまっている。2段目に紅白房と混じっていない。

　　33.5：番付表―勘太夫、星取表―左門。
・　　番付表3段目の宋四郎から左門は青白房である。
・　　勘太夫、宋四郎、大藏は場所中に紅白房に昇進している。番付表ではまだ青白房である。
・　　左門（金八改め）は青白房に昇進している。字の大きさによる違いは、必ずしも明白でない。左門と徳松のあいだに空白があり、字の大きさが異なる。

(2)　34.1：番付表―左門、星取表―左門。
・　　番付表3段目（中央部に並列）の与太夫と勘太夫は紅白房である。すなわち、二段目の行司と同じ扱いである。二段目は全員紅白房である。
・　　これまでの記載の仕方から変化している。3段目は紅白房と青白がともに記載されている。

　　34.5：番付表―左門、星取表―左門。
・　　左門は星取表2段目左端に記載されている。十枚目格である。『読売新聞』（M42.2.14）によれば、吉之助は青白房に昇格している。
・　　星取表の2段目左端には一枚上の左門が記載されているので、吉之助が番付発表時に十枚目格だったかどうかは不明。

(3)　35.1：番付表―吉之助（3 段目）、星取表―吉之助。
- ・　吉之助は星取表の 2 段目左端に記載されているので、十枚目に昇格している。番付表では 3 段目左端に記載されている。
- ・　番付表の 3 段目左端が青白房なら、吉之助は先場所に昇格したはずだ。なぜ記載されなかったかは、不明である。

　35.5：番付表―吉之助、星取表―吉之助。
- ・　十枚目格行司に関しては、先場所と変わりない。

(4)　36.1：番付表―吉之助、星取表―吉之助。
- ・　十枚目格行司に関しては、先場所と変わりない。
- ・　星取表 2 段目左端は相変わらず吉之助である。

　36.5：番付表―庄吾、星取表―吉之助。
- ・　星取表の 2 段目左端は相変わらず吉之助だが、番付 3 段目の左端に庄吾が記載されている。庄吾の房色が青白なのか、それとも黒なのか、はっきりしない。
- ・　山型記載の番付表では、3 段目にも幕下格行司を記載することがあることから、庄吾はこの場所、幕下格（黒房）かもしれない。庄吾の取り扱いは、今のところ、不明としておく。[6]

(5)　37.1：番付表―豊吉、星取表―豊吉。
- ・　星取表に豊吉とあることから、一枚上の庄吾も十枚目に昇格

---

[6]　拙著『方向性と行司番付』（2024）の第 5 章「明治 30 年以降の行司番付再訪（資料編）」では庄吾をこの場所、青白房に昇格したと分析しているが、それは番付に基づいている。しかし、星取表に従えば、吉之助が十枚目格で、一枚下の庄吾は幕下格（黒房）となる。庄吾の階級は、番付表や星取表以外の資料で確認する必要がある。あるいは番付表の記載方式をもう少し厳密に精査する必要があるかもしれない。

している。
- 　番付表の3段目左端には豊吉、右端に庄吾が記載されている[7]。

37.5：番付表―豊吉、星取表―豊吉。
- 　十枚目格行司に関しては、先場所と変わりない。

(6)　38.1：番付表―豊吉、星取表―豊吉。
- 　星取表の2段目左端は先場所と同じ豊吉である。十枚目格の庄吾より一枚上の吉之助は紅白房（幕内格、本足袋）に昇格した。『日日新聞』（M44.2.14）の「行司吉之助逝く」を参照。
- 　番付表の最上段には、この場所から朱房・草履行司を記載している。

38.5：番付表―鶴之助、星取表―豊吉。
- 　番付表3段目の山型記載はこの場所で終わっている。

(7)　39.1：番付表―庄吾、星取表―庄吾[8]。
- 　庄吾と清治郎のあいだに広めの空間がある。星取表でも清治郎は幕下格（黒房）である。青白房行司は庄吾だけのようだ。
- 　番付表3段目が横列記載となり、紅白房と青白房がともに記載されている。しかし、階級を見きわめるのは容易でない。
- 　番付表2段目は依然として山型記載である。普通、そこには

---

7)　拙著『方向性と行司番付』（2024）の第5章「明治30年以降の行司番付再訪（資料編）」では豊吉の青白房昇格を確認できる資料がないとしているが、確認できる資料があった。それが星取表である。

8)　拙著『方向性と行司番付』（2024）の第9章「明治30年以降の行司番付再訪」ではこの場所の幕内格（紅白房）と十枚目格（黒房）の分析に誤りがある。紅白房を大藏と吉之助として、また青白房を庄吾に修正したい。清治郎はこの場所、黒房で正しい。星取表との照合で判明した。

　朱房・紅白房行司が記載されている。

　　39.5：番付表—鶴之助、星取表—清治郎。

・　　庄吾は本足袋に昇格した。『角力雑誌』（T10.5, p.47）の「木
　　　村瀬平」を参照。これが正しい記述であれば、庄吾は一場所
　　　だけ「青白房」だったことになる。

・　　庄吾と清治郎は字の大きさや濃淡が同じなので同じ階級に見
　　　えるが、清治郎は青白房かもしれない。清治郎は足袋（青白房）[9]
　　　を許された。『時事新報』(M39.1.22)の「行司の出世」を参照。

・　　清治郎と八郎のあいだには広めの空白がある。八郎は幕下格
　　　（黒房）である。

（8）　40.1：番付表—清治郎、星取表—清治郎。

・　　星取表 2 段目左端には清治郎が記載されている。青白房で
　　　ある。ということは、先場所の清治郎もやはり青白房である。
　　　字体は関係ないようだが、番付表に何らかの違いがあるのだ
　　　ろうか。それを私は見落としているのだろうか。

・　　清治郎と八郎とのあいだには広めの空白がある。八郎は幕下
　　　格（黒房）である。

　　40.5：番付表—善明（善治郎改め）、星取表—善明。

・　　八郎と善明(善治郎改め)が青白房に昇格した。『やまと新聞』
　　　（M40.1.18）の「出世行司」を参照。

・　　八郎は善治郎より一枚上位である。

・　　善明と鹿之助のあいだには広めの空間がある。青白房は善明
　　　だけ。

---

9)　番付表では庄吾と清治郎は同じ字体に見えるので、同じ階級（本足袋、幕内格）
　　と見做してよさそうだが、清治郎は青白房らしい。庄吾は幕内格なので、この場
　　所の清治郎と庄吾の分析には問題があるかもしれない。

(9) 41.1：番付表―善明、星取表―善明。
・ 青白房の八郎が番付表に記載されていない。この八郎を除い
て、3段目の行司記載は先場所と変わりない。

41.5：番付表―善明、星取表―善明。
・ 先場所まで2段目に記載されていた吉之助と庄吾が3段目
に記載されている。2段目は紅白房である。
・ 3段目には青白房が一塊になって記載されている。善明と鹿
之助のあいだに空白がある。鹿之助はやや肉太の字体であり、
幕下格（黒房）である。

(10) 42.1：番付表―鹿之助、星取表―鹿之助。
・ 鹿之助が青白房になった。3段目の鹿之助と留吉のあいだに
空白がある。
・ 星取表の2段目左端は鹿之助である。ということは、留吉以
下の太字の行司は幕下格（黒房）である。

42.6：番付表―留吉、星取表―留吉。
・ 留吉（竜五郎に改名）が青白房になった。
・ 留吉と鶴之助のあいだに空白がある。鶴之助は幕下格（黒房）
である。『朝日新聞』（M42.2.10）の「行司の出世」を参照。
その記事では与之吉と啓治郎も格足袋になったとあるが、番
付表を見るかぎり幕下のままである。
・ 星取表でも留吉が青白房となっているので、その下の行司は
この場所、幕下のままだったに違いない。

(11) 43.1：番付表―鶴之助、星取表―留吉。
・ 星取表の2段目左端は留吉だが、番付表では鶴之助も青白房
である。

- 留吉と鶴之助は同じ字体に見える。鶴之助と一枚下の錦之助では字の太さが明確に違う。
- 番付で同じ字体にもかかわらず、星取表で一枚上位の行司が記載されているのは不思議である。字体の違いを見落としているのだろうか。
- 鶴之助は翌場所の番付表で青白房として記載されているので、字体の違いを見落としているのかもしれない。
- 清治郎は紅白房へ昇格している。中英夫著『武州の力士』（pp.66-7）の「木村清次郎」を参照。

43.5：番付表―鶴之助、星取表―留吉。
- 鶴之助と留吉は先場所と同じである。違うのは鶴之助と錦之助のあいだに明確な空白があることである。その空白があるにもかかわらず、星取表ではやはり留吉となっている。
- 鶴之助が星取表に記載されていないのは、やはり不思議である。鶴之助を青白房としない理由があるかもしれないが、それを確認できる他の資料が見当たらない。
- 善明は紅白房に昇格した。『報知新聞』（M43.5.31）の「行司の新服装」を参照。紅白房に昇格しているが、3段目に記載されている。3段目には紅白房と青白房がともに記載されることもある。

(12)　44.1：番付表―鶴之助、星取表―留吉。
- 番付3段目の記載は先場所と同じである。鶴之助と錦之助のあいだに空白がある。星取表にはやはり留吉となっている。鶴之助はそこに記載されていない。なぜなのかは、依然としてわからない。

44.5：番付表―鶴之助、星取表―鶴之助。
- 錦之助は格足袋（青白房）に昇格した。『読売新聞』（M44.5.25）

の「角界雑俎」を参照。しかし、番付表では鶴之助と錦之助のあいだに空白があるし、星取表2段目左端も鶴之助である。つまり、番付表では、錦之助はまだ幕下格（黒房）である。

- 錦之助の青白房への昇進は、番付発表後だったのかもしれない。なお、青白房以上の行司に関しては、『中央新聞』（M44.6.13）の「天下の力士（二）―行司の養成」を参照。

(13) 45.1：番付表―錦之助、星取表―錦之助。

- 星取表2段目左端は錦之助である 10)。つまり、十枚目格は鶴之助と錦之助である。鶴之助が42年1月以降、どの場所で十枚目格に昇格したかは不明だが、45年1月には確実に昇格している。
- 鶴之助より一枚下の錦之助が青白房になっているので、鶴之助の青白房昇進も確認できた。
- 鶴之助と竹二郎のあいだに空白がある。鶴之助は青白房のままである。
- 鶴之助より一枚上の留吉はこの場所、紅白房に昇格した。『やまと新聞』（M45.1.19）の「行司の昇級」を参照。

45.5：番付表―啓治郎、星取表―錦之助。

- 竹治郎と啓治郎は青白房に昇格した。『時事新報』（M45.1.18）の「行司の出世」を参照。
- 星取表の2段目左端は錦之助となっており、番付と異なる。啓治郎と金吾（幕下格、黒房）のあいだに空白があり、明らかの階級差がある。なぜ番付表で階級差があるのに、星取表ではそれが反映されていないのか、不明である。

---

10) 拙著（2024）の第9章「明治30年以降の行司番付と房の色（再訪）」の明治45年春場所で、鶴之助と錦之助を「紅白」としてあるのは誤りである。両行司とも青白房である。

　これまで明治 33 年以降の青白房行司の昇進年月を番付表や星取表を照合しながら見てきたが、星取表 2 段目左端は青白房（十枚目格）であることが確認できた。しかし、常に星取表の十枚目格行司がその場所の十枚目格行司というわけでない。ときおり、星取表と番付表の十枚目格行司の最下位が違うこともある。星取表は場所後に発行されるので、番付発表後に昇格した場合、その行司を記載するのは当然あり得ることだが、番付表に十枚として見做される行司が星取表に反映されないことがときおりある。それには何か理由があるはずだが、今のところ、これといった納得のいく説明はできない。

5.　大正時代の星取表

　星取表 2 段目左端は明治時代と違い、十枚目格ではない。大正 2 年 1 月は紅白房だったが、7 年 5 月以降は朱房・足袋になっている。[11] 朱房・足袋の階級は幕内格である。最上段は朱房・草履である。大正期の星取表は青白房と黒房（幕下格）の見分けに役立たない。紅白房以上の行司の昇格については、ほとんどの場合、当時の新聞でも詳しく報じられるので、星取表は昇格人事についてほとんど役立たない。

場　所	行　司	房　色	番　付
2.1	留吉	紅白	3 段目
2.5	留吉	紅白	2 段目
3.1	鶴之助	紅白	3 段目
3.5	鶴之助	紅白	2 段目

---

11)　本章では朱房・草履行司と朱房草履を同じ意味で使っている。同様に、朱房・足袋と朱房足袋を同じである。「・」の有無は特別に意味がある訳でないので、気にしなくてよい。「格」も多用しているが、「階級」の代わりに使用していると理解してよい。

4.1	鶴之助	紅白	2段目
4.5	鶴之助	紅白	2段目
(2)	正	紅白	2段目
5.5	正	紅白	3段目
6.1	正	紅白	2段目
6.5	正	紅白	3段目
7.1	正	紅白	3段目
7.5	清治郎	朱房足袋	2段目
8.1	清治郎	朱房足袋	2段目
8.5	清治郎	朱房足袋	2段目
9.1	清治郎	朱房足袋	2段目
9.5	左門？	朱房足袋	2段目[12]
10.1	左門	朱房足袋	2段目
10.5	左門	朱房足袋	2段目
11.1	啓治郎	朱房足袋	2段目
11.5	啓治郎	朱房足袋	2段目
12.1	与之吉	朱房足袋	2段目
12.5	与之吉	朱房足袋	2段目
13.1	与之吉	朱房足袋	2段目[13]
13.5	与之吉	朱房足袋	2段目
14.1	林之助	朱房足袋	2段目
14.5	誠道	朱房足袋	2段目
15.1	誠道	朱房足袋	2段目
15.5	誠道	朱房足袋	2段目

12) この場所の星取表はまだ見ていない。行司名は推測である。

13) 番付表の与之吉記載が変則的である。普通なら与之吉は左端に記載されるが、右端に記載されている。その理由は不明。この場所の星取表は所蔵していない。この与之吉は推測である。

6.　番付と星取表の照合（大正時代）

　明治末期まで星取表 2 段目左端は基本的に十枚目格の下位行司だった
が、大正 2 年以降は紅白房か朱房の下位行司である。紅白房は大正 7 年 1
月まで続くが、その後は紅白房の下位行司か青白房の上位行司である。し
たがって、大正期の星取表は十枚目格行司と幕下格行司の区別にはまった
く役立たない。紅白房の下位行司か青白房の下位行司を確認するには大い
に役立つ。どちらかと言えば、紅白房の下位行司である[14]。

　大正 7 年 5 月以降、星取表の 2 段目左端は朱房足袋行司である。しかも、
朱房足袋行司の最下位である。したがって、番付発表後に人事の変化がな
ければ、基本的には、行司の番付を確認するのに大いに役立つ。しかし、
人事に変化があったなら、番付表と星取表は必ずしも一致しない。その場
合には、どういう変化があったかを調べなければならない。

　大正 7 年 5 月以降はまた、番付表の最上段は基本的に草履格行司である。
そのことを考慮すれば、たとえば錦太夫は大正 15 年 5 月、草履を履いて
いたと判断できる。錦太夫の足元（つまり草履か足袋）はこれまで不鮮明
な写真証拠に基づいて判断していたが、番付表の記載のしきたりからその
判断が正しいことになる[15]。しかし、本章では、番付表の最上段の行司や朱
房・足袋の上位行司についてはほとんど触れない。星取表の 2 段目左端の
行司の階級が関心事だからである。

　繰り返し指摘しているように、番付表と星取表では、その性質上、行司
の昇降年月に少し差異があることがある。番付表は場所前に発行されるが、
星取表は場所後に発行される。さらに、当時は、行司の昇降年月が一定で

---

14)　7 年 1 月までは、星取表 2 段目左端の行司の階級は必ずしも決まっていない。
　　つまり、行司がどの階級（つまり紅白か青白房）なのかは、星取表の記載だけで
　　は判断できない。いずれかの階級に違いないが、どの階級なのかは、他の資料と
　　照合しながら、判断しなければならない。
15)　錦太夫の草履に関しては、たとえば拙著『方向性と行司番付』(2024) の 6 章「傘
　　型表記と横列表記（資料編）」や第 7 章「行司の格付けと房色の定着」などを参照。

はない。番付発表後にも昇格している。番付発表後の人事の動きが、星取表に反映するのである。番付表と星取表を照合するときは、そのような差異があることを認識しておかなければならない。

　ここでは、大正時代の番付表と星取表を照合しながら、行司の人事で留意すべきことをいくつか記してある。[16]

（1）　2.1　　　　　留吉（紅白、3段目）
・星取表の2段目左端は留吉となり、紅白房の最下位である。番付では3段目に記載されていて、留吉と鶴之助（青白房）とのあいだに広めの空白がある。
・番付表2段目には朱房・足袋と紅白房がともに記載されていて、字体の大小で区別している。
・鶴之助と錦之助が紅白房に昇格したのは、大正2年1月である。朱房・足袋になったのは、11年1月である、長い間、紅白が続いていた。

　　　　　2.5　　　　　留吉（紅白、2段目）
・この場所から番付表の記載が少し変わる。最上段に草履格、2段目に朱房・足袋と紅白、3段目に紅白房と青白房となっている。階級の違いは字の大小や濃淡で表す。星取表には留吉が記載されているが、紅白である。
・鶴之助は紅白房に昇格した。『読売新聞』（T2.1.14）の「相撲だより―行司の出世」を参照。鶴之助は11年1月に朱房に昇格した。そのあいだ、紅白房として扱うが、なぜ長い間、紅白房のままだったのかは不明である。[17]

---

16)　本章の内容と同じことを扱っているものに、拙著『方向性と行司番付』（2024）の第6章「大正期の行司番付再訪（資料編）」がある。両方で分析の違いがある場合、本章の分析が優先する。本章では、食い違う箇所を一つ一つ具体的に指摘していない。

17)　鶴之助の房色に関しては、本章の分析に誤りがあるかもしれないことを指摘しておきたい。鶴之助は大正2年1月に紅白房になり、11年1月に朱房になって

・清治郎はこの場所、朱房・足袋に昇格した。[18]中英夫著『武州の力士』
　（p.68）に免許状の写しがあり、「紅色」となっている。拙著『方向性
　と行司番付』(2024) の第 6 章「大正期の行司番付再訪」では「紅色（朱
　色)」を「紅白色」と間違って記してある。当時、清治郎は朱房・足袋だっ
　たことになる。
・鶴之助と清治郎の扱いには何か見落としているものがあり、分析にも
　何か間違いがあるかもしれない。そのような問題があるが、番付表や
　星取表に基づいた分析をしておく。
・番付表では、竹治郎と啓治郎が青白房に昇格した。中英夫著『武州の
　力士』(p.68) には清治郎に大正 2 年 3 月付で免許状の写しがあり、「紅
　色」となっている。番付表でも、二段目に記載されている。拙著『方
　向性と行司番付』(2024) の第 6 章「大正期の行司番付再訪」では「紅
　色（朱色)」を「紅白色」と間違って記してある。当時、清治郎は朱房・
　足袋だったことになる。
・『読売新聞』(T2.2.30) の「与太夫、勘太夫」では、啓治郎、与之吉、
　玉治郎が青白房に昇格したとなっているが、この場所ではまだ昇格し
　ていない。番付発表後に昇格したようだ。

(2)　3.1　　　　鶴之助（紅白、3 段目）
・星取表では鶴之助が記載されているが、紅白房である。番付表では 3
　段目右端に記載されている。
・竹治郎、与之吉、啓治郎、玉治郎、喜太郎、藤太郎、善治郎、左右治

いるが、その期間が長すぎるからである。その期間中に、鶴之助が昇格していて
もおかしくないが、それを確認できる資料が見当たらない。
18)　清治郎については、『国技』(大正 5 年 5 月号）の狂角浪人筆「行司総まくり」で「行
　司中の年長者、本来を言えば庄之助たるべきほどの古参なれど、しばしば脱走し
　た報いで後進に追い越され、ヤッと幕内行司（朱房足袋行司：補足）の尻ッポに
　付けだされている」(p.25) とある。『春場所相撲号』(大正 7 年 1 月号）の呼出
　奴談「今と昔相撲物語〈情けない御行司〉」(p.63) も参照。行司として紆余曲折
　のある仕事ぶりだったらしい。

は青白房に昇格している。『毎夕新聞』(T3.1.18)の「昇進行司」を参照。
・番付表では、左右治は幕下格（黒房）のままである。善次郎と左右治のあいだに空白があるし、字体も異なる。左右治は番付発表後に昇格したようだ。

3.5　　　　鶴之助（紅白、2段目）
・鶴之助から左右治までの人事は基本的に変わっていない。左右治が番付表で十枚目格に昇格している。
・左右治と光之助（幕下格）のあいだに広めの空白がある。

(3)　4.1　　　　鶴之助（紅白、2段目）
・光之助が青白房に昇格している。番付表で左右治と同じ階級に記載され、一枚下の浅二郎（幕下格）との間に広めの空白がある。
・星取表の2段目左端には紅白房の最下位が必ずしも記載されていない。与之吉や竹治郎はこの場所、紅白房になったかもしれないが、それを番付表では確認できない。

4.5　　　　鶴之助（紅白、2段目）
・啓治郎は紅白房に昇格した。19代式守伊之助（元・玉治郎）著『軍配六十年』（昭和36年、p.28／p.157）を参照。

(4)　5.1　　　　正（紅白、2段目）
・玉治郎は紅白房に昇格した。『やまと新聞』(大正4年6月11日)の「出世行司」を参照。喜三郎以下は幕下格である。字体に変化はない。

5.5　　　　正（紅白、3段目）
・　正がこれまで2段目に記載されていたが、3段目に記載されている。

(5)　6.1　　　　正（紅白、2段目）
・正が2段目に復帰している。3段目に玉治郎までが紅白房である。

・玉治郎と藤太郎（幕下格、黒房）のあいだに広めの空白がある。

　　6.5　　　　正（紅白、3段目）

・正が2段目から3段目に記載されている。正の字体が左隣の錦之助と異なることから朱房・足袋かもしれない。しかし、のちの場所でも紅白房扱いなので、朱房・足袋には昇格していないかもしれない。

・この正を巡っては、扱いが不自然なので、何か理由があるはず。その理由が、今のところ、不明である。

（6）　7.1　　　　正（紅白、3段目）

・紅白房と青白房の人事は先場所と変わりない。藤太郎が誠道に改名している。

　　7.5　　　　清治郎（朱房、2段目）

・『報知新聞』（T7.5.14）の「出世行司」によると、正と錦之助は朱房に昇格している。しかし、これは事実を反映していないようだ[19]。正と錦之助は11年1月に朱房・足袋に昇格しているからである。『大相撲』（昭和54年3月）の泉林八談「22代庄之助一代記（9）」（pp.146-8）を参照。本章では、10年5月まで紅白房だったとしておく。

・喜三郎は紅白房に昇格した。『報知新聞』（T7.5.14）の「行司の昇格」を参照。番付3段目の左端に記載されている。

・作太郎は青白房に昇格した。『中央新聞』（T7.5.14）の「出世行司」を参照。作太郎と延司とのあいだに広めの空白がある。

---

19)　正（元・鶴之助の改名）がこの場所、朱房に昇格したという新聞の記事は間違った報道かもしれない。その昇格が番付表や星取表に反映されていないからである。なぜ朱房に昇格しなかったかは、今のところ、不明である。本章では、11年1月まで紅白房だったと分析しておく。この分析は、いずれ修正される可能性があることを指摘しておきたい。

(7)　8.1　　　清治郎（朱房、2段目）
・紅白房と青白房の人事は先場所と変わりない。

　　　8.5　　　清治郎（朱房、2段目）
・紅白房と青白房の人事は先場所と変わりない。

(8)　9.1　　　清治郎（朱房、2段目）
・正が鶴之助に改名している。鶴之助と錦之助は紅白房である。紅白房
　と青白房の人事は先場所と変わりない。
・清治郎は場所後、2月に亡くなっている。[20]中英夫著『武州の力士』(p.68)
　を参照。以前から健康にすぐれなかったかもしれない。人事が円滑で
　ない印象を受けるからである。

　　　9.5　　　星取表なし（おそらく左門で、朱房、2段目）
・星取表は見てないが、朱房・足袋行司の最下位が左門であることから、
　星取表2段目左端は左門として推測する。
・紅白房と青白房の人事は先場所と変わりない。

(9)　10.1　　　左門（朱房、2段目）
・紅白房と青白房の人事は先場所と変わりない。

　　　10.5　　　左門（朱房・足袋）[21]
・治郎と玉堂が青白房に昇格した。『角力雑誌』(T10.2)の「1月出世行司」
　(p.26）を参照。

---

20)　本章では清治郎が亡くなったとき、朱房だったとしているが、実際は紅白だっ
　　た可能性もある。星取表に基づけば朱房だが、その読み方が正しいのかどうかは、
　　もっと吟味する必要がある。
21)　番付表2段目左端は錦之助である。番付発表後に鶴之助、錦之助、竹治郎が昇
　　格したようだ。与太夫は12年5月場所に昇格したかもしれない。星取表ではそ
　　の場所、2段目左端に記載されている。

（10）11.1　　　　啓治郎（朱房・足袋）
・鶴之助と錦之助は朱房に昇格している。錦之助は 11 年 1 月に朱房・
　足袋に昇格しているからである。『大相撲』（昭和 54 年 3 月）の泉林
　八談「22 代庄之助一代記（9）」（pp.146-8）を参照。
・与之吉は朱房・足袋に昇格した。『大相撲』（昭和 54 年 3 月）の泉林
　八談「22 代木村庄之助一代記（9）」（pp.146-8）を参照。しかし、星
　取表では、12 年 1 月に 2 段目左端に記載されていることから、資料
　としてはこの星取表が優先する。それで、与之吉が朱房・足袋に昇格
　したのは、12 年 1 月場所としておきたい。[22]

　　　　11.5　　　　啓治郎（朱房・足袋）
・啓治郎は朱房・足袋に昇格した。『相撲の史跡（3)』（p.20）を参照。

（11）12.1　　　与之吉（朱房・足袋）
・啓治郎は 12 年 5 月に死亡。
・与之吉が朱房・足袋に昇格した。

　　　　12.5　　　　与之吉（朱房・足袋）
・番付表の 2 段目と 3 段目位は先場所と同じ。

（12）13.1　　　星取表なし　　　与之吉（朱房・足袋）

---

22)　拙著『方向性と行司番付』（2024）の第 6 章「大正期の行司番付再訪」でも与
　　之吉は大正 11 年 1 月に朱房足袋に昇格しているが、これは誤った分析であるこ
　　とを指摘しておきたい。星取表を優先すれば、12 年 1 月場所が正しいからである。
　　21 代木村庄之助著『ハッケヨイ人生』では「大正 15 年 1 月に三役となり」（p.77）
　　とある。この三役が何を意味しているか、はっきりしない。これに関しては、た
　　とえば拙著『行司と階級色』（2022）の第 4 章「大相撲の三役行司再訪」や第 6 章「課
　　題の探求再訪」、拙著『格付けと役相撲』（2023）の第 8 章「准立行司と半々紫白
　　房」などを参照。

- この場所の星取表はまだ見ていない。星取表では朱房・足袋行司の最下位が記載される傾向があることから、与之吉として推測しておく。
- 番付表の最上段：草履、2段目：朱房・足袋、3段目：紅白、4段：青白

13.5　　　与之吉（朱房・足袋）

- 紅白房と青白房の人事は先場所と変わりない。
- 番付表の最上段：草履、2段目：朱房・足袋、3段目：紅白房、4段目：青白房

(13) 14.1　　　林之助（朱房・足袋）

- 紅白房と青白房の人事は先場所と変わりない。
- 番付表の最上段：草履、2段目：朱房・足袋、3段目：紅白房、4段目：青白房

14.5　　　誠道（朱房・足袋）

- 紅白房と青白房の人事は先場所と変わりない。
- 番付表の最上段：草履、2段目：朱房・足袋、3段目：紅白房、4段目：青白房

(14) 15.1　　　誠道（朱房・足袋）

- 紅白房と青白房の人事は先場所と変わりない。
- 番付表の最上段：草履、2段目：朱房・足袋、3段目：紅白房、4段目：青白房

15.5　　　誠道（朱房・足袋）

- 紅白房と青白房の人事は先場所と変わりない。
- 番付表の最上段：草履、2段目：朱房・足袋、3段目：紅白房、4段
- 最上段では草履格が記載されていることから、錦太夫は草履格である。即ち、草履を履いている。

- この錦太夫の履物を巡っては、草履を確認する証拠が乏しかった。証拠の一つとして『大相撲春場所号』（昭和 2 年 1 月）の口絵写真を提示してきたが、足元は不鮮明である。たとえば、拙著『格付けと役相撲』（2023）の第 1 章「大相撲朱房行司の変遷」を参照。
- 大正末期の番付表の最上段には草履格が掲載されていることが確認できる。錦太夫は 15 年 5 月場所の番付表の最上段に記載されていることから、草履を許されたと判断してよい。したがって、三役行司が草履を履かなくなったのは昭和 2 年以降である。

7.　今後の課題

　本章では、『専修人文論集』（2024）の拙稿「明治前半までの十枚目格行司の昇格年月再訪」を踏まえ、その後の行司昇格番付を調べてある。明治 33 年 1 月から大正 15 年 5 月までの行司番付である。本文の内容は論考を読めばわかるので、論考をまとめながら気になっていたことをいくつか提示しておきたい。本文の中でも触れていながら、詳しく立ち入らなかったものである。

（1）　明治 33 年 1 月から 45 年 5 月まで星取表は、その 2 段目左端の行司は十枚目格の最下位であると結論づけているが、それは正しいだろうか。それが正しければ、青白房（十枚目格）と黒房（幕下格）との区別が容易になる。そうでなければ、他の資料も参照しなければならない。

（2）　星取表は十枚目格行司と幕下格行司を見分けるのに万能ではない。星取表は場所後に発行されるが、番付表は場所前に発行される。番付発表後にも行司の人事は行われる。番付表と星取表はどの程度一致し、どの程度異なるのだろうか。

（3）　本章では主だった行司の番付を調べている。それぞれの行司歴は正

しく分析されているだろうか。明治32年以前の行司歴と照らし合わしながら、たとえば玉治郎（庄三郎、17代木村庄之助）、銀治郎、宋四郎などの行司歴に間違いがあることがわかった。各行司の33年以降の行司歴は正しく分析されているのだろうか。

(4) 大正期で特に気になる行司は、清治郎と鶴之助（または正）である。両行司とも房の色が長いあいだ同じだったのか、ある時点で変化があったのか、不明である。それが解明しないと、行司の階級が確かなものにならない。

(5) 大正期では、特に朱房・足袋行司と青白房行司の区別があいまいである。それぞれの場所の行司の階級をもっと厳密に見定める必要がある。本章で分析した行司の階級は正しいだろうか。もう一度再検討する必要があるかもしれない。

(6) 星取表と番付表を比較したとき、たとえば朱房・足袋と紅白房のあいだ、また紅白房と青白房のあいだで、どのくらい一致し、どのくらい一致しないのだろうか。それが明確にならない限り、星取表2段目左端の行司の階級もあいまいなものになる。

(7) 本章では、大正15年5月、錦太夫は草履を履いていたと判断している。大正7年5月以降の番付表や星取表の記載法を照合すると、番付表の最上段には草履格が記載されている。そうであれば、錦太夫も草履を履いていたと判断できる。その判断は正しいのだろうか。

　ここで提示している問題点がいつか解明されることを期待している。私は問題点を意識していたが、それを深く調べることができなかった。適切な資料が見当たらなかった。孤軍奮闘には限界がある。それを素直に認めなければならない。本章には解明すべき問題があることを承知しながら、叩き台のつもりであえて公表している。

第3章　嘉永から慶応までの行司番付

1.　本章の目的

　本章の目的は嘉永元年 11 月から慶応 4 年 6 月までの番付表を調べ、次のことを提示することにある。[1]

(1)　番付表中央の行司欄 3 段目までの各行司の順位を提示する。ときには房色や履物も提示する。各場所の行司番付は末尾に資料として提示してある。3 段目には異なる階級の行司が記載されているが、その境目が明確に判別できないことがあるので、順位だけの提示に留めてある。しかし、本章末尾の「行司番付（資料）」では、番付表最上段と 2 段目に記載してある行司の順位付けも提示してある。

(2)　明治 3 年 11 月以降は星取表を参考にしながら十枚目格行司を提示できたが、慶応 4 年 6 月以前の行司番付ではその星取表は参考にならないことを指摘する。理由は、星取表の 2 段目左端行司は幕内格最下位だからである。

(3)　番付表の最上段は原則として朱房（三役格）、2 段目は紅白房（幕内格）、3 段目は、多くの場合、幕下格と三段目であることを指摘する。[2]朱房には草履格と無草履格（すなわち足袋格）がいる。3 段目に

---

1)　本章で活用した番付表は、私自身が所蔵しているものもいくらか（25 枚）あるが、山本義一著『相撲起顕』や相撲関連書などで調べたものである。『相撲起顕』と番付表を照合すると、少し違っていることもある。本章では基本的に、番付表に基づいている。

2)　本章では、行司の幕下十枚目（格）はほとんどの場合、単に十枚目や十両と表記する。「格」も省略することが多い。実際、「格」は省略するのが普通である。

いつから「幕下十枚目格」が出現したかは、番付表の記載法からは判断できない。

(4) 天保以降の錦絵では、行司の房色や履物が、ごくまれではあるが、間違って描かれていることがある。紫白房が紫房に、紅白房が朱房にそれぞれ描かれている場合がある。そのような錦絵をいくつか提示する。

(5) 明治末期以降、朱房・足袋行司は幕内格として扱われているが、実は、それまでは三役として扱われていたことを指摘する。少なくとも天保時代以降、明治末期まで朱房行司は「三役」だったことを指摘する。その「三役行司」は朱房だが、朱房に二通りの行司がいたのである。すなわち、草履を履く行司と足袋だけの行司である。草履格はもっとも位階が高い今日の「立行司」に相当し、足袋だけの行司は今日の「三役行司」に相当する[3]。

(6) 江戸末期まで紫白房を授与されたのは木村庄之助だけだった。しかも、その紫白房は名誉色であり、嘉永以降では13代木村庄之助である。紫白房を許されたのは、元治元年冬場所であり、それまでは朱房だっ

---

3) 朱房を最上段に、また紅白房を2段目に記載するとしているが、これが事実に即しているかどうかは必ずしも明白でない。朱房や紅白房の境を裏付ける証拠がないのである。嘉永初期の頃に、地位としての朱房・足袋行司がすでに出現していたのか、必ずしも明白でない。紅白房・足袋行司が文政11年には出現しているので、上位の朱房・足袋行司もすでにいたはずだと推測しているが、その推測が正しいのかどうか、検討する必要がある。したがって、番付表の記載によって行司の階級と房色が常に一致するのかどうかも、実は、今後さらに究明する必要がある。このことを改めて指摘しておきたい。

4) 元治2年春場所の絵番付では、庄之助の軍配房は朱である。元治元年春場所では朱だった。おそらく冬場所に紫白房を許可されと見做してよい。これに関しては、たとえば拙著『軍配と空位』(2017) の第3章「文字資料と錦絵」や『名跡と総紫房』(2018) の第1章「紫白房と准紫房」を参照。

た。他方、式守伊之助は常に朱房だった。紫白房を許されたのは横綱
土俵入りを引くときだけで、ほんのわずかの場所だけである。したがっ
て、木村庄之助と式守伊之助の房色は、明治 30 年まで予測できるこ
とになる。

(7)　嘉永 6 年から慶応 4 年 1 月までのあいだで、いつから「幕下十枚
　　目格行司」が出現したかは、はっきりしたことがわからない。番付表
　　では 3 段目の右方や中央に肉太の字や大き目の字で記載された行司が
　　いる。明治初期の番付表の記載法から江戸末期の番付表を調べてみる
　　と、類似の記載法に基づくものがいくらかあるが、その年月を見分け
　　るのは難しい。確定はできないが、文久 3 年 7 月場所の頃にはすでに
　　に「十枚目格」（青白房）はいたかもしれない。これはあくまでも推
　　測である。

　嘉永元年 11 月から慶応 4 年 6 月までの期間に限定したのは、嘉永元年
から明治元年まで 20 年という区切りがいいこと、それから明治元年以降
の行司番付に関してはこれまですでに公表してあるからである。文政末期
から天保時代にかけて房色の朱や紅白が定着している。天保時代の行司の
階級と房色の関係を示す資料が乏しいため、とりあえず区切りのよい嘉永
元年以降に期間を限定してある。しかし、ときには天保時代の資料、特に
錦絵も参考にしてある。

　いずれにしても、明治元年以前の行司番付に関しては、ある時代の本場
所をまとめて提示した資料や論考をこれまで見たことがない[5]。本章が初め
てその行司番付を場所ごとにまとめて提示している。

　本章では新しいことを提示したり取り上げたりしているが、中には確固

---

5)　飯田昭一編『江戸時代相撲名鑑』（2001）には番付表の行司名が同じ順序で提示
　　されていて、行司間の順序付けはまったく無視されている。番付表 3 段目が傘型
　　記載の場合、行司名の確認には大いに役立つが、行司間の順序付けにはまったく
　　役立たない。

とした証拠に基づいていない場合もある。活用できる資料が得られないからである。そういう場合は、前後の証拠を考慮して推測してある。本章はもちろん万全を尽くしてまとめてあるが、すべてが完璧だとは言えない。不備の点があれば、誰かがそれを指摘し、解明してくれることを期待している。

2.　明治初期の番付表と星取表

　明治元年11月から4年11月まで、星取表2段目左端の行司が番付表のどの段に記載されているかを見てみよう[6]。十枚目格行司も参考までに示すが、それを見分ける手掛かりがないし、裏付ける証拠もない。おそらく、二人は十枚目格行司だが、もう一人は増える可能性もある。今後の研究に俟つことにする。

(1)　明治元年11月　　星取表―錦太夫、番付表―錦太夫（2段目左端、幕内格）　十枚目格：（青白房）正五郎、由三郎

(2)　2年3月　星取表―錦太夫、番付表―錦太夫（2段目左端、幕内格）十枚目格：（青白房）由三郎、正五郎

(3)　2年11月　星取表―錦太夫、番付表―錦太夫（2段目左端、幕内格）十枚目格：（青白房）庄五郎、由三郎

(4)　3年4月　星取表―錦太夫、番付表―錦太夫（2段目左端、幕内格）十枚目格：（青白房）庄五郎、多司馬

(5)　3年11月　星取表―庄五郎、番付表―庄五郎（3段目中央、十枚目格）十枚目格：（青白房）庄五郎、多司馬

(6)　4年3月　星取表―多司馬、番付表―多司馬（3段目右方、十枚目格）十枚目格：（青白房）多司馬

(7)　4年11月　星取表―多司馬、番付表―見蔵（3段目右方、十枚目

---

6)　明治元年以降の番付表と星取表の照合は、たとえば拙著『方向性と行司番付』（2024）の第9章「明治30年までの行司番付と房色(資料編)」でも詳しく扱っている。

　格）十枚目格：（青白房）見蔵、正次郎

　明治元年 11 月から 3 年 4 月までは、星取表 2 段目左端には番付表 2 段目左端の行司が記載されている。つまり、星取表と番付表の行司は一致し、番付も幕内格である。ところが、3 年 11 月以降では、星取表 2 段目左端には番付 3 段目右方か中央の行司が記載されている。つまり、番付表と星取表の行司は一致しないし、行司の格も違っている。

　星取表 2 段目左端の行司は十両格である。それまでの幕内格より一つ格下である。十両格行司は番付表 3 段目に記載されるが、その記載は右方だったり、中央だったりし、必ずしも一定していない。何を基準にそのような記載法になっているかは、今のところ、不明である。一つはっきりしているのは、中央記載の場合、行司名が同じ段の他の行司名より肉太になっていて、山型記載の傾向になることである。右方に記載される場合は、大き目でやや肉太の字になる傾向があるが、横列記載であることである。しかし、一見して、字体だけでは判断しにくい場合もある。

　江戸時代の星取表 2 段目左端行司は幕内格なので、星取表は十枚目格行司の判別にはまったく役立たない。番付表 3 段目で十枚目格行司は見分けなければならない。ところが、いつの時点からその行司が番付表に記載され始めたのか、不明である。十枚目格力士がいつ頃から現れだしたのか、不明である。[7] 十枚目格行司の手がかりは番付表の 3 段目となる。3 段目には幕下格や三段目が記載されているからである。

　幕下行司は嘉永以前にもいたが、十枚目格行司はある時点から記載されたはずである。ところが、番付表の記載法を丹念に調べてみても、いつの時点を境に記載法が変わったのか、不明である。嘉永以前にも肉太の字や大

7)　拙著『格付けと役相撲』（2023）の第 7 章「行司の格付けと房色の定着」では、軍配房の変遷から幕下十枚目力士の出現を推測しているが、これは一つの可能性であって、それはまだ確定しているわけではない。それで、本章では十枚目格行司がいつ頃出現したかについてはあいまいにしておきたい。その出現は、今後解明すべき課題である。

き目の字で記載された行司がいる。また、嘉永以降でも記載法は一貫していない。肉太の字や大きめな字で記載された場所があっても、その翌場所から元の同じ字体で記載されていることがある。もし行司が十枚目格に昇格していたなら、少なくとも何場所かは一定の記載法が守られているとするのが自然である。その記載法が嘉永以降維持されているわけではない。つまり、十枚目格行司が嘉永以降の番付表でいつ出現したのか、記載法からは判別できない。

　それでは、同じ記載法を幕末からさかのぼって調べてみると、どうなるだろうか。明治元年11月から3年4月まで十枚目格行司が番付表の記載法で確認できているなら、その同じ記載法が慶応時代に確認できないだろうか。この手法を適用すると、慶応時代には十枚目格行司を確認できる。もっとさかのぼると、記載法にばらつきがあるが、文久3年7月までは類似の記載法が見られる。それ以前になると、十枚目格行司がいたかどうかは、不明である。このことから、本章はでは、暫定的に文久3年7月から慶応4年6月までは十枚目格行司がいたと判断している。[8]

3.　星取表と番付の照合

慶応4年から文久元年までの星取表と番付表を照合してみよう。[9]

・文久元年10月　　　　木村庄吾　　　　（番付表2段目左端）
・文久2年2月　　　　　四良二郎　　　　（番付表2段目左端）
・文久2年11月　　　　 四良次郎　　　　（番付表2段目左端）
・文久3年7月　　　　　四良次郎　　　　（番付表2段目左端）

---

8)　この判断が正しいかどうかは、今後検討しなければならない。番付表の記載法から判断していても、記載法が常に一定しているわけではない。さらに、十枚目行司は文久以前に出現し、それは番付表の記載にも反映しているかもしれないからである。たまたま私が見落としているかもしれない。

9)　星取表はいくつか、相撲博物館でお世話になった。2段目左端の行司名を教えてもらった。博物館に所蔵していないものもいくつかある。

- ・元治元年 4 月　　　　宋四郎　　　　　（番付表 2 段目左端）
- ・元治元年 10 月　　　　庄三郎　　　　　（番付表 2 段目左端）
- ・元治 2 年 2 月　　　　庄三郎　　　　　（番付表 2 段目左端）
- ・慶応元年 11 月　　　　庄三郎　　　　　（番付表 2 段目左端）
- ・慶応 2 年 3 月　　　　庄三郎　　　　　（番付表 2 段目左端）
- ・慶応 2 年 11 月　　　　多司馬　　　　　（番付表 2 段目左端）
- ・慶応 3 年 3 月　　　　多司馬　　　　　（番付表 2 段目左端）
- ・慶応 3 年 11 月　　　　多司馬　　　　　（番付表 2 段目左端）
- ・慶応 4 年 6 月　　　　多司馬　　　　　（番付表 2 段目左端）

　星取表の 2 段目左端行司は、番付表の 2 段目左端の幕内格行司と同じである。すなわち、幕内格の最下位行司である。星取表の十枚目格行司の最下位を見分けるにはまったく役立たない[10]。

4.　番付表の最上段と 2 段目

　文久元年から嘉永元年までの番付表を調べてみると、番付表の記載法は以前とまったく同じである。つまり、最上段は朱房行司で、2 段目は幕内行司である。文久以前の星取表は見ていないが、その 2 段目左端と番付表の 2 段目左端と同じ行司に違いない[11]。

　明治初期の星取表 2 段目左端行司が幕内格最下位であることがわかったが、これは江戸時代からの記載法を踏襲したからである。そう推測するのが自然である。いつの時代から幕内格最下位を記載するようになったかは、今のところ、不明である。少なくとも文久元年冬場所（10 月）はそうだっ

---

10)　明治 3 年 11 月以降、星取表 2 段目の左端は十枚目格の最下位行司である。大正時代は紅白房や十枚目格が混在していた。星取表の記載行司の「格」はいつの時代でも同じではない。これに関しては、たとえば拙著『方向性と行司番付再訪』（2024）の第 9 章「明治 30 年までの行司番付と房色（資料編）」を参照。

11)　星取表でいつから行司が記載されるようになったかは、今のところ、不明である。力士の星取表（力士の勝負付表）はかなり以前から見られる。

たに違いない。[12] というのは、星取表の行司番付を調べてみると、幕内行司が左端に記載されているからである。[13]

明治元年11月から明治3年3月の番付表では、最上段に最高位行司と三役行司、2段目には幕内格（紅白房）行司がそれぞれ記載されている。[14] これは江戸末期まで踏襲されてきたものをそのまま踏襲したもののようである。本章では嘉永元年にはすでにその形式になっていたものと判断している。

5. 最上段の朱房行司

山型記載の番付表では、上段に木村庄之助、2段目に式守伊之助を記載するのが普通だが、本章では、便宜上、式守伊之助も最上段に記載してあるかのような表現をしている。それは横列記載にしたとき、伊之助は二番手だからである。庄之助と伊之助は順位だけでなく、房色でも差別されている。庄之助は原則として最高位であり、伊之助は二番手である。庄之助は紫白房を許されることもあったが、伊之助は原則としてそれを許されていない。伊之助は江戸時代、ずっと朱房だったが。庄之助（13代）は江戸末期に（具体的には元治元年冬場所の頃）紫白房を許されている。

---

12) 相撲博物館からいただいた星取表は文久2年冬場所であり、それ以前の星取表は見ていない。それ以前にも行司が記載された星取表があるかもしれない。その時は、星取表の年月が変わることになる。

13) 本章では、番付表2段目の行司は全員幕内格（紅白房）だと推測しているが、それが事実に即しているかどうかは必ずしもはっきりしない。これが正しいかどうかは、今後の解明に俟つことにする。おそらく間違いないのは、2段目には青白房（十枚目格）は記載されていないことである。

14) 木村庄之助や式守伊之助を二人とも「立行司」と呼び、それがいつ頃当たり前の呼称になったかは、実は、はっきりしない。行司は房色や履物で呼ぶのが普通だったかもしれない。力士と対応した階級はあったらしいが、それに対応する行司の階級名で呼ぶ習わしが定着したのは明治に入ってからかもしれない。行司の階級名や呼称やその変遷を掘り下げて研究したいと常々考えていたが、もうそういうエネルギーが私にはない。誰か課題として追究してくれることを期待する。

　最上段に記載されている行司には、二つのタイプがる。一つは、木村庄之助と式守伊之助の「朱房・草履格」である。庄之助と伊之助は房色で異なることがある。庄之助は朱房が基本だが、江戸末期には紫白を許されたこともある。伊之助も江戸末期までも朱房だった。横綱土俵入りを引く機会があり、例外的に紫白房を許されたことがあるが、それはわずかの場所だけあった。基本的には、朱房だったのである。[15]

　朱房・足袋格行司は、嘉永元年以降大正末期まで続いていた。その行司の呼び方は時代によって異なるようだ。[16]江戸時代や明治30年代まで、朱房・草履格と朱房・足袋格はともに「三役格」と呼ばれることもあった。[17]階級は同じでも、呼び方は異なっていたに違いない。

　明治30年末期頃から朱房・草履格行司は「三役格」、朱房・足袋格は「幕内格」というように、異なる階級の行司と見做されるようになった。最初の頃は、階級の区別はあいまいだったが、明治の末期には明確に区別するようになった。つまり、前者は「三役格」、後者は「幕内格」として扱うようになった。[18]

　江戸時代には、朱房・足袋格は基本的に「三役格」とされているので、本章ではそのように扱うことにする。江戸時代の朱房・草履格は基本的に

---

15)　式守伊之助が紫白房を許されたのは明治30年1月である。8代式守伊之助の晩年である。それまではずっと朱房だった。9代式守伊之助でさえ、立行司だったにもかかわらず、明治37年5月にやっと紫白房を許されている。6代木村庄之助が臨時に横綱土俵入りを引いたことは、『読売新聞』（明治30年2月10日）の「式守伊之助と紫紐の帯用」に記述されている。

16)　朱・草履格と朱・足袋格をどのような名称で区別していたかは、実際のところ、不明である。房色が同じで、履物が違うので、草履格あるいは足袋格の名称で区別していたかもしれない。のちには最高位は熨斗目麻上下装束を着用し、下位の三役格と区別されている。いずれにしても、最高位とその下位行司を名称で区別したはずだが、今のところ、その名称が不明であることを記しておきたい。

17)　朱房・草履行司と朱房・足袋行司に関しては、たとえば拙著（2012）の第5章「草履の朱房行司と無草履の朱房行司」を参照。

18)　朱房・足袋格は明治の末期には「幕内格」であることが当時の新聞記事で明確に指摘されている。

最高位の木村庄之助や式守伊之助の二人である。

6.　気になる錦絵[19]

　番付表の最上段が朱房、2段目が幕内格の紅白房だとすると、錦絵に描かれている房色が問題になる。つまり、2段目の紅白房行司も朱房行司として描かれている。それは事実を正しく描いているだろうか。紅白房を「朱と白の混じった房」として描きにくいため、朱房で描いていると本章では推測している。紫白房が「紫と白の混じった房」ではなく、「紫一色」で描かれているのと同じである。

A.　紅白房が朱房として描かれている錦絵[20]

　文政末期から天保初期にかけては、番付表の最上段の行司は朱房で描かれているが、実際は紅白房だったものもある。また、天保中期以降の錦絵でも2段目の行司が朱房で描かれているが、それが実際に「朱房」だったのか必ずしも明らかでない。したがって、番付記載だけでは、行司の房色を判断することができない。その理由の一つは、とりわけ朱房・足袋行司

---

19)　事実と異なる房色はここでは問題にしない。たとえば、朱房を間違って紫白房（紫房）で描くことはあり得る。これは事実に即していないので、絵師の勘違いによるものとして判断できる。ここで問題になるのは、紅白房や紫白房であることを知りながら、それを朱房や紫房であえて描くような錦絵である。あるいは房色を事実に即して正しく描いたかもしれないが、錦絵では別の色に見えてしまっているかもしれない場合である。事実と違うとわかるのは、主として文字資料から判断できる。

20)　明治17年3月の天覧相撲で横綱梅ケ谷の土俵入りを描いた錦絵「天覧相撲横綱土俵入之図」（豊宣画）があるが、その中に庄五郎、誠道、庄治郎は朱房で描かれている。（この錦絵は、たとえば堺市博物館編『相撲の歴史』（p.76）でも掲載されている。）庄五郎は明治15年に朱房を許されているが、誠道と庄治郎は当時、紅白房とするのが普通である。それが正しいのであれば、錦絵の朱房は異なる色となる。錦絵の朱房が本当に事実を正しく描いているか、検討する必要がある。明治時代の錦絵であるが、指摘しておきたい。

がいつ出現したのかがわからないことである。たとえば、次の錦絵では 2
段目記載の行司が朱房で描かれているが、朱房と紅白房のうちいずれであ
るかは必ずしも明らかでない。そのような事例を、参考までに、いくつか
例示しておく。

(1)　竜五郎（2 段目、6 番手）、朱房・足袋→紅白・足袋、高根山と越
　　　の海の取組、国貞画、天保 13 年（2 月？）、『江戸相撲錦絵』（pp.54-5）。

(2)　竜五郎（2 段目、6 番手）、朱房・足袋→紅白・足袋、小柳と高根
　　　山の取組、国貞画、天保 13 年 10 月、『江戸相撲錦絵』（pp.142-3）
　　　／学研『大相撲』（p.92）。

(3)　竜五郎（2 段目、6 番手）、朱房・足袋→紅白・足袋、越の海と高
　　　根山の取組、国貞画、天保 13 年、学研『大相撲』（p.93）／『江戸相
　　　撲錦絵』（pp.53-5）。

(4)　市之助（2 段目、10 番手）、朱・足袋→紅白・足袋、猪王山と荒熊
　　　の取組、豊国画、安政年間、『相撲浮世絵』（昭和 50 年 6 月、pp.52-
　　　3）。〈安政 3 年 1 月として〉

(5)　要人（2 段目、6 番手）、朱・足袋→紅白・足袋、「勧進大相撲興行之図」、
　　　陣幕と荒鹿の取組、豊国画、安政 5 年 1 月、錦絵[21]。

(6)　庄九郎（2 段目、9 番手）、朱・足袋→紅白・足袋、「勧進大相撲取
　　　組之図」、大鳴門と真鶴の取組、国貞画、安政 5 年頃、錦絵。

(7)　伊七郎（2 段目、7 番手）、朱・足袋→紅白・足袋、「勧進大相撲弓
　　　取之図」、国貞画、文久 2 年 11 月[22]、『相撲の歴史』（堺市博物館、平
　　　成 10 年、p.54）[23]。

---

21)　この錦絵は、たとえば土屋喜敬著『相撲』（衛星 29 年、口絵 9）にも掲載され
　　　ている。

22)　酒井忠正著『日本相撲史（上）』（p.360）では安政時代となっている。『大相撲
　　　一月場所カタログ』（1979 年 1 月、p.23）では元治 2 年春場所の弓取りを描いた
　　　ものとして記述されている。同じ錦絵の拡大版は『大相撲十一月場所カタログ』
　　　（2001 年 11 月、p.29）にも掲示されている。

23)　明治 17 年 3 月の天覧相撲を描いた錦絵に誠道が朱房で描かれている。当時、

明治時代に朱房・草履の鬼一郎が紅白・草履で描かれた錦絵がある。紅白房が描かれていることが描かれた錦絵も珍しいが、この房色は誤っている。これに関しては、拙著『方向性と行司番付』(2024)の第9章「明治30年までの行司番付と房色（資料編）」にも言及されている。

B.　紫白房が紫房として描かれている錦絵

嘉永元年から元治元年10月まで、庄之助は紫白房を許されていない。それを本場所で許されたのは、元治元年冬場所（10月）だと推測する。[24] 元治元年10月には朱房だったが、元治2年春場所（2月）で紫房になっているからである。伊之助が紫白房を許されたのは明治30年1月なので、嘉永元年から明治35年1月まで房の色は継続的に朱房である。[25]

錦絵では紫房で描かれているが、実際は、紫に白が交じった「紫白房」であった。それは文献で確認できるからである。[26]

(1)　庄之助（13代）、紫房・草履→紫白房・草履、「御免出世鏡」、元治2年春場所、春芳画、景山忠弘著『大相撲名鑑』(p.20)。

(2)　庄之助（13代）、紫房・草履→紫白房・草履、国貞画、慶応2年2月、学研『大相撲』(p.127)。

(3)　庄之助（13代）、紫房・草履→紫白房・草履、国輝画、明治2年4月、

誠道が紅白房だったなら、その朱房は正しくない色である。誠道は明治18年か20年に朱房に昇進しているので、いずれにしても朱房は正しくない。参考のために、明治時代にも紅白房が朱房で描かれている錦絵を例示しておきたい。

24)　江戸時代以降の立行司の紫房に関しては、たとえば拙著『行司と階級色』(2022)の第1章「大相撲立行司の紫房再訪」や拙著『格付けと役相撲』(2023)の第5章「紫房行司一覧」などを参照。

25)　たとえば、『読売新聞』(明治30年2月10)の「式守伊之助と紫紐の帯用」を参照。

26)　これに関しては、たとえば拙著『軍配と空位』(2017)の第3章「文字資料と錦絵」や『行司と階級色』(2022)の第1章「大相撲立行司の紫房再訪」などを参照。錦絵では紫房の異種、准紫房、紫白房、半々紫房を見分けるのはほとんど不可能である。

学研『大相撲』（p.117）。

木村庄之助の軍配房（紫房、実際は紫白房）は正しいが、履物が間違って描かれている錦絵もある。このような錦絵はごくまれである。

・ 庄之助、朱房・足袋、「勧進大相撲取組之図」、小柳と鏡岩の取組、芳員画、安政 2 年 2 月推定、学研『大相撲』（pp.122-3）。

この錦絵が安政 2 年 2 月場所を描いているとすれば、当時、13 代木村庄之助は間違いなく草履を履いていた。しかし、錦絵では足袋姿で描かれている。なぜそのように描かれているかは、不明である。

7.　今後の課題

本章では嘉永元年 11 月から慶応 4 年 6 月までの行司番付を調べてきたが、そのような番付は初めての提示だったので、今後、いくつか解明すべきことがある。そのような問題点は本文の中で指摘してきた。その主なものを記しておきたい。

（1）　本章の行司の階級は各場所、正しく分析されているのだろうか。2段目以上は幕内格より上位としているが、それは正しいだろうか。

（2）　番付表 3 段目に記載された行司の階級はどうなっているか。嘉永元年から慶応 4 年まで一貫していたか、それとも変化しているか。

（3）　本章では 3 段目を傘型記載あるいは横型記載と表示しているが、その型の区分けは正しいのだろうか。

（4）　十枚目格行司はいつから現れているか。それは番付表で見分けられるか。本章では文久 3 年 7 月場所から十枚目格行司がいたとしてい

るが、それは正しいだろうか。

(5)　そもそも幕下格行司（黒房）を「十枚目格」（青白房）と「幕下格」（黒房）に二分したのは、嘉永時代から慶応時代のあいだろうか。嘉永以前からそのような二分はされていなかっただろうか。

(6)　本章では錦絵では紅白房が朱房で、また紫白房が紫房で、描かれることがあるとし、それをいくつか例示しているが、その判断は正しいだろうか。

(7)　本章では、番付表の最上段は朱房あるいは紅白房、二段目は紅白房として分析しているが、その分析の仕方は正しいだろうか。文政11年頃の番付表では、最上段に紅白房（たとえば庄太郎や与太夫）が記載されている。嘉永以降、最上段に朱房や紫白房の行司だけが記載されているなら、いつそのような変化が起きたかを調べる必要がある。

　いずれも、十枚目格行司の確認と関連しているが、実際、それは行司の階級と密接に関係している。番付の最上段や2段目は肉太で記載され見間違えることはない。ところが、3段目となると、傘型記載であろうと横列記載であろうと、字体だけでは判断が難しいことがある。

8.　行司番付（資料）[27]

　ここでは、番付表3段目までの行司番付を示す。最上段と2段目は肉太で大きい字なので、その順位を調べるのに困ることはない。しかし、3段目は字体だけでは判別できないだけでなく、階級間の見分けが必ずしも容

27)　行司番付表は元の版をすべて持っているわけでないので『相撲起顕』や相撲関連の本などを参考にしている。写真のコピーでない場合は、3段目以下では元の番付表と少し違っていることもあるが、その場合は番付表を優先している。

易でない。その上、記載法が傘型（山型）の場合、階級間の見分けがなお一層難しくなる。そのため、3段目は行司の順位付けを中心に調べてある。

　ここの行司番付を見分けるのに、特に注意すべき点をいくつか列挙しておく。

(1)　斜め線は最上段、2段目、3段目を表す。2段目の式守伊之助は木村庄之助に次ぐ2番手なので、最上段に記載されているものとする。これは傘列記載でも横列記載でも同じである。

(2)　本場所の年月の右横に「傘型」か「横列」が表示されているが、それは番付表3段目の行司の記載法である。横列の場合は行司を横列に見ていけばよいが、傘型の場合は中央の行司を起点に右→左の順で番付を確定する。番付は確定できても、階級間の見分けは必ずしも容易でない。横列でも階級間に空白があれば、それを境に階級を見分けられるが、これも常にうまくいくとはかぎらない。

(3)　3段目右方でやや大きめの字で記載された行司がいることがある。それが何を意味しているか、必ずしも明白でないが、そうでない行司と何らかに区別があると想定し、下線を引いてあることもある。なぜそのような記載をしてあるかは、今後解明する必要がある。

(4)　3段目では基本的に幕下格と三段目の行司が記載されていると想定しているが、実際は、十枚目格、幕下、三段目などが入り混じっているかもしれない。それがいつからそうなったかが、今のところ、不明である。これは今後、解明すべき課題として指摘しておきたい。本章では、そういう問題があるため、あえて順位付けだけに重点を置いて分析してある。

(5)　番付表の下に行司名と房色が確認できる錦絵を例示してあることがある。これはその行司がその房色を許された年月ではなく、その房色

をその錦絵で確認できることを示してある。多くの資料を提示してあるが、他にも同じ類の資料があることを指摘しておきたい。

(6) 番付表に基づいて行司番付をしているが、横列の場合、空白が明白の場合もあるし、そうでない場合もある。一般的に言って、階級が異なるとき、筆頭行司を大き目の字で記載してある。しかし、常にそうであるとも限らないのが悩みの種である。何を基準に、そのような記載法になっているか、まだ不明である。

(7) 嘉永から慶応までの番付表３段目の行司番付を調べていると、その変動があまりにも激しいことに気づく。そのために、前後の場所の行司番付が参考にならないことがある。なぜそのような激しい場番付になったのか、今のところ、不明である。

　このような点に注意しながら分析を試みてきたが、結果的に提示した分析が事実に即していないかもしれない。実際、特に３段目の行司番付には何か割り切れないものがあったことは確かである。３段目全体を一つの山型記載として捉えてよいのかという基本的な問題さえ抱いたこともある。一つの山型記載であれば、起点となる中心の行司を見分ければよいのだが、その見分けが間違っていないという保証さえないのである。いずれにしても、提示した分析は現段階の結果である。内容の良し悪しに関係なく、これを叩き台にし、さらに発展させてくれることを期待している。

　それでは、各場所の行司番付を見ていくことにする。参考までに、初めに弘化末期から２場所、慶応４年６月のあとに明治元年11月の番付を示してある。本場所が変わっても、同じ行司が前場所や翌場所でも勤めているからである。

○ 弘化４年11月（３段目・傘型[28]）

---

28) 番付表３段目が横列記載なら「横列」、傘型記載なら「傘型」としてある。記

庄之助、伊之助、鬼一郎、庄太郎、市之助／幸太夫、庄九郎、勘太夫、喜代治／庄次郎（中央）、由三郎、良太郎、弘吉、小太郎、貞蔵、平吉

- 竜五郎[29]（初代）改め庄太郎（8 代、最上段）、朱房・足袋、武蔵野と天津風の仕切り、豊国画、弘化 4 年春場所、『江戸相撲錦絵』（昭和 61 年 1 月、p.100）[30]。

○ 弘化 5 年 1 月（3 段目・傘型）
庄之助、伊之助、鬼一郎、庄太郎、市之助／幸太夫、勘太夫、庄九郎、喜代治、庄治郎／<u>亀吉、由三郎</u>（中央）、貞蔵、平吉、良太郎、小太郎、半次郎、種次郎

- 亀吉がもっとも大きめの字体だが、左側の由三郎もほぼ同じ大きさに見える。しかも由三郎の左側に大き目の空白がある。亀吉と貞蔵はあいだにはほとんど空白はないが、字の大きさが異なる。それで、亀吉と由三郎を同列として分析した。字体の大きさその両側の空白に基づいて分析してあるが、事実に即しているかどうか、検討を要するかもしれない。

載法の見間違えがあれば、当然のことながら、各行司の順位付けも異なる。その見分けは大切である。傘型記載の場合、どの行司が起点になるかの見きわめが非常に重要である。番付表ではその見極めが明確でないことがあり、そのために順位付けが難しいことがある。傘型で順位付けが異なる大きな要因は、どの行司を起点にするかの相違であると言ってよい。

29) 「竜五郎」と「龍五郎」の表記は、必ずしも区別していない。本場所によって漢字の表記が変わることもあり、厳密には場所ごとに注意する必要があるが、本書では厳密な表記になっていないことを記しておきたい。

30) 同じ図柄で改名前の「木村竜五郎」として描かれている錦絵もある。たとえば高埜利彦著『相撲』(pp.78-9 を参照、モノクロ色)。その絵でも房色は同じ朱である。

（1）　嘉永元年 11 月[31]（3 段目・横列）[32]

　庄之助（12 代、朱房・草履）[33]、伊之助（朱房・草履、5 代）[34]、鬼一郎、庄太郎、多司馬／幸太夫、勘太夫、庄九郎、喜代治、庄治郎／<u>亀吉、由三郎</u>（右方）、貞蔵、伊太郎、吉五郎、小太郎、半次郎

- 亀吉と由三郎は二人とも右方に大き目の字で記載されているが、何を意味するかはわからない。由三郎の左側には空白がある。その理由もわからない。
- 12 代木村庄之助(木村正蔵から襲名)：弘化 2 年 2 月から嘉永 6 年 2 月。
- 5 代式守伊之助（初代式守勘太夫から襲名）：天保 10 年 3 月から嘉永 3 年 2 月。
- 庄之助（12 代）、朱房・草履、剣山と荒馬の取組、国貞画、天保 14 年、『江戸相撲錦絵』（pp.113-5）。
- 伊之助（5 代)、朱房・草履、猪名川と友綱の仕切り、国貞画、天保 14 年、『江戸相撲錦絵』（p.101）。
- 伊之助（5 代)、朱房・草履、秀の山と稲川の取組、弘化 3 年、国貞画、

---

31)　行司歴に関しては、いつものように、『大相撲人物大事典』の「行司の代々—歴代行司名一覧」（pp.685-706）を参考にした。

32)　最上段を朱房、二段目を紅白房と分析しているが、そういう見方に一貫性があるかどうかは、必ずしも明白でない。たとえば、文政 11 年頃の番付表を見ると、最上段に紅白房が記載されている。そういうことが天保以降もあったかもしれない。行司の昇格年月や房色を確認できる資料が乏しいのが現状である。番付表では房色の判断が難しい。本章の房色の記載は、一つの試みと捉えるのが無難であることを指摘しておきたい。

33)　庄之助は元治 2 年 2 月場所までずっと朱房・草履である。同様に、伊之助も明治 30 年 2 月までずっと紫白房である。両行司の房色や履物を記しているのは、他の行司との兼ね合いや明治以降の房色や履物を意識しているからである。それでも、房色や履物を提示していないこともある。ちょっとした知識があれば、それは推測できる。

34)　庄之助が朱房・草履格なら伊之助も朱房・草履格である。伊之助が庄之助より上位格の房色を使うことはない。

『相撲浮世絵』（pp.50-1）。

・伊之助（5 代）、朱房・草履、秀ノ山横綱土俵入之図、豊国画、弘化
　4 年 11 月、学研『大相撲』（pp.84-5）。
・鬼一郎：天保 6 年 10 月から嘉永 6 年 2 月まで。
・多司馬：市之助が弘化 5 年 1 月に改名した。

(2)　嘉永 2 年 2 月（3 段目・傘型）

　庄之助（12 代、朱房・草履）、伊之助（5 代、朱房・草履）、鬼一郎、庄太郎、
多司馬（3 代）／幸太夫、庄九郎、勘太夫、喜代治／<u>亀吉、貞蔵、龍五郎</u>（中
央）、伊太郎、八百吉、吉五郎、小太郎、半次郎

・亀吉の左側に龍五郎、右側に貞蔵だと分析する。二人の両側に空白も
　ある。しかし、『相撲起顕』（p.196）では、亀吉と龍五郎が中央に位置し、
　その右側に貞蔵がいる。しかも、亀吉と貞蔵のあいだには大きな空白
　がある。本書の分析は番付表の記載法に基づいている。
・由三郎が龍五郎に改名。嘉永 6 年 11 月まで続く。

(3)　嘉永 2 年 11 月[35]（3 段目・傘型）

　庄之助、伊之助、鬼一郎、庄太郎、多司馬／幸太夫、庄九郎、勘太夫、
喜代治／<u>亀吉、龍五郎</u>（中央）、貞蔵、庄次郎、本弥、伊太郎、吉五郎、
小太郎、半次郎

・中央の行司記載を通常の 3 名記載だとすれば、龍五郎→亀吉→庄次
　郎となる。中心部、右側、左側の順が普通である[36]。しかし、庄治郎が

---

35)　3 段目の十枚目行司は番付中央に記載されている。3 段目では十枚目行司が中
　　央に記載されたり横列に右方で記載されたりしている。そうする一定の基準があ
　　るはずだが、その基準は不明である。
36)　亀吉、龍五郎、庄次郎の 3 名が中央に記載され、しかもその 3 名が右から順位
　　が下がるとする分析は不自然である。2 名なら右か上位だとする分析が普通だが、
　　3 名となるとやはり中心部が最上位、右が 2 位、左が 3 位となる。庄次郎が翌場所、

89

次の場所、2段目に記載されていることから、3番手として記載するのが妥当か、問いたくなる。もしかすると、右から順に亀吉→龍五郎→庄次郎かもしれない。その場合には、別の問題が出てくる。中央に3名を記載する場合には、中央→右→左の順位とするのが普通である。それに違反する記載の仕方もあったのだろうか。いずれにしても、中央の亀吉、龍五郎、庄次郎の3名に関しては、どの順序付けが妥当なのか、吟味する必要がある。

・龍五郎、亀吉、庄次郎は中央に記載されている。
・庄九郎（最上段）、朱房・足袋、常山と御用木の取組、国貞改め豊国（3代）画、嘉永2年10月、『相撲浮世絵』（昭和50年6月、pp.52-3）。のちの9代庄太郎。

（4）　嘉永3年2月（3段目・傘型）
　庄之助、伊之助、鬼一郎、庄太郎、多司馬／幸太夫、勘太夫、庄九郎、喜代治、庄治郎／<u>龍五郎、亀吉、伊太郎</u>（中央）、貞蔵、吉五郎、本弥、半次郎、小太郎、種次郎

・龍五郎を起点に右側が亀吉、左側が伊太郎と順位付けする。番付表では、伊太郎は龍五郎や亀吉より字体が小さい。むしろ、伊太郎と貞蔵はほとんど同じである。亀吉と貞蔵、龍五郎と伊太郎のあいだには、それぞれ境目を示すような空白もある。中央に記載されているのは、亀吉と龍五郎の二人だけかもしれない。
・『相撲起顕』（p.198）では、亀吉→龍五郎→伊太郎となっている。亀吉と貞蔵のあいだに広い空白があり、貞蔵は中央の一塊に入っていな

2段目に記載されていれば、2段目に中心部に記載されるのが普通だが、この場所ではそうなっていない。これをどう解釈すればよいのか、明確な答えがない。
37）　庄次郎が貞蔵よりやや太めの字に見えるが、龍五郎と庄次郎を同じ番付として、亀吉、龍五郎、庄次郎のような順位付けする記載法があったのか、不明である。

い。なぜそのような構成になっているかは、不明である。

・亀吉と龍五郎を同じ番付扱いし、その両側に貞蔵と伊太郎が続くという見方もできるが、『相撲起顕』(p.198)にそのような記載をしていない。要するに、分析の核心は、貞蔵を中央の一塊に加えるか否かである。本書では、『相撲起顕』(p.198)に従い、貞蔵を中央の仲間から除外することにする。そうすれば、結果的に龍五郎→亀吉→伊太郎の順となる。

・庄之助、朱・草履、黒岩と小柳の取組[38]、豊国画、嘉永 3 年〜 5 年、田原町博物館編『相撲錦絵展』(p.7)。

(5)　嘉永 3 年 11 月（3 段目・傘型）

庄之助、鬼一郎、多司馬、幸太夫、庄九郎／勘太夫、庄治郎、喜代治、庄五郎、龍五郎／伊太郎 (中央)、八百吉、半次郎、吉五郎、秀次郎、種次郎、多作、鬼之助、幸吉、亀太郎

・伊太郎が特に目立っていないが、中央に一人記載としている。この場合、伊太郎を中心に順位付けが容易である。

・（亀吉改め）庄五郎と竜五郎は 2 段目に記載されているが、順位が入れ替わっている。

・亀吉は庄五郎に改名したが、嘉永 5 年 5 月まで続いている。

・伊之助は嘉永 6 年 11 月まで不在。鬼一郎が二番手となる。

・竜五郎（初代）改め多司馬（3 代、最上段）、朱房・足袋、一力と雲早山の取組、豊国画、嘉永年間（3 年 11 月〜 7 年 2 月）、『江戸相撲錦絵』（昭和 61 年 1 月、p.75）。

(6)　嘉永 4 年 2 月（3 段目・横列）

---

38)　黒岩と小柳の同じ取り組みが別の錦絵「勧進大相撲之図」（嘉永 6 年 2 月）にも描かれているが、取組の姿や周囲の背景などが異なる。別々の錦絵として扱うことにする。嘉永 6 年 2 月の項目を参照。

庄之助、鬼一郎、多司馬、幸太夫、庄九郎／勘太夫、庄治郎、喜代治、庄五郎、竜五郎／<u>八百吉、伊太郎、吉五郎</u>（右方）、市之助、秀次郎、鬼之助、多作、幸吉、亀太郎、宋四郎。

- ・八百吉、伊太郎、吉五郎は右側に大き目の字で記載。
- ・八百吉と伊太郎の順位が入れ替わっている。
- ・吉五郎と市之助のあいだに空白がある。

(7)嘉永4年11月（3段目・横列）

庄之助、鬼一郎、多司馬、幸太夫、庄九郎／勘太夫、竜五郎、庄治郎、八百吉、峯之助／<u>伊太郎、吉五郎</u>（右方）、秀次郎、鬼之助、多作、幸吉、亀太郎、宋四郎、金五³⁹⁾

- ・伊太郎は右側に太字で記載。
- ・宋四郎（初代）。慶応3年3月まで続く。
- ・鬼一郎（最上段）、朱・足袋、小柳と鏡岩の取組、「勧進大相撲土俵入之図」、吉宗画、嘉永4年11月、『図録「日本相撲史」総覧』（1992、pp.30-1)、新人物往来社。

(8)嘉永5年2月（3段目・横列）

庄之助（朱房・草履）、鬼一郎（朱房・草履）、多司馬、庄九郎／幸太夫、勘太夫、喜代治、庄治郎、竜五郎／<u>庄五郎、峯之助、八百吉</u>（右方）、伊太郎、秀次郎、鬼之助、幸吉、嘉七、惣太郎、宋四郎

- ・右側の三名は太字で記載。伊太郎と秀次郎のあいだに空白がある。

(9)嘉永5年11月（3段目・横列）

---

39)　番付表では、「金吾」ではなく、「金五」となっている。『相撲起顕』（p.201）でも、やはり「金五」となっている。

庄之助（朱房・草履）、鬼一郎（朱房・草履）、多司馬、庄九郎／勘太夫、喜代治、庄治郎、竜五郎／<u>峯之助、八百吉、伊太郎</u>（右方）、秀次郎、鬼之助、幸吉、宋四郎、市太郎、庄吾

・峯五郎、八百吉、伊太郎は右側に大き目の字。伊太郎の左側に空白がある。

（10）嘉永 6 年 2 月（3 段目・横列）

庄之助（朱房・草履）、鬼一郎（朱房・草履）、多司馬、庄九郎／勘太夫、喜代治、庄治郎、伊太郎／<u>与七、秀次郎</u>（右方）、吉五郎、鬼之助、幸吉、藤次郎[40]、宋四郎、市太郎、庄吾

・秀次郎と吉五郎のあいだに空白がある。
・庄之助、朱・草履、「勧進大相撲之図」[41]、黒岩と小柳の取組、豊国画、嘉永 6 年 2 月、『東京人』（特集「相撲の真髄」、pp.36-7）。

（11）嘉永 6 年 11 月（3 段目・横列）

庄之助（13 代、朱房・草履）、伊之助（6 代、朱房・草履）、庄太郎、佐司摩（3 代）[42]／勘太夫、喜代治、庄治郎、伊太郎、八百吉／竜五郎（右端）、吉五郎、秀次郎、伊七郎、幸吉、藤次郎、千次郎、宋四郎、市太郎、庄吾

---

40)　行司名が判読できない、飯田昭一著『江戸時代相撲名鑑（上）』（p.217）では「藤次郎」となっているので、それを記すことにした。翌場所の「藤次郎」も同じ。二つとも「藤」というより「菱」の崩し字のようにも見えるが、「菱次郎」という人名も何となく不自然な響きがする。

41)　先の嘉永 2 年 2 月の項も参照。類似の錦絵がある。

42)　番付表の文字は「佐司摩」と読めるが、明らかに「多司馬」と同じ行司である。最上段に記載されている。一場所だけ改名したかもしれないが、本章では見たままの「佐司摩」にしておく。興味深いことに、翌場所から 2 段目に格下げされている。房の色も変わったかもしれない。

- 竜五郎と伊七郎の左側にそれぞれ空白がある。
- 最初の4名は一塊かもしれない。
- 13代木村庄之助：3代木村多司馬（元・市之助）から襲名。3代多司馬：嘉永元年11月から嘉永6年2月。明治19年4月まで襲名。
- 伊之助（6代）：鬼一郎から改名。明治13年5月まで襲名。

（12）嘉永7年2月（3段目・横列）⁴³⁾

　庄之助（朱房・草履）、伊之助（朱房・草履）、庄太郎、勘太夫／八百吉、秀次郎、多司馬（4代）、伊七郎、幸吉／<u>啓次郎</u>（右端）、市之助、宋四郎、庄吾、庄吉、角次郎、峯次郎、喜代松、吉之助、金太

- 啓治郎と角次郎の左側にそれぞれ空白がある。
- 『相撲起顕』では中央に啓治郎があり、傘型記載になっているが、番付表では横列記載になっている。珍しいケースである。
- 多司馬（4代）。嘉永7年2月から安政2年2月まで続く。

（13）嘉永7年11月（3段目・傘型）

　庄之助（朱房・草履）、伊之助（朱房・草履）、庄太郎、喜代治／八百吉、秀五郎、多司馬（4代）、伊七郎、幸吉／<u>庄助</u>（中央）、啓治郎、市之助、千吉、宋四郎、庄吾、庄吉、角次郎、峯次郎、金太

- 庄助が3段目中央に記載されているが、その経緯は、今のところ、不明である。庄助という行司は、前場所にいない。
- 庄之助、朱房・草履、「勧進大角力取組之図」、小柳と常山の取組、芳虎画、嘉永7年11月、『江戸相撲錦絵』（p.76）。
- 庄九郎（最上段）、朱房・足袋、「勧進大相撲千穐楽弓渡之図」、国輝画、嘉永年間、学研『大相撲』（p.75）。

---

43) 『相撲起顕』と学研『大相撲』（p.282）では記載法が異なる。

（14）安政2年2月（3段目・横列）[44]

　庄之助（朱房・草履）、伊之助（朱房・草履）、庄太郎、勘太夫、喜代治
／八百吉、卯之助、要人、多司馬（5代）、市之助／<u>伊七郎</u>（右方）、啓次郎、
四良二郎、玉吉、宋四郎、庄吉、角次郎、峯次郎、竜吉、金太

・右端の伊七郎だけが大きめの字。3つくらいの塊か。四良二郎と玉吉
　のあいだに空白がある。
・多司馬（5代）：元治元年4月から慶応4年5月まで。
・庄助が4段目左端に大き目の字で記載されている。休場か何かの他の
　理由があるかもしれないが、今のところ、その理由は不明である。
・庄之助、朱房・足袋[45]、「勧進大相撲取組之図」、小柳と鏡岩の取組、芳
　員画、安政2年2月推定、学研『大相撲』（pp.122-3）。

（15）安政3年1月（3段目・横列）

　庄之助（朱房・草履）、伊之助（朱房・草履）、庄太郎、鬼一郎、喜代治
／左司馬、八百吉、要人、卯之助、市之助／<u>伊七郎</u>（右方）、啓治郎、四
良次郎、玉吉、宋四郎、庄吉、角次郎、峯次郎、竜吉、金太

・2段目で伊之助の右側に1人だけ記載され、左側に4人も記載されて
　いる。なぜそのような変則記載になっているか、わからない。
・玉吉の左側に空白がある。
・右端の伊七郎だけが大きめの字。3つくらいの塊か。玉吉と宋四郎の
　あいだに空白がある。

44）番付表は発表されたが、興行はコレラ流行と隅田川東岸の火事で中止になって
　いる。
45）庄之助の軍配房色は朱で、正しく描かれているが、足元の足袋姿は正しくない。
　当時の庄之助は草履を履いていたからである。この庄之助の履物については、先
　にも言及している。

（16）安政 3 年 11 月（3 段目・傘型）

　庄之助（朱房・草履）、伊之助（朱房・草履）、庄太郎、鬼一郎、喜代治／左司馬、八百吉、要人、卯之助、市之助／<u>四良次郎</u>、宋四郎、庄吉（中央）、玉吉、角次郎、伊七郎、峯次郎、吉五郎、九平太、金太郎

・3 段目の行司番付が前場所と大きく異なるが、その理由は不明である。横列記載を傘型記載として分析していないか、調べてみたが、やはり傘型記載とするのが正しいはずだ。この場所と次の場所をくらべてみると、大きな変化はない。

・中央で四良次郎の両側に宋四郎と庄吉がいる。宋四郎と庄吉の両側に空白がある。
・2 段目の記載が元に戻っている。
・角次郎の右側に空白がある。
・四良次郎を中心の山型記載。三橋の吉五郎は読みづらい。

（17）安政 4 年 1 月（3 段目・傘型）

　庄之助（朱房・草履）、伊之助（朱房・草履）、庄太郎、勘太夫、喜代治／八百吉、卯之助、要人、峯之助、伊七郎／<u>四良治郎、宋四郎、玉吉</u>（中央）、庄吉、庄助、角次郎、峯次郎、金太郎、正三郎

・庄助の左側に空白がある。
・四良次郎を中心の山型記載である。

（18）安政 4 年 11 月（3 段目・傘型）

　庄之助（朱房・草履）、伊之助（朱房・草履）、庄太郎、勘太夫、喜代治／八百吉、卯之吉、要人、峰之助、伊七郎／<u>四良二郎、宋四郎、玉吉</u>（中央）、庄吉、庄助、角二郎、峯二郎、金太郎、正三郎

・四良二郎を中心の山型記載である。宋四郎と玉吉の両側に空白がある。

・伊之助、朱・草履、境川と雲龍の取組、芳盛画、安政 4 年冬、『江戸
相撲錦絵』（p.62）。

（19）安政 5 年 1 月（3 段目・横列）
　庄之助（朱房・草履）、伊之助（朱房・草履）、庄太郎、勘太夫、喜代治
／八百吉、卯之吉、要人、峯之助、伊七郎／宋四郎、四良二郎（右方）、庄吉、
庄助、角次郎、金太郎、小太郎、庄吾

・『相撲起顕』（p.215）では、右から 3 番目に庄吉、左端にも庄吉となっ
ている。同一名が二度記載されていて、妙である。同じ名前の行司が
同じ段で二人記載されるはずがないので、左端を庄吾としてある。庄
吾ではなく、玉吉も考えられるが、順位が違いすぎる。いずれにして
も、この行司名は、検討を要する。そのことを指摘しておきたい。

・庄太郎、朱・足袋、「勧進大相撲取組之図」、大鳴門と荒鹿の取組、安
政 5 年 1 月（推定）、『相撲浮世絵』（pp.50-1）。
・要人、朱・足袋、「勧進大相撲興行之図」、陣幕と荒鹿の取組、豊国画、
安政 5 年 1 月、土屋喜敬著『相撲』（口絵 9）。

（20）　安政 5 年 11 月（3 段目・横列）
　庄之助（朱房・草履）、伊之助（朱房・草履）、庄太郎、勘太夫、喜代治
／正蔵、庄九郎、要人、卯之吉、伊七郎／宋四郎、四良二郎、正吉、角二
郎、庄助、金太郎、小太郎、八百吉、伊助

・この場所はコレラ流行のため、興行中止になっている。
・伊之助、朱房・草履、「勧進大角力取組図」、不知火と陣幕の取組、芳
員画、安政 5 年 11 月[46]、『江戸相撲錦絵』（p.64）。

---

46)　本場所は開催されていないので、錦絵は架空の取組か巡業の取組である。ある
　　いは、年月が誤っているかもしれない。その年月は確認していない。

(21) 安政 6 年 1 月 （3 段目・横列）
　庄之助（朱房・草履）、伊之助（朱房・草履）、庄太郎（朱房・足袋）、
勘太夫、喜代治／正蔵、庄九郎、要人、卯之助、伊七郎／<u>宋四郎、四良二
郎、正吉</u>（右方）、角二郎、庄助、金太郎、小太郎、八百吉、伊助

・宋四郎（右端）は大き目の字になっている。
・伊之助（鬼一郎改め）、朱・草履、『勧進大相撲之図』、安政末期、豊国画、
　『大谷コレクション　相撲浮世絵』（p.61）。

(22) 安政 6 年 11 月 （3 段目・横列）
　庄之助（朱房・草履）、伊之助（朱房・草履）、庄太郎（朱房・足袋）、
勘太夫、喜代治／正蔵、庄九郎、要人、卯之助、伊七郎／<u>宋四郎、四良二
郎、正吉</u>（右方）、角二郎、庄助、金太郎、小太郎、八百吉、伊助

・右側は 4 名とも同じ字体である。庄助で左右に分かれる。
・庄之助、朱房・草履、絵番付、芳幾画、学研『大相撲』（p.131）。絵
　番付では庄太郎と勘太夫の房色が不明だが、庄之助と同じ朱房に違い
　ない。足元は、足袋を履いている。

(23) 安政 7 年 2 月 （3 段目・傘型）
　庄之助（朱房・草履）、伊之助（朱房・草履）、庄太郎（朱房・足袋）、
勘太夫、喜代治／正蔵、市之助、卯之助、庄九郎、（吉岡）左軍太、伊七
郎／<u>四良二郎、宋四郎、庄吉</u>（中央）、角次郎、金太郎、庄助、小太郎、
庄五郎、八百吉、伊助

・宋四郎、四良二郎、庄吉は中央に記載されている。
・正蔵は正藏とも書く。
・庄之助、朱房・草履、響灘と小野川の取組、安政 7 年 2 月、国貞画、『江
　戸相撲錦絵』（p.79）。

・庄之助、朱房・草履、絵番付、安政 7 年 2 月、芳幾画、『図録「日本
相撲史」総覧』(p.48)。

(24) 万延元年 10 月（3 段目・傘型）[47]

　庄之助（朱房・草履）、伊之助（朱房・草履）、庄太郎（朱房・足袋）、
勘太夫、喜代治／要人、伊七郎、左軍太、宋四郎、四良次郎／庄吉、角二
郎（右方）、金太郎、庄助、小太郎、庄五郎、八百吉、左門

・庄吉、角次郎、金太郎は一塊。庄吉を起点に右、左の順にする。
・庄五郎、前名:庄吾（安政 7 年 2 月に改名）。明治 23 年 5 月まで続く。

(25) 万延 2 年 2 月（3 段目・横列）

　庄之助（朱房・草履）、伊之助（朱房・草履）、庄太郎（朱房・足袋）、
勘太夫、喜代治／要人、宋四郎、伊七郎、左軍太、四良治郎、庄吉／角次
郎、小太郎、庄吾（右方）[48]、左門、庄七郎、錦太夫、猪助、秀次郎

・字体では塊は区別できない。
・猪助は伊助とも書く。
・庄之助（朱房・草履）、絵番付「為御覧」、「春勧進大相撲土俵入之図」、
　春幾画、文久元年春。景山著『写真と資料で見る大相撲名鑑』の表紙
　カバー。万延 2 年 2 月に文久元年（2 月 19 日）は始まった。[49]

---

47)　番付表が『大相撲昔話』(p.51) や『江戸相撲錦絵』(p.182) に掲載されている。
48)　『相撲起顕』(p.128) では、庄吾、小太郎の順になっている。
49)　式守伊之助が木村庄之助と同様に熨斗目麻上下装束の着用を許されたのは、文
　　久元年春の頃らしい。『二六新聞』（明治 34 年 4 月 12 日）の「横綱及び行司格式
　　の事」に、「因みに式守伊之助家は文久元年、時の相撲取締玉垣伊勢ノ海より熨
　　斗目麻上下の免状下付を出願し、爾来立行司の格式を得、木村庄之助は代々の立
　　行司なるが、瀬平は一代の免状を得たるなりと」と書いてある。伊之助はそれま
　　でも庄之助に次ぐ二番手であったが、番付だけでなく装束でも差別されていたこ
　　とになる。それが立行司の序列や房色にも反映されている。もちろん、その序列

（26）文久元年10月（庄吾）（3段目・横列）

庄之助（朱房・草履）、伊之助（朱房・草履）／勘太夫（朱、足袋）、喜
代治／伊七郎、宋四郎、四良次郎、庄吉／<u>角次郎、小太郎</u>（右方）、金太郎、
庄八郎、左門、錦太夫、庄七郎、猪助、秀二郎、由三郎

- ・金太郎の左側に空白がある。
- ・伊之助（朱房・草履）、「雲龍久吉横綱土俵入之図」、国貞画、文久元年、
　　『江戸相撲錦絵』（p.62）。

（27）文久2年2月春（3段目・横列）

庄之助（朱房・草履）、伊之助（朱房・草履）／勘太夫（朱、足袋）、喜
代治／要人、伊七郎、宋四郎、庄吉、四良二郎／<u>角次郎、庄五郎、小太郎</u>
（右方）、市之助、錦太夫、左門、庄七郎、猪助、由三郎、宗助、常吉

- ・角次郎から錦太夫までの5名が一塊かもしれない。錦太夫と左門のあ
　　いだに空白がある。
- ・伊之助、朱房・草履、不知火と大鳴門の取組、豊国画、文久2年頃、
　　学研『大相撲』（pp.124-5）。
- ・伊之助、朱房・草履、「勧進大相撲繁栄図」、大鳴門と鷲ヶ濱の取組、
　　国久図画、文久2年春、『江戸相撲錦絵』（pp.98-9）。
- ・勘太夫、朱房・足袋、陣幕と鷲ヶ濱の取組、文久2年頃、学研『大相撲』
　　（pp.124-5）。

（28）文久2年11月（3段目・横列）[50]

庄之助（朱房・草履）、伊之助（朱房・草履）／要人（朱、足袋）、喜代
治／勘太夫、宋四郎、伊七郎、庄次郎、四良二郎／<u>角次郎、庄五郎、小太</u>

　　や房色は規則として規定されている。

50）　この番付の写しが、『大相撲昔話』（p.53）にある。

郎（右方）、市之助、錦太夫、左門、庄七郎、猪助、由三郎、宗助、常吉

- 勘太夫 4（最上段）、出釈迦山と千歳川の取組、幾芳画、文久 2 年 11 月、
  『江戸相撲錦絵』（昭和 61 年 1 月、pp.144-5）。

（29）文久 3 年 7 月（3 段目・横列）

庄之助（朱房・草履）、伊之助（朱房・草履）／鬼一郎（朱、足袋）、庄太郎／要人、宋四郎、伊七郎、庄九郎、四郎二郎／角二郎、庄五郎、小太郎（右方）、市之助、錦太夫、左門、由三郎、秀二郎、宗八、常吉、弥助、官二郎[51]

（30）文久 3 年 11 月（3 段目・横列）

庄之助（朱房・草履）、伊之助（朱房・草履）／鬼一郎（朱、足袋）、庄太郎／要人、庄九郎、伊七郎、宋四郎、庄七郎／角二郎、小太郎、庄五郎、市之助、錦太夫、左門、由三郎、秀二郎、庄七郎、宗助、常吉、弥助、官二郎

- 伊之助は文久 3 年 11 月から元治 2 年 2 月までの 3，4 場所、横綱土俵入りで紫白房を特別に使用しているが、普段は朱房・草履だった。雲龍と不知火はそのあいだともに横綱だった。[52]
- 前場所の 3 段目行司の番付と比較すると、かなり変動がある。その理由は不明である。

---

51)　この行司名の漢字に関しては、飯田昭一著『江戸時代相撲名鑑（上）』（p.232）を参照した。この本は傘型記載を山型記載にしている。行司の順位付けに関しては、致命的な問題がある。なぜそのような混同をしているのか、不思議である。しかし、行司名の確認には大いに参考になる。読み辛い崩し書きの漢字を読み易い活字にしてある。

52)　これに関しては、たとえば拙著『格付けと役相撲』（2023）の第 5 章「紫房行司一覧」（p.146）や『軍配と空位』（2017）の第 3 章「文字資料と錦絵」（p.81）などを参照。

（31）元治元年4月（3段目・横列）

　庄之助（朱房・草履）、伊之助（朱房・草履）／鬼一郎（朱、足袋）、庄太郎／要人、伊七郎、庄九郎、宋四郎／<u>角二郎、庄五郎、多司馬</u>（右方）、市之助、錦太夫、左門、由三郎、秀二郎、庄七郎、宗助、常吉、藤二郎、弥助、源太郎

- ・多司馬（5代）、小太郎の改名か。慶応4年5月まで続く。
- ・伊之助、朱房・草履、不知火横綱土俵入之図、国貞画、元治元年3月、『江戸相撲錦絵』（p.63）。

（32）元治元年10月（3段目・横列）

　庄之助（紫白房・草履）、伊之助（朱房・草履）／鬼一郎（朱、足袋）、庄太郎／要人、庄九郎、伊七郎、宋四郎、庄三郎／<u>多司馬、庄五郎</u>（右方）、市之助、錦太夫、見蔵、庄助、由三郎、秀二郎、庄七郎、宗助

- ・庄五郎と市之助のあいだに空白がある。
- ・庄之助（13代）はこの場所から紫白房を使用。昨年（冬）にその房色を許可されている。[53]

（33）元治2年2月（3段目・横列）

　庄之助（朱房・草履）、伊之助（朱房・草履）／鬼一郎（朱、足袋）、庄太郎／要人、庄九郎、伊七郎、宋四郎、庄三郎／<u>庄五郎、多司馬、市之助</u>（右方）、錦太夫、由三郎、秀次郎、庄七郎、宗助

- ・庄五郎、多司馬、錦太夫は一つの塊かもしれない。

53）　これに関しては、たとえば拙著『格付けと役相撲』（2023）の第5章「紫房行司一覧」（p.146）や『軍配と空位』（2017）の第3章「文字資料と錦絵」（p.80）などを参照。

（34）慶応元年 11 月（3 段目・横列）

　庄之助（紫白・草履）、伊之助、鬼一郎、庄太郎／要人、伊七郎、庄九郎、庄三郎／多司馬、市之助（右方）、錦太夫、由三郎、秀二郎、庄七郎、官治郎

（35）慶応 2 年 3 月（3 段目・横列）

　庄之助（紫白、草履）、伊之助（朱、草履）、鬼一郎、庄太郎／要人、伊七郎、庄五郎、庄三郎／多司馬、市之助（右方）、錦太夫、由三郎、秀二郎、正七郎、官治郎、正二郎

　・伊之助、朱房・草履、慶応 2 年春、学研『大相撲』（p.127）。

（36）慶応 2 年 11 月（3 段目・横列）

　庄之助（紫白房・草履）、伊之助（朱房・草履）／鬼一郎（朱、足袋）、庄太郎／伊七郎、庄九郎、庄三郎、多司馬／市之助、宋四郎（右方）、錦太夫、由三郎、秀二郎、官二郎、正二郎、荒二郎

　・横列に記載されている。由三郎と秀次郎のあいだに空白がある。
　・市之助と宋四郎のあいだに空白がある。

（37）慶応 3 年 3 月（3 段目・横列）

　庄之助（紫白房、草履）、伊之助（朱房・草履）／鬼一郎（朱、足袋）、庄太郎／伊七郎、庄九郎、庄三郎、多司馬／市之助、宋四郎、錦太夫（右方）、由三郎、秀二郎、庄次郎、官二郎、荒二郎

　・市之助、宋四郎、錦太夫、由三郎は同じ字体。秀二郎以下は同じ塊。
　・市之助と宋四郎は大きい。由三郎の左に空白がある。

（38）慶応 3 年 11 月（3 段目・横列）

庄之助（紫白房、草履）、伊之助（朱房・草履）／鬼一郎（朱、足袋）、庄太郎／伊七郎、庄九郎、庄三郎、多司馬／<u>市之助、(宋四郎)</u>⁵⁴⁾、錦太夫（右方）、由三郎、秀二郎、正次郎、官二郎、荒次郎、金次郎

- 錦太夫の左側に空白がある。
- 伊之助、朱房・草履、陣幕横綱土俵入、国輝画、慶応 3 年 3 月、『江戸相撲錦絵』（p.64）／学研『大相撲』（pp.116-7）。

(39) 慶応 4 年 6 月（3 段目・横列）
庄之助（紫白房、草履）、伊之助（朱房・草履）／鬼一郎（朱、足袋）、庄太郎／伊七郎、庄九郎、庄三郎、多司馬／<u>市之助、錦太夫</u>（右方）、正五郎、由三郎、秀二郎、正次郎、官二郎、金次郎

- 市之助と錦太夫、正五郎は一つの塊かもしれない。
- 由三郎以下は同じ塊かもしれない。

○　明治元年 11 月（3 段目・横列）
庄之助、伊之助、鬼一郎、庄太郎／庄九郎、庄三郎、市之助、錦太夫／<u>庄五郎、由三郎、正治郎</u>（右方）、見蔵、峯右エ門、竜太郎、金治郎

---

54) 番付表に宋四郎の記載はないが、『相撲起顕』（p.208）にはある。

第4章　朱房の草履格と足袋格の変遷

1.　本章の目的

本章の目的は、主として、朱房行司の変遷を調べ、次のことを確認したり提示したりすることである。

(1)　朱房には草履格と足袋格が江戸時代からいた。[1]足袋格を経て草履格になった。朱房は履物に関係なく、三役であった。

(2)　朱房の三役には歴史的に3つの階層があった。一つは最高位、二つは草履格、三つは足袋格である。三役の名称がいずれの階層にも適用されていた。つまり、三役は必ずしも固定して階層を表していたわけではない。

(3)　朱房の最高位は木村庄之助と式守伊之助である。木村庄之助は名誉色の紫白を許されることもあった。式守伊之助が紫白房を初めて許されたのは、明治30年1月場所である。

(4)　朱房・足袋格が三役から幕内に降格したのは、明治38年5月以降である。朱房・足袋格の木村庄太郎が明治38年5月、朱房・草履格の三役になった。木村庄三郎は明治37年5月に草履を許されている。

---

1)　本章では「草履格」や「足袋格」という表現を頻繁に使用するが、これは必ずしも行司の階級を表しているわけではない。草履や足袋を履く資格の行司という意味の場合もあるし、行司の番付を表すこともある。異なる履物、つまり草履や足袋を履いていても同じ階級の場合もあるし、異なる階級の場合もある。履物で区別したほうがわかりやすいときは、草履格や足袋格を用いている。同じ階級であっても、処遇面では何らかの違いがあったかもしれない。

明治 38 年 5 月以降、朱房・足袋格は昭和 2 年春場所まで独立した三役の階級として現れていない。

(5)　明治 43 年 5 月、朱房・草履は三役、朱房・足袋は紅白房とともに幕内格の一部となっている。因みに、木村庄之助は総紫房、式守伊之助は紫白房、准立行司（第三席の立行司）は半々紫白房、十両格は青白房である。

(6)　明治 38 年 5 月から明治 43 年 5 月までどの場所で朱房・足袋格が幕内格になったかは不明である。それを確定する文献がまだ見つかっていない。朱房・足袋格が朱房・草履格より下位であることを示す新聞資料なら、いくらかある。その資料から明治 38 年 5 月を境に朱房・足袋格は幕内として扱われていることを提示する。

(7)　大正末期まで朱房・草履格行司の三役がいた。式守錦太夫は大正 15 年夏場所の番付表で、最上位に記載されている。それが証拠の一つである。当時、番付表最上位に記載された行司は草履を履いていた。錦太夫が草履を履いて写っている写真は、『大相撲春場所号』（昭和 2 年 1 月）の口絵にも掲載されている[2]。

(8)　昭和以降、朱房に草履格行司と足袋格行司の二分化はない。すべて足袋格の場合もあるし、草履格の場合もある。昭和 2 年春から 34 年 2 月まで、朱房の三役はすべて草履を履いていなかった。つまり、三役はすべて、朱房・足袋格だった。それは、34 年 12 月まで続いた。三役がすべて草履を履くようになったのは、昭和 35 年 1 月である。

---

2)　この写真では草履を履いているように見えるが、そうでないと反論されると、必ずしも確信が持てない。草履そのものを確認できないからである。これに関しては、たとえば拙著『行司と階級色』(2022) の第 7 章「上位行司の番付再訪（資料 1）」を参照。

それが現在も続いていることになる。昭和 22 年 6 月、三役の木村庄三郎と木村正直が「草履格」になるが、それは例外であった。他の三役はすべて、足袋だけを履いていた。

　これまでも朱房行司については、たとえば拙著『軍配房と土俵』(2012)の第 5 章「草履の朱房行司と無草履の朱房行司」や『格付けと役相撲』(2023)の第 1 章「大相撲朱房行司の変遷」などでも扱っている。視点がそれぞれ少し異なる。たとえば、明治中期以降の朱房行司には草履格と足袋格の二種がいたことはすでに指摘してあるが、本章では二種の朱房行司が江戸時代にさかのぼっても常に存在していたこと、朱房・足袋格は明治 38 年5 月を境に「三役」から「幕内」へと二分化したことなどを新しく指摘している。

2.　江戸時代の朱房行司[3]

(1)　朱房・足袋行司

　江戸時代の嘉永元年 11 月の行司番付を見ると、木村家の最高位・木村庄之助と式守家の最高位・式守伊之助はともに、軍配房は朱である。その下位の三役行司も同様に、軍配房は朱である。朱房行司は当時、「三役」だった。ところが、嘉永の頃にも立行司と幕内行司のあいだに「三役」の階級があり、その行司は「朱房・足袋」だったのだろうか。実は、三役の階級や房色に関しては、必ずしも定かでない。まだ解明すべきことがあるが、本書では立行司と幕内三役行司のあいだを三役と呼び、その行司の房色は基本的に「朱房」だとしている。履物は足袋か草履で、時代によって異なる。

　現在は、木村庄之助と式守伊之助は「立行司」と呼ばれているが、当時、そのように呼ばれていたかとなると、それは不明である。文献を見るかぎ

---

3)　嘉永以降の行司番付に関しては、本書の第 3 章「嘉永から慶応までの行司番付」を参照。

り、両人とも固有名詞で呼ばれている。本章では、便宜上、木村庄之助と式守伊之助は両家の最高位であることから、江戸時代や明治 20 年代であっても「立行司」と呼ぶこともある。[4]

　この朱房と名称の関係を図式化すると、次のようになる。

(2)　三役と名称

(a)立行司（朱房）：最高位の階級で、草履を履く。
・木村庄之助は上位、式守伊之助は下位である。
・草履を履いたら、併せて足袋も履く。それで、草履格の場合、足袋は記載しなくてもよい。

(b)三役（朱房）：二番手の階級である。この三役は二つに分かれる。
・草履格：朱房で草履を履いた行司。
・足袋格：朱房で足袋を履いた行司。

　立行司の房色は時代とともに紫房の場合もあるし、朱房の場合もあるが、[5] 番付は基本的に最高位である。式守伊之助が木村庄之助より上位になることもある。[6] 三役の房色は変わりないが、時代によって草履だったり足袋だったりする。

---

4)　「立行司」という名称がいつから使用されたかは定かでない。文政後期には使用されていることが確認できる。吉田司家と協会が関わる文書で「木村立行司」や「式守立行司」という言葉が出ているからである。これに関しては、土屋喜敬筆「文政後期の江戸相撲と吉田善左衛門」（竹内誠編『徳川幕府と巨大都市江戸』、2003、p.301）を参照。しかし、明治 20 年後半まで、「立行司」という言葉はあまり使用されていない。その代わり、木村庄之助や式守伊之助という固有名詞が使用されている。

5)　紫房には、時代により、総紫房、准紫房、紫白房、半々紫房がある。

6)　6 代式守伊之助は明治 10 年 1 月から 13 年 1 月まで首席だった。14 代木村庄之助はそのあいだ、次席だった。

3.　江戸後期と明治初期の事例

安政 5 年 1 月の上位行司の房色や履物を見てみよう。

(a) 安政 5 年 1 月の番付
・立行司（朱房・草履）：木村庄之助（13 代）、式守伊之助（6 代）
・三役（朱房、足袋）：庄太郎（9 代）、勘太夫（2 代）、喜代治（4 代）
・幕内（紅白房、足袋）：八百吉、卯之吉、要人、……

立行司の木村庄之助と式守伊之助は二人とも朱房で、草履を履いている。
三役は三人とも、朱房で足袋を履いている[7]。この三役格は、江戸末期まで
2 名ないし 3 名が普通である。この状況は、明治 8 年 12 月まで続いている。

(b) 慶応 4 年 6 月の番付
・立行司（草履）：庄之助（13 代、紫白房）、伊之助（6 代、朱房）
13 代庄之助は元治元年冬に紫白房を許されている。
・三役（朱房、足袋）：鬼一郎、庄太郎
・幕内（紅白房、足袋）：伊七郎、庄九郎、庄三郎、多司馬、……

二つ番付表を例示したが、次のことが確認できる。

・朱房には草履格として木村家の最高位・木村庄之助、式守家の最高位・
　式守伊之助がいた。庄之助の軍配房色は異なる（つまり、朱や紫白）
　ことがあるが、伊之助の軍配房は常に朱である。
・三役格は基本的に朱房で、足袋格である。

---

7)　三役格の朱房・草履格は立行司と同様に、熨斗目麻上下装束を着用で、帯刀し
　　ていたに違いない。塩入太輔編『相撲秘鑑』（明治 19 年、p.29）によると、明治
　　19 年当時、草履格はその装束を許されている。

明治に入っても明治8年まで、上位の行司の房色と履物は江戸最後の慶応4年6月と同じだった。例として明治元年11月の番付表を示す。

(c)明治元年11月の番付
・立行司（草履）：庄之助（紫白房）、伊之助（朱房）
・三役（朱房、足袋）：鬼一郎、庄太郎
・幕内（紅白房、足袋）：庄九郎、庄三郎、市之助、錦太夫、……

　明治9年になると、立行司は従来と変わらないが、三役格の履物に変化が見られる。つまり、一つは朱房・草履格であり、もう一つは朱房・足袋格である。どちらも三役格だが、装束に差があったかもしれない。草履格は熨斗目麻上下を着用できたが、足袋格は単に無地の麻上下だったかもしれない[8]。

(d)明治9年4月の番付
・立行司（草履）：庄之助（13代、紫白房）、伊之助（6代、朱房）
・三役（朱房）：鬼一郎（3代、草履）、庄太郎（10代、足袋）
・幕内（紅白房、足袋）：庄三郎（4代）、与太夫（3代）、庄五郎（3代）、……

　この明治9年4月以降、三役には草履格と足袋格がともに現れたり、草履格だけが現れたり、足袋格だけが現れるたりする[9]。

---

8)　朱房の草履格と足袋格が装束で差別があったとするのは推測なので、今後、検討を要する。草履格は熨斗目麻上下装束だった可能性が高いが、足袋だけの三役格にもそれが許されたかどうかである。

9)　明治30年までは朱房・草履格の行司が二人いたことがあるが、全員が草履格ということはない。足袋格が常に混じっている。草履格はそれだけ番付が高く、着用具や帯刀なども許されていたからである。おそらく待遇面でも優遇されていたに違いない。

4.　木村庄之助と伊之助の房色

　江戸末期まで、朱房・足袋行司は「三役」である。草履を許されたのは、木村庄之助と式守伊之助だけである。木村庄之助は式守伊之助より上位と見做されているが、房色や履物以外に二人を区別するものはあったのだろうか。私は行司装束によって差別したのではないかと推測している。木村庄之助は熨斗目麻上下装束だったが、式守伊之助は単なる麻上下だったはずだ。この推測が正しいかどうかは、不明である。式守伊之助は木村庄之助よりずっと後でその熨斗目麻上下装束の着用を許されている。これは次の文献でも確認できる。

　(a)『二六新聞 .』(明治 34 年 4 月 12 日) の「横綱及行司格式の事」

　　「(前略) 因みに式守伊之助は文久元年、時の相撲取締玉垣伊勢ノ海より熨斗目麻上下の免状下付を出願し、爾来立行司の格式を得、木村庄之助は代々の立行司なるが、瀬平は一代限りの免状を得たるなりと」

　この記事によると、式守伊之助は文久元年まで「熨斗目」の装束を着用していなかった。[11] 木村庄之助がいつ頃から熨斗目麻上下装束の着用を許されたかは確認していないが、かなり以前から着用していたに違いない。[12] 草

---

10)　山田伊之助編『相撲大全』(明治 34 年、p.34) によると、熨斗目麻上下装束とともに上草履も許されている。

11)　文久元年当時は、熨斗目麻上下所属は両家の最高位・庄之助と伊之助に許すことにあったはずだが、時代を経るにつれ次第に「草履格」行司にも許すようになったかもしれない。明治末期には両家の最高位ではなくても三役格の草履格であれば、その装束を許している。

12)　木村庄之助は少なくとも文政 6 年 4 月の上覧相撲では熨斗目麻上下装束を着用している。これに関しては、『春場所相撲号』(大正 7 年 1 月) の横井春野筆「文政 6 年上覧相撲の盛儀」を参照。寛政期の錦絵を見るかぎり、熨斗目の帯を確認

履をずっと以前に許されているからである。念のため、文久元年冬場所（10月）の番付表を示しておく。

(b)文久元年10月の番付表
- 立行司（朱房、草履）：庄之助、伊之助
- 三役（朱房、足袋）：勘太夫、喜代治
- 幕内（紅白房、足袋）：伊七郎、宋四郎、四良二郎、庄吉

番付表では、行司装束や房色の違いを表すことはない。たとえば、木村庄之助は元治元年冬場所に紫白房を許されたし、式守伊之助は明治30年春場所に同じ紫白房を許されたが、その房色は番付表に直接明示されていない。

嘉永以降明治45年までの木村庄之助と式守伊之助の在位期間と房色を簡単にまとめておく。[13]

(1)木村庄之助の部

(a)13代庄之助：嘉永6年11月〜明治9年4月
- 元治元年冬場所に紫白を許されている。この冬場所を裏付ける資料はないが、元治2年春場所前である。それまでは朱房だった。

(b)14代庄之助：明治10年1月〜明治18年1月
- 紫白房を許されたとすれば、主席になった明治14年1月以降である。

できない。錦絵「勧進大相撲興行図」（春英画、文化14年1月、ビックフォード著『相撲と浮世絵の世界』、p.32）の行司が熨斗目織りの装束であれば、文化期にはすでに着用していたことになる。背中を向けた行司の両側から見える布が熨斗目織りだろうか。いずれにしても、熨斗目織りの着用に関しては、享和期以降の錦絵をもう少し詳しく調べる必要がある。

13)　詳しくは、たとえば拙著『行司と階級色』（2022）の第1章「立行司の紫房再訪」や『格付けと役相撲』（2023）の第5章「紫房行司一覧」などを参照。

これを確認できる資料は、「御請書」(明治 15 年 7 月付) しかない。ところが、この「御請書」の実効性となると、疑問がないわけではない[14]。

(c) 15 代庄之助：明治 18 年 5 月〜明治 30 年 5 月

・紫白房を許されたのは、19 年 5 月である。それまでは朱房だった。

・25 年 4 月、地方巡業中に特例として准紫房を非公式に許されている。しかし、30 年春場所中に准紫房を正式に許されている。25 年 5 月 (本場所) から 30 年 1 月 (本場所) のあいだ、この庄之助が准紫房を使用していたのか、紫白房を使用していたのか、はっきりしない。捉え方によって、30 年春場所中の免許の扱いが変わる。

・明治 30 年当時は、総紫房ではなく、准紫房だった[15]。

(d) 16 代庄之助：明治 31 年 1 月〜明治 45 年 1 月

・襲名した 31 年 1 月は紫白房を、32 年夏場所は准紫房をそれぞれ許されている。

明治以降でも、木村庄之助はすべて紫房を許されているわけでない。木村庄之助を襲名した後で、その紫房が許された場合、どういう条件下でそれが許されたのか、未だ不明である[16]。

(2)　式守伊之助の部

---

14)　この御請書については、本書の第 5 章「正しい昇格年月と房の色」でも扱っている。

15)　当時、紫総は白糸がほんの少し混じった「准紫房」だった。これに関しては、三木貞一・山田伊之助 (編)『相撲大観』(p.300) や『読売新聞』(明治 30 年 2 月 10 日) の「式守伊之助と紫紐の帯用」などを参照。

16)　何らかの条件があったのかどうかも不明である。少なくとも襲名期間は条件の一つではない。経験年数でなければ、他に何かあるはずである。

(a) 6代伊之助：嘉永6年11月～明治13年5月
・在位中、ずっと朱房だった。明治10年1月から主席だったが、房色はやはり朱だった。
・横綱雲龍と不知火が2名いた頃、横綱土俵入りで臨時に紫白房を許されている。[17]

(b) 7代伊之助：明治16年1月～明治16年5月
・在位中、ずっと朱房だった。

(c) 8代伊之助：明治17年5月～明治31年1月
・明治30年1月に紫白房を許されている。それまで朱房だった。[18] 式守家の筆頭は明治30年1月場所までずっと朱房だった。

(d) 9代伊之助：明治31年5月～明治44年2月
・31年5月に襲名以降、37月5月まで朱房だった。
・明治37年5月に紫白房を許されている。
・立行司（草履格）だったので、熨斗目麻上下装束を着用していた。

　立行司が一律に紫房を許されたのは、明治43年5月以降である。それまでは、朱房が最高位の色だった。紫房を許されることもあったが、それは名誉色だった。したがって、木村庄之助を襲名したからといって、同時に紫房を許されるとは限らなかった。

---

17) これに関しては、『読売新聞』（明治30年2月10日）の「式守伊之助と紫紐の帯用」を参照。この期間はおそらく文久3年11月から元治2年2月なので、2場所くらいかもしれない。

18) これに関しては、たとえば『よろづ』（明治30年2月18日）の「式守伊之助の紫房」、『読売新聞』（明治30年2月19日）の「式守伊之助初めて横綱を曳く」、『角力新報』（明治30年3月、p.50）などを参照。

5.　朱房・足袋格と幕内行司

　朱房の三役に草履格と足袋格があり、草履格が足袋格より上位である。草履格は立行司に次ぐ番付である。明治 20 年代あたりまでは、草履格は立行司と同じ熨斗目麻上下装束を着用している。行司の装束を変えた明治 43 年 5 月までには、その熨斗目麻上下を着用していないかもしれない。[19]

（a）塩入太輔著『相撲秘鑑』（明治 19 年）

　　「土俵上草履を用いることを許されるようになると、熨斗目麻上下を着用する」（p.29）。

　木村瀬平が明治 29 年に草履を許された後、熨斗目麻上下を着用し、帯刀して本場所に登場したが、協会の取締や検査役等がそれをいぶかしがっている。

（b）『読売新聞』（明治 30 年 2 月 15 日）の「木村瀬平の土俵上麻上下及び木刀帯用の事」

　　「行司木村瀬平は今春大場所より突然土俵上木刀を帯用し始めたるを以って、取締雷権太夫初め検査役等大いにこれを怪しみ、古来木刀を帯用することは庄之助、伊之助と言えども、肥後の司家吉田追風の允許を経るにあらざれば、濫りに帯用すること能わざる例規なるに、瀬

---

19)　これを確認するには、朱房・草履格の進や誠道（2 代、元・小市）の装束を確認すればよい。進は明治 39 年春場所、小市は明治 40 年春場所、それぞれ草履を許されている。『時事新報』（明治 39 年 1 月 22 日）の「行司の出世」や『東京日日新聞』（明治 40 年 1 月 17 日）の「出世行司」などを参照。新聞によって、二人とも同時に草履を許されたとするものもあるが、どうやら小市は進より 1 年くらい遅れて許されたようである。

平のふるまいこそ心得ねと、協議の上、彼にその故を詰問したりしに、更に恐るる気色もなく、拙者義は昨 29 年の夏場所土俵上福草履を用いることをすでに協会より許されたれば、これに伴い麻上下縮熨斗目着用、木刀帯用するは、当然のことにして旧来のしきたりなり。もっとも木村誠道が麻上下、木刀等を帯用せざるは本人の都合なるべし。もし拙者が木刀帯用の一事について司家より故障あるときは、瀬平一身に引き受けていかようにも申し開き致すべければ、心配ご無用たるべしとの答えに、協会においても瀬平の言をもっともなりと思いしにや、そのまま黙許することになりしと言う。」

　協会の上層部が瀬平の装束や帯刀に疑義を唱えているし、庄之助（16 代）も帯刀をしていないことから、29 年当時、そのしきたりは廃れていたかもしれない。[20] それが廃れたのは、明治 20 年から 29 年のあいだかもしれないが、いつの時点かは、今のところ、不明である。確認できる資料がまだ見つからない。

　なお、瀬平は草履免許を得たとき、装束や帯刀についても吉田司家の許可を得たとあるが、行司免許にはそれは書いてないはずだ。

(c) 小冊子『木村瀬平』（明治 31 年）

　「（瀬平は明治 29 年：本章補足）相撲司より麻裃熨斗目織りの衣服、木剣、上草履等の免許を得たり」(p.3)

　この小冊子は瀬平自身が述べたことを書いてあるだけで、それが真実か

---

20)　瀬平は明治 18 年 5 月、朱房・草履格（一度目）になっているが、その時、熨斗目麻上下装束で帯刀していたかもしれない。もしそうだったなら、瀬平は 29 年当時そのしきたりを自然に踏襲したことになる。要は、29 年頃までに、そのしきたりが生きていたのかどうかである。それが確認できれば、どちらが正しいか、明確になる。

どうかは吟味する必要がある。瀬平は明治31年1月立行司になったが、34年2月に九州地方巡業の際、吉田司家より正式に一代限りの立行司免許を受け、その際「熨斗目麻上下装束」も許されている。瀬平は明治29年以降、非公式に熨斗目麻上下と帯刀をしていたようだ。34年2月には、それを公式に確認しただけである。

(d) 大橋新太郎著『相撲と芝居』(博文館、明治33年)の「行司の事」

> 「(補足：幕下十枚目相当の十両格は足袋を履く。房の色は述べられていない。) これからもう一つ進むと、土俵の上で草履を許される。これは力士の大関と同格で、熨斗目麻上下に緋房の軍扇、あるいはもう一つ上の緋と紫と染め分けの総の付いた軍扇を用いるが、この中で木村庄之助だけは総紫の軍扇を許される。(中略) 草履を履いた行司は力士の大関と同格だから、大関の相撲を裁く。庄之助と伊之助と決まっていたが、近年、木村瀬平も裁く。(後略)」(p.43)

　明治33年当時、草履を履いた行司は3名いたが、3名とも立行司である。木村庄之助と木村瀬平は紫房(厳密には准紫房)であり、式守伊之助は朱房である。立行司なので、熨斗目麻上下を着用し、帯刀している。立行司の下位である朱房・草履格や朱房・足袋格はいない。番付表を見るかぎり、明治31年夏場所から34年春場所まで朱房・足袋格がいない場所が何場所も続いている。例として、34年春場所の番付を示す。

(e) 34年春場所の番付
　・立行司(草履)：庄之助 (16代、准紫房)、瀬平 (准紫房)[21]、伊之助 (朱房)
　・幕内(紅白房)：庄三郎、庄太郎、進、小市、一学、朝之助、……

---

21)　瀬平は准紫房の免許を34年春の巡業中に受けているが、その前から准紫房を使用していた。紫白房とするか、准紫房とするかは、実際の使用を取るか、免許を重視するかである。

式守伊之助は朱房・草履格であり、立行司である。[22] 立行司の下位が紅白房（幕内格）となっている。三役がいない場所だったのだろうか。それとも、庄三郎と庄太郎は三役だったのだろうか。二人とも 34 年春巡業中に朱房使用の許可を受けているが、春本場所では紅白房だった。[23] 少なくとも朱房の免許は受けていなかった。二人が三役格に昇格したとすれば、少なくとも 34 年 5 月場所以降となる。

6. 朱房・足袋格の降格

朱房・足袋格はいつ頃、三役格から幕内格へ降格したのだろうか。それ[24] を示唆するような資料をいくつか提示したい。本章では、説明の便宜上、番付表に合わせて記載法を変えてある。

(a)『朝日新聞』（明治 36 年 5 月 29 日）の「大角觝見聞記」

「立行司（草履、帯刀）：庄之助と瀬平（紫房）、伊之助（朱房）

---

22) 立行司だけの場所であっても、立行司を「三役」と称することもあった。それは明治末期でも使われている。行司の階級名称は、力士の階級名称と対応しているからである。朱房・草履格や朱房・足袋格も「三役」である。「三役」という名称は、必ずしも立行司の下の階級だけに使うわけではない。たとえば、『時事新報』（明治 44 年 5 月 10 日）の「相撲風俗（八）―行司」や『東京日日新聞』（明治 44 年 6 月 11 日）の 10 代目式守伊之助談「行司の一代」などを参照。

23) 庄三郎と庄太郎が朱房を許されたことに関しては、たとえば『大阪毎日新聞』（明治 34 年 4 月 7 日）の「大砲の横綱（立行司木村瀬平通信）」を参照。

24) 三木貞一・山田伊之助編『相撲大観』（明治 35 年、p.299）によれば、紅白房から朱房になれば三役力士に相当するとあるので、35 年 12 月当時、朱房・足袋格はすべて「三役行司」だったことになる。朱房行司が草履格と足袋格によって番付の差別が生じたのは、おそらく 36 年以降のようだ。拙著『行司と階級色』（2022）の第 5 章「大相撲の三役行司再訪」を参照。

　　三役格（朱房、足袋）：木村庄三郎[25]、木村庄太郎
　　幕内（紅白房）：木村進、木村小市、木村朝之助、….」

　明治 36 年 5 月当時、庄三郎と庄太郎は朱房だったが、草履を履いていなかった。足袋格だった。朱房・足袋だったが、三役格として分類されている。進と小市は明治 38 年 5 月に新三役になっているので、36 年と同様に、幕内格として分類してよい。三役格になったが、熨斗目麻上下装束を着用したのだろうか。本章では、着用していなかったと推定している。庄三郎が熨斗目麻上下を着用したのは、草履を許された 37 年 5 月である[26]。庄太郎が三役になったとき、その装束を着用していない。本章では、そのように推定しているが、それが事実を正しく反映しているかどうかは、検討を要する。

（b）明治 36 年夏場所の番付
・立行司（草履）：庄之助（准紫房）、瀬平（准紫房）、伊之助（朱房）
・三役（朱房・足袋）：庄三郎、庄太郎、進、小市
・幕内（紅白房）：朝之助、藤治郎、与太夫、勘太夫、宋四郎、大藏、
　……

　36 年 5 月当時、朱房・足袋格は庄三郎、庄太郎、進、小市の 4 名だが、

---

25)　庄三郎と庄太郎がいつから「三役格」に昇格したかは不明である。朱房になったのは、明治 34 年 5 月場所（巡業中の 2 月）である。三役のいない場所が続いていたのか、あるいは朱房・足袋格を三役に昇格させたのか、その辺のことを調べていないので、やはり不明としておきたい。

26)　『時事新報』（明治 38 年 5 月 15 日）の「新立行司木村庄三郎」に庄三郎の独り立ちの写真が掲載され、その説明に「今度相撲司吉田追風より麻上下を許されて、遂に立行司とはなりたるなり」とある。この装束は「熨斗目麻上下」を指している。庄三郎は紫白房を許されて初めて「熨斗目麻上下」を着用している。つまり、それまではその装束を着用していなかった。これが正しい判断なら、草履を許されただけでは熨斗目麻上下を着用しなかったことになる。

その中の庄三郎と庄太郎だけが「三役」である。進と小市は幕内である。これについて、拙著『格付けと役相撲』(2023)では庄三郎と庄太郎を「三役格代理[27]」としているが、実際は「三役格」だった。その頃でも、朱房であれば「三役格」になる資格を満たしていたからである。当時は、朱房であれば、草履を履かなくても「三役格」になることができた。これはそれ以前にも適用されていて、例外ではない。

(c-1) 明治 37 年春場所
- ・ 立行司（草履）：庄之助（准紫房）、瀬平（准紫房）、伊之助（朱房）
- ・ 三役（朱房、足袋）：庄三郎、庄太郎
- ・ 幕内（紅白房）：進、小市、朝之助、与太夫、藤治郎、勘太夫[28]、……

37 年春場所、進と小市は朱房・足袋格だが、階級が三役だったのか幕内格だったのか、はっきりしない。しかし、『朝日新聞』(明治 36 年 5 月 29 日) の「大角觝見聞録及び格式」で朱房・足袋格の進と小市が幕内と分類されていることから、37 年春場所も幕内格として扱うことにする。庄三郎と庄太郎は朱房・足袋格だが、一旦「三役格」と認めた以上、その番付が保持されていたものと解釈する。本章の判断が正しいかどうかは、今後、さらに検討しなければならない。このことを指摘しておきたい。実は、これと違った分類の可能性もある。たとえば、次のような分類である。

(c-2) 明治 37 年春場所
- ・ 立行司（草履）：庄之助（准紫房）、瀬平（准紫房）、伊之助（朱房）

---

27) 拙著『格付けと役相撲』(2023) の第 1 章「大相撲朱房行司の変遷」(pp.35-40) を参照。

28) 進と小市は明治 35 年春場所には朱房・足袋格に昇格している。朱房なので、「三役格」扱いになっていても、おかしくない。しかし、三役に昇格したことを裏付ける資料は、まだ見つかっていない。明治 36 年から 38 年までは、朱房・足袋格と朱房・草履格の階級について、明確に述べている資料がない。そのため、朱房行司の階級は推測の域を出ていない。このことを強調しておきたい。

・三役（朱房、足袋）：庄三郎、庄太郎、進、小市
・幕内（紅白房）：朝之助、与太夫、藤治郎、勘太夫、……

　進と小市は庄三郎や庄太郎と同じ朱房・足袋格なので、「三役格」に昇格したかもしれない。この見方は支持する資料は見当たらないが、同じ房色であれば、同じ扱いをしてもおかしくない。[29]しかし、この見方が正しいかどうかは、やはり検討しなければならない。
　庄三郎は 37 年夏場所、草履を許されるまで、朱房・足袋格だった。しかし、庄太郎は、庄三郎と同様に、「三役」として扱われている。

(d) 明治 37 年夏場所
・立行司（草履）：庄之助（准紫房）、瀬平（准紫房）、伊之助（紫白房）
・三役（朱房）：庄三郎（草履）、庄太郎（足袋）
・幕内：（朱房・足袋）進、小市 ｜（紅白房、足袋）朝之助、与太夫、勘太夫、宋四郎、大藏、……

　庄三郎は 37 年 5 月、草履を許され、三役になっているが、次の記事では「朱房・足袋」として分類されている。[30]

(e)『時事新報』（M38.1.22）の「一月場所大相撲〈行司の番付〉」

・　庄之助、瀬平、伊之助：太刀、草履、紫房
・　庄三郎、庄太郎、進、小市：足袋朱房

---

29)　小市はのちに式守伊之助（12 代）になっているので、昇格年月がときどき雑誌記事などに見られるが、不思議なことに朱房・足袋格に昇格したとき、どの階級だったかについては語っていない。たとえば、『春場所相撲号』（大正 12 年 1 月）の式守伊之助（12 代）談「四十六年間の土俵生活」や『角力雑誌』（大正 10 年 12 月）の「式守伊之助の引退」などを参照。
30)　庄三郎が草履を許されたことは、『萬朝報』（明治 37 年 5 月 29 日）の「相撲の事ども」で確認できる。

- 朝之助、与太夫、勘太夫、宋四郎、錦太夫、錦之助、角治郎、左門：本足袋朱白房
- 吉之助、庄吾：格足袋朱白房

　この記事は事実と合致しない。というのは、庄三郎を朱房・足袋格としているからである。なぜ庄三郎を朱房・足袋格としているのだろうか。この番付は、庄三郎が草履を許される以前のものを掲載しているのだろうか。伊之助の紫白房は正しい。伊之助が正しく分類されているのに、庄三郎が間違って分類されていることから、この新聞記事の信ぴょう性には疑問が生じる。朱房行司の二分化の論議には活用できない資料だが、あえてこういう分類をした記事があることを指摘しておきたい。

7.　庄太郎の三役格昇進

　庄三郎は 37 年 5 月に草履を許された。足袋格より上位の草履格であれば、正当な「三役格」である。庄太郎も 38 年 5 月に草履を許されている。そのとき「三役格」となった。それは次の資料で確認できる。

(a)『時事新報』（M38.10.11）の「行司木村庄太郎死す」

　「本年 5 月場所より前期の如く草履を許され三役格に昇進した(後略)」

　本章では、朱房・草履格と朱房・足袋格の二分化が定着したのは、庄太郎が草履を許され、三役格になった明治 38 年 5 月だとしている。それ以降、三役は朱房・草履格となり、朱房・足袋格は幕内となった。明治 37 年 5 月には式守伊之助（9 代）が朱房から紫白房になり、また朱房・足袋格だった庄三郎が草履格の三役格になっている。明治 36 年 5 月、朱房・足袋行司が三役格になったり、幕内格にもなったりしているが、それは階級二分化の兆しである。三役格から幕内格になる中途段階と言ってよいかもしれない。

(b)明治 38 年 5 月場所の番付
- 立行司（草履）：庄之助（准紫房）、伊之助（紫白房）、庄三郎（准立行司、紫白房）
- 三役（朱房、草履）：庄太郎
- 幕内：（朱房、足袋）進、小市｜（紅白房、足袋）朝之助、与太夫、勘太夫、宋四郎、錦太夫、錦之助、角治郎、左門、吉之助

　この本場所を境に、朱房・草履格と朱房・足袋格はそれぞれの階級が固定したようだ。進は 39 年 1 月場所、小市は 40 年 1 月場所、それぞれ草履を許され、新三役に昇進している。庄太郎は 38 年 10 月に亡くなり、春場所の三役格は進一人になった。

(c)明治 39 年春場所の番付
- 立行司（草履）：庄之助（准紫房）、伊之助（紫白房）、庄三郎（准立行司、紫白房）
- 三役（朱房、草履）：進
- 幕内：（朱房、足袋）小市｜（紅白房、足袋）朝之助、与太夫、勘太夫、宋四郎、錦太夫、錦之助、角治郎、左門、吉之助

　この番付表では、庄太郎が亡くなったこと、進が草履を許されていたことが反映されていない。また、小市が進むと同時に草履を許されたとする新聞記事もあるが、同時でなかったとする新聞記事もある。[31] 進だけが春場

---

31)　同時とする新聞には、たとえば『やまと新聞』（M39.1.21 の「行司の進級」などがあり、別々だとする新聞には、たとえば『東京日日新聞』（明治 40 年 1 月 17 日）の「相撲雑俎」などがある。誠道は『春場所相撲号』（大正 12 年 1 月号）の 12 代目式守伊之助談「四十六年間の土俵生活」で自ら「四十年一月場所に土俵草履を許され」（p.111）と語っているので、やはり進より後で草履を許されていることになる。これが真相である。なぜいくつかの新聞で誠道の草履に関し、明治 39 年 1 月場所とした記述があるのかは不明である。拙著でもときどき間違った説を

所、草履を先に許されていたとすれば、次の番付表になる。

（c-1）　明治 39 年春場所の番付
- 立行司（草履）:庄之助（准紫房）、伊之助（紫白房）、庄三郎（准立行司、紫白房）
- 三役（朱房、草履）:進
- 幕内:（朱房、足袋）小市｜（紅白房、足袋）朝之助、与太夫、勘太夫、宋四郎、錦太夫、錦之助、角治郎、左門、吉之助

　また、進と小市が同時に草履を許されていたとすれば、二人とも番付表に「三役」として記載される。

（c-2）　明治 39 年春場所の番付表
- 立行司（草履）:庄之助（准紫房）、伊之助（紫白房）、庄三郎（准立行司、紫白房）
- 三役（朱房、草履）:進、小市
- 幕内:（紅白房、足袋）錦太夫、錦之助、角治郎、左門、吉之助

　小市は進に一年ほど遅れて草履を許されていることから、この番付表は事実を反映していない。つまり、間違いである。
　明治 40 年春場所には、与太夫と勘太夫が朱房になっている。朝之助の朱房昇進を確認する資料はないが、下位の与太夫と勘太夫より上位であることから、朱房に昇進したことは間違いない[32]。それを反映した番付表は、次のようになる。

　　採用してあるので、40 年 1 月場所が正しいことを改めて指摘しておきたい。
32）　朝之助は、もしかすると、40 年春場所より以前に朱房に昇進しているかもしれない。そうなると、朱房行司の番付が少し異なってくる。朝之助の朱房昇進を確認できる資料を長年調べているが、直接的な証拠がまだ見つかっていない。状況証拠に基づくと、1, 2 場所の違いがあることもある。そうなると、番付表の扱いもおのずと異なることになる。

(d) 明治40年春場所の番付表
- 立行司（草履）:庄之助（准紫房）、伊之助（紫白房）、庄三郎（准立行司、紫白房）
- 三役（朱房、草履）：進、小市
- 幕内:（朱房、足袋）朝之助、与太夫、勘太夫｜（紅白房、足袋）錦太夫、錦之助、角治郎、左門、吉之助

繰り返すが、朝之助は明治39年夏場所までには朱房になっていたかもしれないが、残念ながら、それを裏付ける確証がない。朝之助の朱房昇進が明確になれば、番付表の「朱房・足袋格」もおのずから変わることになる。

8.　明治末期の朱房行司

台覧相撲についての記事がある。

(a)『読売新聞』（42年6月3日）の「国技館開館式〈土俵祭挙行〉」

「東方幕内力士一同の揃踏み（行司木村誠道）、次に西方幕内力士一同の同式（木村朝之助）あり」

東方を朱房・草履格の誠道が幕内土俵入りを先導し、西方は朱房・足袋格が先導している。誠道（小市改め）が草履を許されたのは41年1月である。[33] 小市より一枚上の進も同じ朱房・草履だったが、小市と同様に幕内土俵入りを引いていない。格上の行司は格下の力士を裁くこともあるので、

---

33)　小市が誠道に改名した。『春場所相撲号』（大正12年1月号）に誠道自ら「明治四十一年の五月場所に誠道と改名をした」（p.111）と語っている。明治41年5月当時の新聞、たとえば『中央新聞』（明治41年5月17日）の「新番附と改名者」なども参照。

誠道が幕内土俵入りを引いても自然である。ところが、同じ朱房・草履格の進は幕内土俵入りを引いていない。朱房・足袋格の朝之助が引いている。これは、朝之助が誠道より格下の「幕内」であることを示唆している。つまり、朱房・足袋格の朝之助は、「幕内格」だと見做してよい。朱房・足袋格は本足袋（紅白房）の幕内格と同じだが、房色の違いで番付の上下を表しているに違いない。

(b)明治42年夏場所（6月）の番付
　・立行司（草履）：庄之助（准紫房）、伊之助（紫白房）、庄三郎（紫白房）
　・三役（朱房、草履）：進、誠道
　・幕内：（朱房、足袋）朝之助、与太夫、勘太夫、錦太夫、大藏｜（紅白房）
　　角治郎、吉之助、庄吾

(c)『東京毎日』（43年1月9日）の「本日の台覧相撲〈言上行司〉」

　　「〈言上行司〉　御前にて行司と務めるのは朝之助、与太夫、勘太夫、
　　錦太夫（以上幕内力士〈〈朱〉）、進、誠道（以上三役）、伊之助、庄三
　　郎（以上三段構え）等にて勝力士に軍扇を上げるにも平素と違い、土
　　俵の中央に立ちて『東方誰』とか『西方誰』とか勝力士の名を呼び上
　　げるなり」

　力士を呼び上げるのに、朱房行司が二分されている。朱房・草履格は三役として、それから朱房・足袋格は幕内として、それぞれ同じ格の力士を呼び上げている。これは当時、朱房・草履格を三役として、また朱房・足袋を幕内として、それぞれが対応していたことを示唆している。朱房・足袋行司が三役力士を呼び上げていないことは、朱房行司のあいだで階級差を認めていたことを示唆している。つまり、同じ朱房であっても、草履格は上位で、三役に対応していたが、足袋格は下位で、幕内に対応していたのである。

(d)『東京毎日』（43 年 5 月 31 日）の「相撲行司の服制〈六月場所より実
　　行す〉」

　　「（前略）全員六十名のうち、草履は庄之助、伊之助、庄三郎、進、誠
　　道、足袋緋房は朝之助、与太夫、勘太夫、錦太夫、大藏、格足袋紅白
　　房は角次郎、吉之助、庄吾、清次郎、左門、善明、格足袋青白房は留吉、
　　鶴之助以下幕下行司は各自位置階級に順次服装を異にするが、（後略）」

　朱房・草履格の進と誠道は、朱房・足袋格の朝之助、与太夫、勘太夫、
錦太夫、大藏と明確に区別されている。しかし、朱房・足袋格が紅白房・
足袋格より上位に位置することはわかっても、階級に関し、両者に違いが
あったかはわからない。つまり、階級は異なるのか、それとも同じなのか、
それがわからないのである。
　行司の階級は当時もやはり房色で区別している。房色の区別は、行司装
束にも反映されている。

(e)『時事新報』（43 年 5 月 31 日）の「行司服装の改正」

　　「（前略）背、襟、袖、袴の飾り菊綴じ並びに胸紐、露紐はいずれも軍
　　扇の房色と同じからしめてその階級を示し、即ち立行司は紫、次は朱、
　　本足袋行司は紅白、格足袋行司は青白と定め、（後略）」

　立行司は紫、その次（つまり三役）は朱となっている。朱房に草履格と
足袋格があることは区別していない。したがって、同じ階級と見なされて
いたのかどうかが、はっきりしない。明治 43 年 5 月、行司装束改正をし
たとき、立行司を紫、朱房・草履を三役、朱房足袋と紅白房を幕内として
決定したはずだ。

(f) 明治 43 年夏場所の番付
　・立行司（草履）：庄之助（総紫房）、伊之助（紫白房）、庄三郎（紫白房）

・三役（朱、草履）：進、誠道
・幕内：（朱房、足袋）朝之助、与太夫、勘太夫、錦太夫、大藏、角治郎、吉之助｜（紅白房、足袋）：庄吾、清治郎、左門、善明

それを明確に表しているのが、次の記事である。

(a)『時事新報』（44年6月10日）の「相撲風俗（八）〈行司〉」

　「総が標準　行司の資格はその持っている軍配の総の色で気別されている。即ち序ノ口から三段目までは一様に黒い総を用い、幕下は青、十両は青白、幕内は緋白と緋、大関格は紫白、横綱格は紫というように分類されている。それから土俵上で草履を穿くことを許されているのは三役以上で、現在の行司では緋総の誠道と紫白の進と紫総の庄之助、伊之助の二人である。草履の下が足袋で、それも本足袋に格足袋とがある。本足袋は緋白の総で幕内格、格足袋は青白の総で十両である。ついでわきざしであるが、（後略）」

(b)『東京日日新聞』（44年6月11日）の10代目式守伊之助談「行司の一代」

　「行司にも力士と同じく見習、前相撲、本中、序の口、序二段、三段目、十枚目、幕内、三役という階級があって、それぞれ順序を経て昇進していくのです。
　横綱、大関と等しいものは紫の房を持った立行司で、朱房で福草履が三役同様で、朱房及び紅白房は幕内で、青白は格足袋といって力士ならば十枚目での関取分というものと同じです。」

　朱房の草履は三役、足袋の朱房と紅白房は幕内として、それぞれ明確に区分されている。房色と階級が密接に結びついていることがわかる。
　これと同じ内容の記述は、『都新聞』（44年6月17日）の10代目式守伊之助談「行司になって四十四年」にも見られる。おそらく異なる記者が

同じ談義を聞いて、別々に記述したに違いない。それを反映したのが、次の番付表である。

（c）明治 44 年春場所
- 立行司（草履）：庄之助（16 代、総紫房）、伊之助（9 代、紫白房）、庄三郎（紫白房）
- 三役（朱房、草履）：進、誠道
- 幕内：（朱房、足袋）朝之助、与太夫、勘太夫、錦太夫、大藏、角治郎、吉之助｜（紅白房）庄吾、清治郎、左門、善明

　明治 44 年当時も進と誠道は草履格だったが、朱房である。明治末期から大正期にかけて、両行司の房色は変化している。

9.　大正時代

　大正時代の朱房行司の階級は、明治末期に決まったことがそのまま続いている。[34] 朱房・足袋行司を「三役」としている文献もいくつかあるが、「幕内」とするのが正しい。[35][36] たとえば、22 代木村庄之助は「幕内格」としているのに対し、21 代木村庄之助や 19 代式守伊之助は「三役格」としている。

---

34)　大正時代には多くの文献で行司に関する文献が見られるが、たとえば、小泉葵南著『お相撲さん物語』（大正 6 年、pp.226-8）もその一つである。草履格は三役以上、足袋格は幕内格以下とされている。朱房・足袋格は朱房だが、紅白房の幕内格と同様「足袋格」となる。

35)　たとえば、『夏場所相撲号』（大正 10 年 5 月）の式守与太夫・他筆「行司さん物語―紫総を許される迄」には朱房・足袋格を「三役並みとして小結の格式がつき、軍扇の総も紅白房でなく朱房を許される」とあるが、階級はやはり「幕内」である。心情的には三役より下、紅白房の幕内より上という番付だったに違いない。

36)　たとえば、19 代式守伊之助著『軍配六十年』（昭和 36 年）や 21 代木村庄之助著『ハッケヨイ人生』（昭和 41 年）では「三役格」としているが、22 代木村庄之助著『行司と呼出し』（昭和 32 年、呼出し・前原太郎と共著）では「幕内格」としている。

大正時代の朱房・草履格に関する詳しい論議は、拙著でも詳しく扱っている。

(a)『大相撲の歴史に見る秘話とその検証』(2013) の第 7 章「大正末期の三名の朱房行司」
(b)『大相撲のか神々と三役行司』(2021) の第 5 章「昭和前半の三役行司」
(c) 拙著『大相撲の行司と階級色』(2022)の第 4 章「大相撲の三役行司再訪」
(d)『大相撲の方向性と行司番付再訪』(2024) の第 6 章「大正期の行司番付再訪」などで扱っている。

　朱房・足袋格が「三役格」なのか、それとも「幕内格」なのかに関しては、「幕内格」が正しいことをすでに指摘してある。

　ここでは、大正 15 年 5 月に三役格に昇格した式守錦太夫が草履を履いていたかどうかについてだけ、簡単に触れておきたい。結論としては、草履を履いていた。これまでも、『大相撲春場所号』(昭和 2 年春場所号) の口絵で、錦太夫が裁いている写真を参考にし、草履を履いていたと結論付けていたが、写真が不鮮明なため、それを確実な証拠とする難しさがあった。それを補強するための証拠を新たに提示しておきたい。それは 15 年 5 月場所の番付表である。
　当時、番付表の最上段には草履格行司を記載するしきたりがあった。錦太夫はその最上段に記載されている。それが証拠である。提示されてみれば、あまりにも単純な証拠である。大正末期の番付表でも、最上段に草履格を記載するしきたりになっていたことに改めて気づいたのである。錦太夫は先場所の 15 年 1 月場所、その番付表では二段目に記載されていた。朱房・足袋格だったに違いない。
　なぜ草履がそれほど重要になっているのかというと、昭和 2 年春場所から三役格は草履を履いていないからである。いつから、三役格が草履を履かなくなったかを示す確実な証拠がなかった。もしかすると、大正末期にもすでに三役格は草履を履かなくなっているかもしれないという考えも

あった。それが昭和 2 年春場所にも適用された可能性があったのである。

10. 昭和時代

　昭和 2 年以降、三役格は朱房・足袋格となっている。朱房・草履格は一人もいない。草履格はすべて立行司である。立行司はすべて紫房である。厳密にいえば、木村庄之助は総紫房、式守伊之助は紫白房、木村玉之助は半々紫白房である。半々紫白房は規定上、「紫白房」となっている。

　ところが、昭和 22 年 6 月、三役（朱房・足袋）の木村庄三郎と木村正直に草履が許されている。朱房・草履格が誕生している。他の三役より上位になっている。本来の朱房・草履格に戻ったことになる。すなわち、江戸末期から明治 38 年頃までいた二種の朱房・草履格と朱房・足袋格が誕生している。これは昭和 34 年 11 月まで続いている。翌 35 年 1 月には、朱房・足袋格はすべてなくなり、朱房・草履格だけになった。これが現在も続いている。

　立行司（紫房）も 34 年 12 月までは総紫房、紫白房、半々紫白房の三種に分かれていたが、35 年 1 月には半々紫白房がなくなった。第三立行司（つまり副立行司）が廃止されたからである。35 年 1 月以降、立行司は総紫房の木村庄之助と紫白房の式守伊之助の二人になり、それが現在も続いている。

　昭和の紫房と朱房の流れを簡潔に列挙すると、大体、次のようになる。

（1）　昭和 2 年春場所
・三役は足袋だけになる。草履格は一人もいない。
・玉之助は半々紫白房である[37]。規定上は、伊之助と同じ紫白房。

---

37)　藤島秀光著『近代力士生活物語』（1941）には「現在玉之助は準立行司でやはり『紫白総』だが、紫色と白糸が半々である。これも大関格である。」（p.87）とある。この文献により、第三席の立行司が半々紫白房であることがわかる。副立行司の半々紫白房に関しては、たとえば拙著『軍配と空位』（2017）の第 2 章「准

(2)　昭和 22 年 6 月
・庄三郎と正直に草履を許す。草履格と呼ぶ。
・他の三役行司は足袋だけを履く。

(3)　昭和 26 年 5 月
・玉之助が新しく設立される副立行司になる。第三席の立行司が副立行
　司になる。
・庄三郎が副立行司になる。三役からの昇格である。
・副立行司は半々紫白房である。規定上は、伊之助と同じ紫白房。

(4)　昭和 35 年 1 月
・副立行司が廃止される。
・立行司は木村庄之助と式守伊之助の二人となる。
・三役格は草履を許される。

(5)　現在（令和 7 年）
・昭和 35 年 1 月と同じ。

11.　今後の課題

　本章では朱房・足袋格がいつ頃三役から幕内格に定着したかに焦点を当
てて調べているが、今後解明すべきことをいくつか指摘しておきたい。

(a)　本章では朱房・足袋格が幕内格に定着したのは、明治 38 年 5 月だ
　　としている。それは正しい判断だろうか。36 年 5 月の新聞記事に二
　　分化を示す事例があるのだから、それを境にした方が妥当な判断では
　　ないだろうか。さらに、36 年 5 月以前にも二分化を示す事例がある

　　立行司と半々紫白」を参照。

のだから、それ以前に二分化は進んでいたかもしれない。それを示す確実な証拠を見つけるべきではないだろうか。

（b）　本章では明治 38 年 5 月を二分化の境とする根拠を三つ提示しているが、その根拠は信頼できるものだろうか。根拠の一つは、式守伊之助が朱房から紫白房になったことである。二つは、朱房の木村庄三郎が足袋から草履を許され、真の立行司になったことである。三つは、木村庄太郎が 38 年 5 月に草履を許されたことである。この三つの根拠によって二分化の境としてよいだろうか。それとも不十分だろうか。他にも根拠はないだろうか。

（c）　明治 40 年代末期の新聞記事によると、朱房・草履格は三役であり、朱房・足袋格は幕内である。38 年 5 月から明治 40 年代のあいだに二分化へと進んだはずである。本章では、その二分化の根拠として当時の新聞記事をいくつか例示している。それらの新聞記事は二分化を確認できる資料になっているだろうか。特に朱房・足袋格は草履格より低い階層として確認してよいだろうか。それとも不十分だろうか。不十分なら、その根拠は何だろうか。

（d）　そもそも、なぜ朱房・足袋格は「幕内格」となったのだろうか。すでに紅白房の「幕内格」があったのに、なぜその中に房色が違う行司をわざわざ組み入れたのだろうか。組み込まれた朱房・足袋格は居心地の悪い中途半端な扱いである。しかも対応する力士の階級がいないわけではない。つまり、力士の小結はその階級に対応する。朱房行司は元々三役（関脇と小結）に対応する。紫房（総紫房と紫白房）が横綱や大関に対応するなら、朱房は関脇や小結に対応する。力士に厳密に対応した二分化ではなく、朱房・足袋行司は「幕内格」としている。何かすっきりしない対応関係である。なぜそのような区分けをしたのか、考えてみてもよいかもしれない。本章では、そのような区分けをする根拠をあえて考えていない。事実をそのまま受け入れ、それが定

着した年月に注目しているだけである。

(e)　朱房が二分化へ進んだのは、おそらく力士の階級の変化と関係しているかもしれない。朱房は元々行司の最高色であり、紫房は名誉色だった。時の経過とともに、紫房が優位になり、朱房に二分化が進んでいった。朱房行司が多くなるにつれ、その中に階層化が生じた。紫房が優位になり、朱房に草履格と足袋格が出てきたのである。それが、朱房の二分化へと進んだ一因であろう。房色としては紫房と朱房を基本にし、それに履物の種類が加わり、現在のような行司の階級が作られてきた。

　もちろん、力士では、横綱が最高位を占めるようになり、それに対応した立行司がいる。三役力士の内情も時代の変化を受けている。その変化に対応して行司にも変化が生じた。しかし、房色の順序は昔から変わらない。紫と朱の順序は変わらない。履物や装束が番付の補助的差別となる。朱房の三役は立行司と幕内格のあいだにあって、時代とともに徐々に変化し、現在に至っている。現在の三役でも、房色は変わらなくても、いつか履物、帯刀、他の持用具などに何らかの変化があるかもしれない。三役は、ある意味では、融通の利く番付である。番付の差別を特徴づけようとすれば、房色を変えるのが一番だが、同じ階級であれば、持ち用具の種類を変えることである。

第5章　事実の確認と証拠

1.　本章の目的

　相撲の資料を調べていると、不明な記述に出会うことがある。その記述は事実かもしれないし、そうでないかもしれない。このような記述に出会ったことが何回もあり、自分なりの考えを提示したこともあるが、それで問題がすべて解決したわけではない。まだ何か割り切れないモヤモヤ感が残っているものもいくつかある。本章の目的は、そのモヤモヤ感が残る資料をいくつか提示し、何が解決されていないかを指摘することである。そして、いつかそれが解決されることを期待している。

2.　15 代木村庄之助と准紫房の黙認

　『読売新聞』(明治 25 年 6 月 8 日)の「西の海の横綱と木村庄之助の紫紐」に、次のような記述がある。[1]

　　「木村庄之助は代々家柄に依り軍扇に紫紐を用いると雖も（ただし白
　　2、3 本内交ぜありという）、熊本興行中は司家に対し相憚り紫白内交
　　ぜの紐を用いたりしもこの日（4 月 7 日：補足）西の海の位に伴われ
　　横綱方屋入りを曳きゆる行司なればとて、当日限り紫紐の允許あり。
　　続いて同興行中は苦しからずとの特許ありたるため自然黙許のごとく
　　なりたるが、今回の両国大場所もおなじく紫紐を用いる由……」

この記述に関しては、検討すべき問題点がいくつかある。

---

1)　『読売新聞』(明治 25 年 7 月 15 日)の「寸ある力士は太刀冠りに頭を打つ」も参照。

(a) 代々の木村庄之助の紫紐（厳密には紫白房）には、白糸はわずか2,
　3本しか混じっていなかっただろうか。

(b) 文中の「紫房」は文脈から「総紫房」を意味している。この当時、白
　糸が1本も混じらない「総紫房」があっただろうか。

(c) 総紫房は免許を受けることなく、本場所でも使用している。つまり、
　黙許で総紫房を使用している。その房色をいつまで使用していたのだ
　ろうか。

(d) 吉田司家の文書によると、15代木村庄之助は31年中に「総紫房」が
　授与されている。ところが、この庄之助は30年5月に亡くなっている。
　総紫房は死亡した後に授与されていることになる。本当に、そういう
　ことがあったのだろうか。[2]

(e) 当時の8代式守伊之助は30年1月場所（7日目）に紫房（厳密には
　紫白房）を授与されている。庄之助が存命中に、伊之助の紫房を許さ
　れたのではないだろうか。その紫房はどの異種だろうか。つまり、総
　紫房、准紫房、紫白房のうち、いずれだろうか。

　木村庄之助（15代）が明治31年に総紫房が許されたことは、吉田長孝
著『原点に還れ』にも記されている。[3]

・吉田長孝著『原点に還れ』

　「（前略）明治三十一年、十五代木村庄之助に対し二十三世追風善左衛
　門が初めて紫分けの団扇として紫房を授与し、それ以降今日に至って

2）　木村誠道が明治31年1月に16代木村庄之助になった。1月場所の番付表にも「誠
　　道改木村庄之助」として記載されている。右隣の式守伊之助（8代）は、いわゆ
　　る死跡である。

3）　荒木精之著『吉田司家と相撲道』（昭和34年、p.200）と枡岡智・花坂吉兵衛著『相
　　撲講本』（昭和10年、p.655）にも同様の記述がある。肥後相撲協会著作兼発行者『本
　　朝相撲之司吉田家』や吉田長善編『十九代吉田追風百五十年記念』（昭和42年）
　　にはそれに類する記述はない。

いる。」（p.135）

　明治 30 年当時、紫白房は当たり前であった。[4] それ以前にも紫白房を授与された立行司は何人かいる。たとえば、13 代木村庄之助はその一人である。新しく導入され、それが今日までも続いている紫房であれば、それは「准紫房」か「総紫房」である。「総紫房」は明治 43 年 5 月の行司装束改正のときに初めて導入されていることから、この新聞記事の紫房は厳密には「准紫房」である。当時の新聞記事や相撲文献でも、それは確認できる。それを参考までに、いくつか提示する。

(a)『読売新聞』（明治 30 年 2 月 10 日）の「式守伊之助と紫紐の帯用」[5]

　　「（前略）紫紐房は木村庄之助といえども、房中に 2，3 の白糸を撚り交ぜて帯用する（後略）」

(b)三木貞一・山田伊之助著『相撲大観』（明治 35 年、pp.299-300）

　　「紫房は先代（15 代：補足）木村庄之助が一代限り行司宗家、肥後の熊本なる吉田氏よりして特免されたるものにて、(中略) その内にて 1，2 本の白糸を交えおれり」

---

4)　この件に関しては、たとえば拙著『軍配と空位』(2017) の第 1 章「紫房の異種」でも詳しく扱っている。

5)　江戸時代や明治初期の紫白房で紫糸と白糸の割合がどのくらいだったかは必ずしも明白でない。本章では准紫房には白糸が 1 ないし 3 本程度交じり、紫白房には白糸が 1 割程度交じっていたと推定している。白糸の割合を述べている当時の文献があればよいのだが、そのような文献をまだ見ていない。准紫房が現れる以前の紫白房は唯一の紫房だったので、白糸の割合など問題ではなかったかもしれない。白糸の割合が意味を持つようになったのは、比較すべき准紫房が現れた後に違いない。

拙著では、これまで「31 年」という年号は「30 年」の誤りであること、それから紫房は厳密には「准紫房」であることなどを幾度か指摘している。しかし、この指摘が本当に事実に即しているのか、検討すべきかもしれない。たとえば、「31 年」は誤りではないかもしれないからである。庄之助が 30 年にすでに亡くなっていることを知っていながら、その翌年に「総紫房」を許したのかもしれない。そうだとすれば、なぜだろうか。

　「総紫房」を 31 年に 15 代庄之助に許し、その房がその後も続いているのであれば、16 代庄之助に授与した行司免許になぜ「紫白内交紐」を許したと記してあるのだろうか。その免許の日付は 31 年 4 月となっている。

　15 代木村庄之助も明治 25 年 4 月、熊本巡業中に「准紫房」を特例として非公式に許されている。その前はもちろん、紫白房だった。西ノ海横綱土俵入りを曳くために許された「准紫房」だったが、本場所（5 月）でも黙認の形で使用されている。それでは、その「准紫房」はいつまでに許されたのだろうか。これには、少なくとも二つのことが考えられる。

（a）　25 年から 30 年の中途で「准紫房」に変わった。
　これに従うと、その「准紫房」は 30 年に許したことになる。
（b）　25 年から 30 年までずっと「准紫房」を使用していた。
　これに従うと、黙認してきた「准紫房」を正式に認めただけである。

　いずれが正しいかは、今のところ、不明である。明確なのは、吉田司家が 30 年に総紫房の使用を正式に許したことである。実のところ、25 年から 30 年のあいだ、庄之助が紫白房と准紫房のうち、いずれを使用していたかはわからない。当時の新聞では、紫白房も准紫房も一括りに「紫房」としてあることが多く、二種のうちいずれなのかが判別できないからである。

　もう一つ、庄之助が 30 年に准紫房の許可が授与されたとすると、伊之助の紫房との関係をどうとらえるかという問題にも直面する。というのは、8 代伊之助は 30 年 1 月場所中（7 日目）に「紫房」を許されている。この紫房は厳密には「紫白房」に違いない。伊之助はそれまで朱房だったし、

いきなり准紫房を授与されないはずである。伊之助は第二席の立行司である。当時、庄之助と伊之助には番付に差別があり、それは房色にも反映されていた[6]。

　伊之助が 1 月に紫白房を授与されたとき、庄之助は同じ紫白房だっただろうか、それともすでに「准紫房」を許されていたのだろうか。これにも、少なくとも二つのことが考えられる。

(a) 庄之助の優位を保つために、伊之助より先か同時に、准紫房を授与していた。

(b) 伊之助は下位であるが、庄之助と同じ紫白房を授与し、のちに庄之助には准紫房を授与した。

　いずれが正しいかは、不明である。庄之助にいつ准紫房が授与されたのか、不明だからである。庄之助（15 代）は 30 年 9 月に亡くなっているが、それ以前なのか、その後なのかもはっきりしない。吉田司家の文書では「31 年」（本書では「30 年」）とだけあり、生存中なのか、死後なのか、わからない。私はそのような行司免許は生存中に授与するものだという前提に立っているので、「生存中」説を採用しているが、そうであるとしても、やはり少なくとも二つのことが考えられる。

(a) 伊之助の紫白房免許より前に庄之助の准紫房が許された。

(b) 伊之助の紫白免房許後、5 月前に許された。

　庄之助の准紫房は伊之助より先に授与されたとするのが自然だと考えるが、どうだろうか。30 年までも准紫房を黙認の形で許していたかもしれない。そうだとすれば、伊之助の紫白房の許可にも違和感がない。しかし、

---

6)　これを述べている文献には、たとえば『読売新聞』（明治 30 年 2 月 10 日）の「式守伊之助と紫紐の帯用」がある。拙著『軍配と空位』（2017）の第 1 章「紫房の異種」も参照。

そのような前提や考えが正しいのかどうか、やはり検討する必要がある。

　15代木村庄之助が准紫房を使用する前、1,2本の白糸が交じった紫房（つまり紫白房）を使用していたとあるが、これは白糸の割合なので正しいとも言えるし、そうでないとも言える。准紫房と紫白房の白糸の混じった割合をどう考えるかである。紫白房しか許されていなかった時代は、白糸が混じってさえいればよかったかもしれない。つまり、割合にこだわらなかったかもしれない。しかし、准紫房が導入されると、どうしても白糸の割合を考慮しなければならない。文献によると、准紫房は白糸が1本ないし3本くらいとなっているので、紫白房はそれより多めの白糸が混じっていた可能性がある[7]。

3.　明治期の立行司の紫房

　木村庄之助や式守伊之助であっても、朱房が基本にあり、その上に紫房が名誉色として許されることがある。その紫房がいつ、どういう条件下で授与されるかも不明である。紫房にはいくつか変種がある。明治末期までに紫房を授与された立行司を簡単に提示しておく[8]。

A.　木村庄之助の部[9]

---

7)　准紫房、紫白房、半々紫房に混じる白糸の割合については、たとえば拙著『名跡と総紫房』（2018）の第1章「紫白房と准紫房」や『格付けと役相撲』（2023）の第8章「准立行司と半々紫白房」などを参照。白糸の割合は正確な数字でなく、見た目の判断でよいと推測している。

8)　江戸時代は9代木村庄之助が紫白房を許可されている。『角觝詳説活金剛伝』（文政11年）を参照。

9)　各行司の在位期間や行司歴については、拙著で幾度も扱っているので、いずれかを参照してほしい。研究を重ねて行くうちに、確実な資料などが見つかり、房色の年月を訂正した行司も何人かいる。どちらかと言えば、のちに出版された拙著のほうがより正確になっている。

(a) 13 代庄之助	元治元年冬場所	紫白房。それまでは朱房
(b) 14 代庄之助		紫白房の使用は不明[10]
(c) 15 代庄之助	明治 19 年 4 月	紫白。それまでは朱房
	明治 25 年 4 月	准紫房（黙許）。黙許の期間は不明
	明治 30 年 5 月	准紫房（免許）
(d) 16 代庄之助	明治 31 年 1 月	紫白房
	明治 32 年春場所	准紫房
	明治 43 年 5 月	総紫房
(e) 木村瀬平	明治 31 年 1 月	朱房
	明治 32 年春場所	紫白房
	明治 34 年 5 月	准紫房[11]
(f) 木村庄三郎	明治 38 年 5 月	紫白房[12]
17 代庄之助	明治 44 年 5 月	総紫房

B.　　式守伊之助の部

---

10)　明治 14 年頃に錦絵で紫房が描かれたものもある（たとえば「豊歳御代之栄」）が、その頃の錦絵では朱房がほとんどである。紫房が一貫していないことから、正式に許可されていないようだ。どちらかと言えば、朱房が優勢である。たとえば拙著『軍配と空位』（2017）の第 3 章「文字資料と錦絵」や『名跡と総紫房』（2018）の第 2 章「錦絵と紫房」を参照。

11)　拙著『方向性と行司番付』（2024）の第 5 章「明治 30 年以降の行司番付再訪（資料編）」で木村瀬平を 34 年夏場所から 38 年春場所まで「総紫」としてあるが、これは明らかに誤りである。正しくは庄之助と同様に「准紫」である。瀬平が庄之助より上位の房色を使用するはずがないし、総紫は明治 43 年 5 月以降に出現した房色である。誤りに気づかなかったことをお詫びする。

12)　9 代伊之助の紫白房と同じだからである。白糸が多く混じっていたのか、不明。もし異なっていたなら、10 代伊之助を襲名したとき、43 年 5 月以降の襲名なので真の紫白房になったはずだ。これに関しては、たとえば拙著『軍配と空位』（2017）の第 1 章「紫房の異種」を参照。

(a) 8 代伊之助	明治 31 年 1 月	紫白房
(b) 9 代伊之助	明治 37 年 5 月	紫白房
(c) 10 代伊之助	明治 44 年 5 月	紫白房
(d) 11 代伊之助	明治 45 年 5 月	紫白房

C.　准立行司の部

| (a) 進 | 明治 44 年 5 月 |
| (b) 誠道 | 大正 2 年 1 月[13] |

　なお、紫房を扱っている拙著を記しておく。

(a)『伝統と変化』(2010)の第 4 章「明治 43 年以前の紫房は紫白房だった」
(b)『房色と賞罰』(2016) の第 2 章「軍配の房色」と第 3 章「明治の立行司の紫房」
(c)『名跡と総紫房』(2018) の第 1 章「紫白房と准紫房」と第 2 章「錦絵と紫房」
(d)『行司と階級色』(2022) の第 1 章「大相撲立行司の紫房」と第 6 章「課題の探求再訪」
(e)『格付けと役相撲』(2023) の第 5 章「紫房行司一覧」、第 7 章「行司の格付けと房色の定着」と第 8 章「准立行司と半々紫白房」

　この他に、行司番付を扱っている拙著の中でも紫房については簡単に記してある。紫房は房色の一種なので、それは自然の成り行きである。

---

13)　誠道は『春場所相撲号』(大正 12 年 1 月) の十二代目式守伊之助談「四十六年間の土俵生活」で自ら明治 44 年 5 月場所に紫白房 (厳密には半々紫白房) を許されたと語っているが、それは記憶違いである。大正 2 年 1 月場所 (8 日目) に正式に免許が下りている。これに関しては、『読売新聞』(大正 2 年 1 月 18 日) の「相撲だよりー行司の出世」を参照。

4.　8 代式守伊之助の紫房

　式守伊之助（8 代）の紫紐は紫白房だが、あたかも「総紫房」であるかのような書き方をしていることが多い。その一つを例示する。

・『読売新聞』（明治 30 年 2 月 10 日）の「式守伊之助と紫紐の帯用」

> 「東京相撲行司は古来それぞれの格式あり。土俵上足袋、福草履または軍扇に紐の色取り、縮め熨斗目麻上下に至るまで何れも肥後国熊本の司家吉田追風氏の許可を得るにあらざれば、協会と言えども容易にこれを許可する能わざる例規なるが、この度行司式守伊之助は軍扇に紫紐を帯用せんとて裏面より協会へ申し出たりしに、協会においても紫房は木村庄之助といえども房中に二、三の白糸を撚り交ぜ帯用することなれば、たとえ伊之助が精勤の功によって許すとするも、先ず行司全体より願い出たる上にて協議するのが至当ならんと、協会員中一、二の意見を伊之助に示したるとかにて、同人もなるほどとてこの程仲間に対してその賛成を求めしかば、庄之助、誠道、瀬平以下大いに内談を凝らしたる末、伊之助が出世に対し故障を唱うるにはあらざるも、式守家が紫紐を用いたる先例は今より三代前の伊之助が特許されしよりほか更になく、この時のごときも当時東に雲龍久吉という横綱ありたりしに、また西より不知火光右衛門現れ、東西横綱なりしため、東は庄之助これを曳き、西は式守伊之助が曳くという場合よりして、伊之助が紫紐帯用の許可を受けたるものなれば、今後誠道、瀬平、その他誰にもあれ、庄之助の名を継続したる場合には伊之助の上に立ちて、紫紐縮め熨斗目麻上下着用するに差し支えなくば賛成すべしとの挨拶ありければ、伊之助の紫帯用は目下沙汰止みの姿なりなりという」

この記事では、次のことが記されている。

(a) 式守伊之助が木村庄之助と同じ紫房の使用を許してほしいこと。

(b) 庄之助の紫房は 2, 3 本の白糸が交じっていること。

(c) 式守家が紫房を使用したのは、横綱二人が場合であり、特例だったこと。

(d) 伊之助の紫房を許してもよいが、木村庄之助が伊之助より上位にあること。

(e) 木村庄之助は上位にあるだけでなく、紫紐縮め熨斗目麻上下の着用を継続すること。

　この記事が出てから間もなくして、式守伊之助は紫房を許されている。その紫房は 1 月場所（7 日目、2 月 17 日）には授与されているからである。伊之助の紫房の件は記事が出る前に水面下で話し合いがされていたようだ。

・『読売新聞』（明治 30 年 2 月 19 日）の「式守伊之助初めて横綱を曳く」

　　「行司式守伊之助は勤功に依り、今回紫の紐房を許されたるに付き、十八日小錦土俵入りを初めて曳きたり」

・『よろづ』（明治 30 年 2 月 18 日）の「式守伊之助の紫房[14]」

　　「これまで相撲行司にて紫房の紐つきたる軍配を持つことを許されおりしは、木村庄之助一人なりしが、今度式守伊之助も勤功により紫房の紐を許され、昨日（7 日目：補足）の土俵よりその軍配を用いたり」

　この二つの新聞記事にある紫房は、文字通り木村庄之助と同じ「准紫房」なのだろうか。それとも「紫白房」なのだろうか。これについて、簡単に

---

14)　これとほとんど同じ内容のものが、『角力新報』（第 3 号、明治 30 年 3 月、p.50）にも記されている。

触れておきたい。

　記事の中に、木村庄之助は白糸が 2, 3 本混じった「准紫房」だと書いてあるので、同じ紫房なら、式守伊之助も当然「准紫房」を許されたことになる。庄之助（15 代）は 25 年 4 月に九州場所巡業中に特例として「准紫房」を許されて、西ノ海横綱土俵入りを曳いている。その後もその准紫房を黙許の形で継続して使用していたかもしれないが、正式に明治 30 年頃に認可されている。それがいつなのかは、必ずしも明確でない。いずれにしても、明治 30 年 2 月には、新聞記事にあるように、木村庄之助は准紫房を使用している。

　15 代木村庄之助が准紫房を正式に許された年月は、今のところ、必ずしも明白でない。私は明治 25 年 4 月だと推定している。西の海横綱土俵入りを引いたとき、特例として准紫房を許され、それをその後も黙認の形で使用していたからである。

　式守伊之助は木村庄之助の次席だが、同じ立行司である。伊之助が「准紫房」を使用してもおかしくない。新聞記事には、番付について述べているだけで、房色も一段低くすべきだとは述べていない。実際、そのような事例は 16 代木村庄之助と木村瀬平でも見られる。[15]　しかし、式守伊之助の「紫房」は、実際には木村庄之助の「准紫房」と異なっていた。

　(a) 式守之助は木村庄之助より下位である。庄之助が准紫房なら下位は紫
　　　白房である。上位の庄之助を准紫房とし、下位の伊之助を紫白房とす

---

15)　16 代木村庄之助は最高位の立行司で「准紫房」だったが、次位の立行司・木村瀬平も同じ「准紫房」だった。本章はその立場である。しかし、木村瀬平は「准紫房」と「紫白房」の中間あたりの房だった可能性もある。これは、一つの可能性だが、確証がない。同様なことが、式守伊之助（9 代）の「紫白房」と次位の立行司・木村庄三郎の「紫白房」にも言える。新聞記事では同じ紫白房とあるが、番付が違うので、それが房色にも反映していたかもしれないのである。これも検討を要する課題の一つである。

れば、房色でも差別することができる。

(b) 明治 43 年 5 月以前は、先に紫白房、あとで准紫房を使用するのが普通だった。朱房からいきなり准紫房を授与された立行司は一人もいない。公式には木村庄之助が総紫房となったのは、明治 43 年 5 月である[16]。

　それでは、なぜ式守伊之助の房色を「紫房」と書いてあるのだろうか。それは、白糸の割合に関係なく、紫糸が交じった房をすべて「紫房」と称していたからである。紫白房と准紫房は当時も存在していた。行司仲間ではそれを厳密に区別していたが、世間一般にはその差はあまり注目されていなかった。紫色が高貴な色というイメージがあり、房色にあまりこだわらないときは「紫房」と呼んでいたのである。

5.　草履格・木村瀬平の帯刀

　木村瀬平は二度目の草履を明治 29 年 6 月に許されている。その翌場所（1 月）、瀬平は熨斗目麻上下を着用し、帯刀して土俵に登場している。熨斗目麻上下は問題になっていないが、帯刀はできないはずだと協会側は不審に思い、瀬平に問いただしている。それを記述しているのが、次の新聞記事である。

・『読売新聞』（明治 30 年 2 月 15 日）の「木村瀬平の土俵上麻上下および木刀帯用の事」

　「行司木村瀬平は今春大場所より突然土俵上刀を帯用し初めたるを

16)　木村庄之助（16 代）は非公式には明治 41 年あたりから総紫房を使用していたかもしれない。というのは、その頃から行司装束の変更が話し合われていたからである。房色は公式には、吉田司家の許しがあってから使用するが、装束の飾り紐などが軍配の房色と一致するというのは話し合いの中で出ていたはずである。

以って、取締雷権太夫初め検査役等大いにこれを怪しみ、古来木刀を
帯用することは庄之助と雖も、肥後の司家吉田追風の允許を経るにあ
らざればみだりに帯用すること能わざる例規なるに瀬平の挙動こそ心
得ぬと、協議の上彼にその故を詰問したりしに、さらに怖れる気色も
なく、拙者儀は昨年 29 年の夏場所土俵上草履を用いることをすでに
協会より許されたれば、これに伴って麻上下縮熨斗目着用、木刀帯用
するは当然のことにして旧来のしきたりなり。尤も木村誠道が麻上下
木刀等を帯用せざるは、本人の都合なるべし。もし拙者が木刀帯用の
一事につきて司家より故障あるときは、瀬平一身に引き受けて如何様
にも申し開き致すべければ、心配ご無用たるべしとの答えに、協会に
おいても瀬平の言を尤もなりと思いしにや、そのまま黙許することに
なりしという。」

協会側の考えは次のようにまとめられよう。

(a) 瀬平は草履格だが、帯刀している。誠道は同じ草履格だが、帯刀して
いない。
(b) 帯刀は立行司だけに許されている。
(c) 帯刀は吉田司家の許しを受けることになっている。

瀬平の言い分は次のようにまとめられよう。

(a) 草履格は熨斗目麻上下着用も帯刀も許されている。それがしきたりで
ある。
(b) 帯刀は立行司だけでなく、草履格も許されている。
(c) 同じ草履格の誠道が熨斗目麻上下を着用せず、帯刀をしていないのは、
誠道の都合である。

協会側は瀬平の言い分を聞き、帯刀を黙認する格好になっている。協会
はしきたりを認めているのかどうか、はっきりしない。黙認はしきたりを

認めたことになるのだろうか。

　実は、草履格が熨斗目麻上下を許されていたのか、また同時に帯刀も許されていたのかという問題に対しては、必ずしも明確な答えがない。

（1）　帯刀について

　帯刀に関しては、廃刀令後 1, 2 年して帯刀が許されたが、帯刀は立行司にだけ許されていた。[17]帯刀がいつから始まったかも、必ずしもはっきりしない。おそらく明治 10 年か 12 年のあいだだと推定しているが、それを確定できる資料がまだ見つかっていない。[18]明治 9 年 3 月の廃刀令を受けて、木刀であっても佩刀はできないとする文書が明治 9 年 9 月付なので、帯刀が許されたのは明治 10 年以降に違いないが、正確な年月はまだ確定できないのである。いずれにしても、その後で、帯刀は許されている。それは錦絵などで確認できる。最初の頃は、立行司にのみ許されていたが、その後、草履格にも許されるようになったのかどうかもはっきりしない。

　明治 43 年頃の文献を見ると、帯刀は立行司だけに許されている。たとえば、それを確認できる新聞記事を示そう。

(a)『読売新聞』（明治 43 年 5 月 31 日）の「直垂姿の行司」

　「以前は立行司だけが小刀を帯したが、（後略)」

(b)『時事新報』（明治 44 年 6 年 10 日）の「相撲風俗（八）―行司」

---

17)　立行司の帯刀については、拙著『軍配房と土俵』（2012）の第 5 章「草履の朱房行司と無草履の朱房行司」で、また瀬平の帯刀については同著の第 1 章「立行司も明治 11 年には帯刀しなかった」でそれぞれ詳しく扱っている。

18)　明治の廃刀令後の資料などに関しては、たとえば拙著『伝統と変化』（2010）の第 6 章「行司の帯刀」を参照。

「（前略）次いで脇差であるが、これはもと紫白総以上でなければ許されなかったものであるが、（後略）」

　三役の草履格は帯刀をまったく許されなかったわけではない。横綱土俵入りを引くときは、特例として帯刀することができた。それは現在でも同じである。

　ところが、木村瀬平は三役の草履格に明治29年6月に昇格し、翌30年1月場所で短刀を差して登場している。それを協会側は不審に思って、瀬平に問いただしている。瀬平の言い分が正しければ、明治29年辺りまでに帯刀が立行司だけでなく、三役の草履格にも許されていたことになる。そのような変化があったのか、文献を調べてみると、実際に行われていた形跡があることがわかった。帯刀する行司は同時に、装束も熨斗目麻上下を着用している。その装束は立行司にだけ許されていたはずだが、三役格の草履格がその装束を着用している錦絵がある。それを確認できる錦絵を二つ例示する。

(a) 錦絵「御濱延遼館於　天覧角觝之図」、国梅画、明治17年3月。行司・庄三郎。
(b) 錦絵「天覧相撲横綱梅ケ谷藤太郎土俵入り之図」、豊宣画、露払い・剣山、太刀持ち・大鳴門。明治17年、表紙カバー。行司・庄三郎、朱・草履格、熨斗目麻上下装束を着用している。
(c) 錦絵「梅ケ谷横綱土俵入」、露払い・剣山、太刀持ち・大鳴門、行司・庄三郎は帯剣、明治17年5月吉日、熨斗目麻上下装束を着用している。国明画、『相撲浮世絵』（大谷コレクション、p.83）。

　明治17年当時、木村庄三郎（4代、のちの15代木村庄之助）は三役の草履格だったが、天覧相撲で梅ケ谷横綱土俵入りを引くとき、熨斗目麻上下を着用し、帯刀している。式守与太夫（3代、のちの8代式守伊之助）

も三役の草履格なので、やはり熨斗目麻上下も装束である¹⁹⁾。これらの錦絵から、三役の草履格であっても熨斗目麻上下を着用し、帯刀するのが「しきたり」だとする言い分には理があることになる。

　さらに、木村瀬平は庄五郎時代、一回目の草履を明治18年7月に許されているが、その時も熨斗目麻上下装束で帯刀していたに違いない。そういう実績があれば、2回目の草履を許されたとき、同じ装束で帯刀しても何も不思議ではない。しかし、なぜ協会側は瀬平の装束や帯刀を不審に思ったのだろうか。考えられるのは、二つである。

(a)明治20年あたりから30年のあいだに帯刀が立行司だけに許されるように変わった。少なくとも30年当時、それが続いていた。
(b)瀬平はそのような変化があったにもかかわらず、草履格にも熨斗目麻上下装束と帯刀が当時も許されていたと理解していた。

　要するに、瀬平と協会側に「しきたり」の捉え方が違っていたことになる。いずれが正しいかは、必ずしもはっきりしないが、協会側に分があるような気がする。それは、次の扱う熨斗目麻上下を扱うところである程度明確になる。

　誠道が草履格でありながら、熨斗目麻上下装束を着用せず、また帯刀しなかったのは、個人的都合からではなく、そのような「しきたり」が当時、すでに廃れていたからである。行司が格のシンボルである装束の種類や帯刀のことを忘れるということは不自然である。30年当時、草履格はその装束の着用が「しきたり」でなかったするのが自然である。

(2)　熨斗目麻上下装束

　熨斗目麻上下の着用が明治19年頃、三役格の草履格にも許されること

---

19)　庄三郎は横綱土俵入りを引くので、帯刀を許されるが、与太夫は土俵入りを引いていない。何か特別の理由があったのだろうか。

は、次の文献でも確認できる。

・塩入太輔著『相撲秘鑑』（明治 19 年）

「土俵上草履を用いることを許されるようになると、熨斗目麻上下を
着用する」（p.29）。

この文献では帯刀について何も書いていない。熨斗目麻上下着用できる
のは草履格だとしている。明治 19 年当時、立行司に加え、三役の草履格
もいた。

　明治 19 年辺りから 30 年頃までに、熨斗目麻上下装束が許されるのは
立行司だけだとする変更があったに違いない。そうでなければ、協会側が
瀬平の熨斗目麻上下装束に不信を抱くはずはないからである[20]。ところが、
その期間にそのような装束の変更を確認できる文献をまだ見たことがな
い。しかし、そのような変更はあったはずだ。というのは、次のような新
聞記事があるからである。

・『時事新報』（明治 38 年 5 月 15 日）の「新立行司木村庄三郎」

「相撲吉田追風より麻上下を許されて遂に立行司になりたるなり」

この記事によれば、庄三郎は立行司になって熨斗目麻上下装束の着用を
している。つまり、それまではその装束を許されていない。庄三郎は明治
37 年 5 月に草履を許されている。草履格がその装束を許されていたなら、
38 年 5 月当時も庄三郎は当然、その装束を着用していたはずだ。

---

20)　協会が帯刀だけに不信を抱いているのか、熨斗目麻上下着用にも抱いているの
　　か、明確ではない。しかし、瀬平が誠道の装束にも触れていることから、やはり
　　その装束についても不審を抱いていると判断してよいのではないだろうか。本章
　　では、帯刀と熨斗目麻上下装束の両方が問題になっていたと捉えている。

明治 30 年代末期、その装束着用の有無を確認できることがある。庄三郎の後、一年遅れて、庄太郎は 38 年 5 月に草履格になったが、その年の 10 月に亡くなっている。その庄太郎の後、草履格になった行司は進と小市である。二人とも 39 年 1 月に昇格している。この二人は行司装束の改正が行われた明治 43 年 5 月まで三役の草履格だった。

進と小市は 39 年 1 月から 43 年 5 月まで熨斗目麻上下装束でなかったと推定している。明治 37 年 5 月に庄三郎が草履格になったが、熨斗目麻上下装束を着用していなかったからである。37 年 5 月から 43 年 5 月のあいだに装束の変更があったという文献はまだ見ていない。

このように見てくると、瀬平が 30 年 1 月場所、熨斗目麻上下装束を着用していたのは当時の「しきたり」ではなかった。少なくとも 19 年から 30 年のあいだに草履格は熨斗目麻上下を着用できないことになっていたはずだ。今後は、その変更がわかるような証拠を見つけることである。

(3) 瀬平の擁護

明治 30 年当時、三役の草履格が熨斗目麻上下の着用と帯刀の「しきたり」が無くなっていることを見てきた。それでは、なぜ瀬平はその装束を着用し、帯刀していたのだろうか。それには、いくつか考えられる。

(a) 最初の草履を許されたとき、熨斗目麻上下と帯刀が許されていたこと。そのしきたりをたまたま 2 回目にも踏襲した。これについては、先ほど触れてきた。

(b) 明治 30 年頃、軍配の房色、装束、帯刀などについて、行司が協会にお伺いを出す前に、吉田司家と渡り合い口頭で許しを受けることが

---

21) 進と小市の草履格への昇格については、たとえば『中外新聞』（明治 39 年 1 月 21 日）の「行司の昇格」を参照。明治時代の行司昇格については、たとえば拙著『方向性と行司番付』(2024) の第 5 章「明治 30 年以降の行司番付再訪（資料編）」や第 9 章「明治 30 年までの行司番付と房色（資料編）」を参照。

あった。その後、協会に申請し、許可を受けることがあった。

瀬平は吉田司家と渡り合い、口頭で帯刀の許可を受けていたかもしれない。『木村瀬平』（明治31年）に次のような記述がある。

・『木村瀬平』（明治31年）

「明治29年相撲司より麻裃熨斗目織りの衣服、木剣、上草履等の免許を得たり」（p.5）

瀬平が事前に吉田司家の許可を受けていたなら、協会側としても黙許することができる。協会側がどうしても受け入れられなければ、理由をつけて行司の申請を却下することもできる。しかし、協会側は熨斗目麻上下着用や帯刀などで吉田司家や瀬平と争うことは避けたかったかもしれない。以前は草履格にも熨斗目麻上下着用や帯刀を許していた時代もあったことだし、瀬平は草履をすでに許されてもいたからである。

ただ小冊子『木村瀬平』には腑に落ちないことがある。29年に草履を許されたとき、熨斗目麻上下着用や帯刀のことが免許状に記載されていただろうか。立行司の場合、免許状に房色とともに熨斗目麻上下着用と帯刀のことが記述されていることがある。[22]しかし、三役格に草履の免許を授与したとき、装束や帯刀のことを記述しただろうか。私はその免許を複写でも見たことがないので、装束と帯刀の件については、不明としておく。

その免許に装束と帯刀の記述がなかったと推定しているが、それはほとんど同時に誠道にも免許が授与されているのに、誠道はその装束を着用していないし、帯刀もしていない。誠道が免許に記載されている装束や帯刀

---

22)　16代木村庄之助に授与された免許状には、「団扇紐紫白内交熨斗目麻上下令免許畢…」とあり、装束や房色について記述されている。この免許状（明治31年4月11日付）の写しは、『東京日日新聞』（明治45年1月15日）の「明治相撲史〈木村庄之助一代〉」にもある。

を個人の都合で無視するのは不自然である。むしろ、瀬平は吉田司家と個人的に渡り合い、装束や帯刀の許しを口頭で受けていたのではないだろうか。そう見るほうが自然である。

（4）　朱房・草履の歴史

明治元年以降、三役格の履物を見てみると、朱房・草履格は明治9年から明治26年1月まで二人いる。鬼一郎と庄五郎（のちの瀬平）である[23]。

	明治元年11月～明治8年12月	朱房・草履格はいない。朱房・足袋格のみ。
△	明治9年4月～15年5月	鬼一郎のみ
△	明治15年5月～26年1月	庄五郎／瀬平のみ（24年1月に瀬平に改名）
	明治26年5月～29年1月	朱房・草履格はいない。朱房・足袋格のみ。
△	明治29年5月～30年5月	誠道と瀬平
△	明治31年1月	与太夫は朱房・草履だった。伊之助は番付記載され、死跡だった。翌場所に立行司となる。
△	明治31年夏場所～37年春場所	朱房・草履格の行司はいない。
△	明治37年夏場所～38年春場所	庄三郎のみ。
△	明治38年夏場所	庄三郎と庄太郎の二人。
△	明治39年春場所～43年春場所	進と小市／誠道の二人。

---

23)　与太夫（3代、のちの8代式守伊之助）も明治17年1月には草履を許されていると思っていたが、天覧相撲を描いた錦絵「芝延遼館天覧相撲土俵祭」（豊宣画、酒井忠正著『日本相撲史（中）』、p.69）では足袋姿で描かれている。この錦絵が正しく事実を描いているのであれば、拙著『方向性と行司番付』（2024、p.261）の与太夫は朱房・草履格でないことになる。別の錦絵を参考にしたはずだが、間違った判断をしているのかもしれない。いずれが正しいか、検討を要する。

△　明治 43 年夏場所からは直垂装束になる。

三役の朱房・草履格が熨斗目麻上下装束を着用していたら、錦絵が描かれた年月を確認することが大切になる。明治 20 年前だったなら、その装束はあり得る。30 年後だったなら、その装束はあり得ない。帯刀に関しては、原則的には、帯刀していないと推測しているが、20 年前であれば帯刀は許されていたかもしれない。瀬平は、それが「しきたり」だと語っているからである。

6.　木村庄三郎の紫白房

9 代式守伊之助は明治 37 年 5 月に紫白房を許されている。その翌年（38 年）5 月には朱房・草履格だった木村庄三郎が立行司に昇格した。

・『時事新報』（明治 38 年 5 月 15 日）の「真立行司木村庄三郎」（再録）

　　「この度相撲司吉田追風より麻上下を許されて遂に立行司とはなりたるなり」

木村庄三郎は第三席の立行司である。上位に庄之助（16 代）と伊之助（9 代）がいた。その房色は伊之助と同じ紫白房だっただろうか。それとも第三席ならば、半々紫白房ではなかっただろうか。二つの選択肢があるが、私は次の新聞記事に基づき、紫白房だったとしてきた。

・『都新聞』（明治 43 年 4 月 29 日）の「庄之助の跡目」

　　「現在、庄之助と伊之助の格式を論ずれば、団扇の下紐において差異あり。庄之助は紫、伊之助は紫白内交ぜにて庄三郎と同様なりと」

明治43年5月以前は「真紫白房」と「半々紫白房」の区別がなかったので、第三席の准立行司は第二席の伊之助同様に、同じ「真紫白房」が許されていたと判断したのである。その判断が正しいのかどうかが、この問題の核心である。

　第三席の木村庄三郎の房色に関しては、二つの見方がある。

(a) 明治43年5月以前も紫白房には二つの変種があった。一つは真の紫白房（伊之助の紫白房）と半々紫白房（伊之助より白糸が多く混ざった紫白房）である。新聞記事はその区別を見落としている。したがって、木村庄三郎は半々紫白だったとするのが正しい。

(b) 明治43年5月以降、第三席はすべて「半々紫白房」である。規定では第三席の立行司（つまり准立行司）は「紫白房」となっているが、運営上は区別されていた。つまり、真紫白房と半々紫白房の二つがあった。明治43年5月以前にもやはり第二席の伊之助と第三の准立行司には区別があったに違いない。当時はその区別に意識が及ばず、あたかも同一の「紫白房」と記述しているだけではないか。昭和以降でも、式守伊之助と木村玉之助は順位が異なるのに、房の色は同じ「紫白房」と表現している。規定上は、もちろん、同じ「紫白房」である。

　要するに、明治43年5月以前にも式守伊之助とその下位の准立行司に「紫白房」の変種があったかどうかである。私はなかったとしているが、それは間違った判断だったのではないかという疑問が残る。その是非を今後も検討してほしい。

　明治43年5月以前に紫白房に二種の房（真の紫白房と半々紫白房）がなかったとすれば、行司装束の改正に乗じて立行司の房色を変えたことになる。実際、総紫房が導入されたのはこの時である。それまでは准紫房（白糸が1ないし3本くらい混じった房）が木村庄之助の房色だった。立行司の紫房を木村庄之助の「総紫房」と式守伊之助の「紫白房」を決定する際に、第三席の准立行司の房色も式守伊之助と同じ紫白房（厳密には半々

紫白房）として規定したかもしれない。

　明治 43 年 5 月以前でも第二席の式守伊之助と第三席の准立行司の房色は異なっていたかもしれない。同じ立行司であっても、番付が異なることを表すシンボルは房色である。つまり、第二席は真の紫白房、第三席は半々紫房である。これは昭和 34 年 11 月までこの区別は続いてきた。明治 43 年 5 月以前から続いていたとすれば、解釈に一貫性がある。明治 43 年 5 月以前は「例外」だったという解釈をしなくて済む。明治 43 年 5 月以前に「半々紫白房」を認めるとすれば、それを裏付ける証拠が必要である。今のところ、そのような証拠がまったく見つからない。

　私は昭和 43 年 5 月以降の第三席の立行司の半々紫白房を確認してから、明治 38 年 5 月に立行司なった木村庄三郎も半々紫白房だったかもしれないという思いを抱いているが、これは、もちろん、「過去」を「現在」と同じ視点で見てしまうからである。現在の規則では過去の出来事に適用できないこともある。第三席の木村庄三郎の房色に 43 年 5 月以降の房色をそのまま適用してよいのだろうか。私は「よくない」と判断した。当時の式守伊之助と木村庄三郎の房色が同一でなかったという証拠はまったく見つかっていない。ところが、「同じ」だったとする文献ばかりである。

　明治 38 年 5 月に第三の立行司になった木村庄三郎の軍配房は何色だったのだろうか。それはまだ解決されていないかもしれないという問題を提起しておきたい。この木村庄三郎は明治 44 年 5 月に式守伊之助（10 代）になり、45 年 1 月に木村庄之助（17 代）を襲名している。式守伊之助を襲名したときの行司免許状では「紫白房」の文字が記載されているはずだが、明治 38 年 5 月の免許状ではどういう文字が記載されていたのだろうか。同じ「紫白房」だと推測しているが、その推測は正しいだろうか。[24]

---

24)　「紫房」として記載されていれば、やはり問題が残る。運営上の区別があるからである。たとえば、昭和以降、式守伊之助と木村玉之助は両行司とも、規定上は同じ「紫白房」だったが、運営上、式守伊之助は「紫白房」、木村玉之助は「半々紫白房」だった。同様なことは、式守伊之助と副立行司にも見られる。二人とも規定上は同じ「紫白房」だったが、実際の運用では、式守伊之助は「紫白房」、副立行司は「半々紫白房」だった。

7. 5代木村庄之助の上草履

　文政10年11月に9代木村庄之助が町奉行所に出した文書「相撲行司家伝」に次のような記述がある。これは、吉田追風著『原点に還れ』(p.134)に示されているものである。

「免　許　状

　無地之唐団扇、並紅緒、方屋之内、上草履之事、免之候、可有受容候、仍免許如件
　　寛延二年巳八月

　　　　　　　　　　　　　　　　　　　　　本朝相撲司御行司
　　　　　　　　　　　　　　　　　　　　　十六代　吉田追風　㊞
　　江府
　　　木村庄之助との（どの）」

　代々の木村庄之助は、代替りごとに、免許状の写し等を吉田司家から受ける。その免許状に、土俵上で上草履を履くことが記されている。
　5代木村庄之助は免許状に記されている寛延2年8月頃、本当に草履を

─────────

25)　酒井忠正著『日本相撲史（上）』(p.96) にもこの文書は提示されている。私の推測では、9代木村庄之助や寛政以降の木村庄之助が草履を許されていたので、5代木村庄之助も草履を履いていたと勘違いし、その免許状の文面を後の免許状の文面と同じものにしたようである。吉田司家が寛延2年に授けた免許状の文面は違っていたに違いない。吉田司家が寛延2年の免許状に異議を唱えたという文献は見たことがない。むしろ、吉田長孝著『原点に還れ』はその免許状を掲示していることから、当時、草履を履いていたことを認めている。その免許状は多くの文献で提示されているが、草履のことを批判した文献は見たことがない。私が間違っているのだろうか。木村庄之助が草履を履くようになったのは、天明7年だと拙著で繰り返し指摘している。

158

履いていただろうか。これは事実に反するに違いない。私は拙著で幾度も
そう主張してきた。もう一度、寛延 2 年 8 月日付の免許状にあるように、
当時、木村庄之助（5 代）が上草履を履いていたか、草履の歴史を簡単に
調べてみたい。

　私が調べた限り、木村庄之助が草履を初めて許されたのは、天明 7 年
12 月である。それを確認できる文書がある。その文書に草履免許のこと
が記されている。寛政元年 11 月場所に横綱伝達式があったが、そのとき
提出した文書に次のようなことが記されている[26]。

　　　「　　　　　　　　　　　差上申一札之事

　今般吉田善左衛門追風殿より、東西谷風、小野川へ横綱伝授被致度、
先年（天明 7 年 12 月：補足）木村庄之助、場所上草履相用い候儀[27]、
先日吉田善左衛門殿より免許有之、その節場所にて披露仕候例も御座
候に付き、この度も同様披露仕度旨、牧野備前守様へも御願申上候処、
苦しかる間敷仰せ渡され、難有畏り奉り候、尤も横綱伝授の義は吉田
善左衛門殿宅に於て免許致され候儀に御座候。この段牧野備前守様へ
も御届申上候。これによって一札申上候。以上。

　　寛政元酉年十一月二十六日

　　　　　　　　　　　　　勧進元　　　浦　風　林右衛門
　　　　　　　　　　　　　差　添　　　伊勢ノ海村衛門
　　　　　　　　　　　行司　　木村庄之助　煩に付代
　　　　　　　　　　　　　　　　音羽山峯右衛門
　寺社御奉行所様」

---

26)　この文書は寛政期の横綱谷風と小野川を扱っている相撲書籍では見られる。た
　とえば酒井忠正著『日本相撲史（上）』（p.96）を参照。

27)　7 代木村庄之助には天明 12 月に行司免許状が授与され、それに上草履のこと
　が記述されている。7 代から 9 代までの木村庄之助は襲名時に草履を履いていた
　ことが「相撲行司家伝」の免許状の文面でわかる。5 代木村庄之助も草履を履い
　ていたことになっているが、それは誤りである。

　木村庄之助は天明の頃まで、素足である。なぜ寛延2年8月付の免許状の草履を当然のように受け入れているのだろうか。それが不思議でならない。私の捉え方が間違っているのだろうか。天明期の錦絵では木村庄之助は素足である。草履を履いていない。[28]寛延2年の頃には草履を履いていたが、天明の頃になると、その草履を履かないようになったのだろうか。そのような変化はなかったはずである。

　『相撲家伝鈔』（正徳4年）の「草履の事」に、草履について次のような記述がある。

　　「草履は田舎躰にては冬に用いることもあり。御前相撲などには無礼なり。夏は素足、冬草履を履かず、足袋ばかりにて致すべし。惣じて草履はくことは無作法なり。脚絆は用いるべからず。（後略）」

　この記述からわかるように、正徳以前には木村庄之助は番付としての草履を履いていなかった。それは天明7年12月まで同じである。明和時代でも[29]、木村庄之助（6代）は草履を履いていない。その絵図は、たとえば、酒井忠正著『日本相撲史（上）』（p.95）に掲載されている。天明末期と寛政初期の錦絵で、草履の有無を確認できるものをいくつか示す。

(a)「江都勧進大相撲浮繪之図」、春章画、版元鶴屋、天明4年、ビックフォード著『相撲と浮世絵の世界』（p.80）。行司は素足である。

(b)「日本一江都大相撲土俵入後正面之図」、春章画、版元鶴屋、天明7年、

---

28)　天明期の錦絵に関しては、たとえば拙著『軍配と空位』（2017）の第3章「文字資料と錦絵」や『松翁と四本柱の四色』（2020）の第2章「番付としての草履の出現」などを参照。

29)　明和元年は正徳4年から約15年後であり、天明7年より約13年前である。この絵図の木村庄之助はおそらく、6代である。草履免許を授けられた7代木村庄之助の一代前である。

『江戸相撲錦絵』(p.7)。行司は素足である。

(c)「谷風と小野川への横綱授与式之図」、春英画、寛政元年、ビックフォード著『相撲と浮世絵の世界』(p.86)。

(d)「江都勧進大相撲浮繪之図」、春章画、版元鶴屋、寛政 2 年 11 月、ビックフォード著『相撲と浮世絵の世界』(p.89)。行司は草履である[30]。

「相撲行司家伝」(文政 10 年 11 月付)に基づいて木村庄之助に授与された行司免許状をそのまま信じ込み、5 代から 9 代まで草履を履くのが当たり前のように記述した文献ばかりなので、少なくとも 5 代木村庄之助に授与された免許状の「草履」の件には問題があることを指摘しておきたい。その指摘が間違っているのだろうか。

なお、草履や帯刀に関しては、たとえば拙著でも詳しく扱っている。

(a)『伝統と変化』(2010) の第 3 章「行司と草履」、第 6 章「行司の帯刀」、第 7 章「帯刀は切腹覚悟のシンボルではない」。

(b)『松翁と四本柱の四色』(2020) の第 2 章「番付としての草履の出現」と第 3 章「番付としての足袋の出現」

8. 御請書の年月と番付表

この御請書については、たとえば吉田長善編『ちから草』(p.129) や吉田長孝著『原点に還れ』(pp.34-6) などで、次のように記してある[31]。

肥後相撲協会著作兼発行者『本朝相撲之司吉田家』(大正 2 年 10 月)

---

30) 拙著『松翁と四本柱の四色』(2020) の第 2 章「番付としての草履の出現」(p.57) で、庄之助は素足としているが、これは誤りである。「草履」が正しい。草履を履き始めたのが天明 7 年 12 月である。寛政 2 年の錦絵で行司を素足としてあるのは、明らかに誤りである。

31) 同じ内容の記述が肥後相撲協会著作兼発行者『本朝相撲之司吉田家』(大正 2 年 10 月、p.21) にも見られる。

にも「十五年四月再び上京して東京相撲年寄・相撲行司等と会い、今
後は必ず故例旧式を守ってこれに準拠すべき旨を契約し、これを東京
警視庁に伺いしたところ、時の総監樺山資紀氏より契約の通り何ら成
規に触れることなしとの指令を得て、七月に帰熊す。以後わが相撲道、
旧日の如く復興するに至れり」(pp.21-2) とある。

この「御請書」は真の文書であることは確かである。御請書の中に、次
のことが掲載されている。

「　　　　　　　　　　御請書

     紫白打交紐　　　木村　庄之助
     熨斗目麻上下
     方屋上草履
     紅紐　　　　　　式守　伊之助
     熨斗目麻上下
     方屋上草履
     右同　　　　　　木村　庄三郎
     紅紐　　　　　　式守　与太夫
     方屋上草履　　　木村　庄五郎
     右同　　　　　　木村　誠道
     右同　　　　　　木村　庄次郎
     紅白打交紐　　　木村　多司馬
     方屋上足袋
     右同　　　　　　木村　喜代治
     右同　　　　　　式守　錦太夫
     右同　　　　　　木村　嘉太郎
     右十一名ノ者共ヘ前書ノ通リ
御免許奉願候処、願ノ通リ御附与被成下難有奉頂戴候、依テ御請書差上
候以上

　明治十五年七月三日

　　　　　　　　　　　　　年寄　伊勢ノ海　五太夫　㊞
　　　　　　　　　　　　　取締　大嶽　　　門左衛門　㊞
　　　　　　　　　　　　　同　　中立　　　庄太郎　　㊞
　　　　　　　　　　　　　年寄　根岸　　　治三郎　　㊞

　吉田　善門殿」

　御請書には房色、履物、装束が記述されているが、それが事後承認なの
か、それとも事前承認なのかが明白でない。事前承認ならば、いつ頃まで
のものなのかもわからない。それは、各行司の房色などがいつ許されたか
を調べれば、おのずから明白になる。

　それでは、御請書が実際に各行司の行司歴と比較してみよう。そうすれ
ば、御請書が全面的に信頼できるものなのか、それも問題がいくらかある
のかもおのずから判明する。協会側と吉田司家で交わされている文書なの
で、全面的に信頼を置きたいが、房色や行司の番付に一致しないものもあ
るように思われる。その一致しないものを指摘しておきたい。[32]

（1）　木村庄之助（14 代）
　14 年 1 月、首席になっているが、15 年 5 月以降も紫白房を使用したと
いう証拠はない。事後承認である。この文書が正しければ、紫白房を裏付
ける資料が他に見つかるかもしれない。

（2）　式守伊之助（7 代）
　鬼一郎が 16 年 1 月に 7 代式守伊之助を襲名している。事前承認である。
立行司なので、朱房、草履、熨斗目麻上下装束だった。これは事実に合致

する。

(3)　木村庄三郎（4代）

庄三郎は 15 年 5 月に朱房・草履格になっている。事実と合致する。事後承認である。

(4)　式守与太夫（3代）

与太夫は 17 年 1 月から朱房、草履格となっている[33]。もしかすると、それ以前に草履格に昇進したかもしれないが、裏付ける証拠が見つからない。事前承認である。

(5)　庄五郎（のちの瀬平）

庄五郎が草履を許されたのは 18 年 5 月としてきたが、この文書が正しければ、15 年 5 月前後に許されていたかもしれない。草履使用の年月を再検討すべきかもしれない。

(6)　誠道（初代、のちの 16 代木村庄之助）

この文書によると、誠道は庄五郎と同様に、15 年前後に草履を許されている。私は拙著で明治 29 年 5 月に授与されたと分析してきた。拙著の分析は新聞記事等に基づいたもので、間違いはないと思っている。誠道は 18 年 1 月に朱房・足袋に昇格している。その約 10 年後に「草履格」になっている。それを考慮すれば、やはり文書に記載したとき、何らかの過ちがあったのかもしれない。そうでなければ、私の読み方に問題がある。文書が正しいのか、それとも文書の読み方を間違えているのか、吟味すべき年月である。

---

33)　拙著『方向性と行司番付』（2024）の第 9 章「明治 30 年までの行司番付と房色（資料編）」の「(30)明治 16 年 5 月」の項で与太夫の前に紅白としてあるが、「朱房」とするのが正しい。与太夫と庄五郎は朱房である。

(7)　庄治郎（3 代）

　庄治（次）郎は 19 年 5 月に亡くなっているが、それまでも本足袋格（紅白房）だったはずだ。しかし、御請書によれば、庄治郎は誠道と同じように草履を 15 年 5 月前後に許されている。文書の読み方を私が間違っているような気がしてならないが、「方屋上草履」の下に「右同」とあるのは確かである。18 年 5 月に「朱房」に昇格しているので、やはり記載の仕方に問題があるかもしれない。ここでは、文書にあるがままの記述を問題にしている。庄治郎の房色（朱房）が問題だとすれば、それはそのまま誠道の房色も問題になる。

(8)　多司馬（6 代）

　多司馬は 14 年 5 月に紅白房に昇格している。文書と合致する。事後承認である。

(9)　喜代治（5 代）

　喜代治は 14 年 5 月に紅白房に昇格している。文書と合致する。事後承認である。

(10)　錦太夫（2 代）

　錦太夫は 14 年 5 月に青白房に昇格している。文書と合致する。事後承認である。

(11)　嘉太郎

　嘉太郎は 16 年 1 月に青白房に昇格している。文書と合致する。事前承認である。

　このように見てくると、事実と異なるのは、庄之助（14 代）、誠道、庄治郎、与太夫である。房の色や年月なので、さらに吟味する必要がある。事後承認ならば、事前に授与された房色に変更がないかぎり、特に問題にすることはない。

この御請書は 15 年 5 月前後の行司の房色（あるいは階級）を見分ける
のに大いに役立つ。しかし、全面的に信頼するには少し問題がある。事後
承認の年月が 1，2 年後であれば、実はそれが正しいかもしれない。拙著
の年月に誤りがあるかもしれない。もう少し早めに許可が出されているか
もしれないのである。

　誠道と庄治郎に関しては、御請書を正しく読んでいないはずだ。15 年
当時、二人の房色は朱房でなかったからである。朱房でもないのに、草履
を履けるわけがない。朱房・足袋格だったなら、草履昇格の年月を見誤っ
たとも考えられるが、そういう番付にはまだ到達していない。「右同」は
右に同じだという意味に解釈しているが、それが間違っているのだろうか。
もし正しければ、「右」に記載した房色、草履、熨斗目麻上下の位置が間
違って記載されているに違いない。原書と照合すれば、記載ミスかどうか
は即座にわかるが、原書を見る機会が訪れることがあり得るとは思われな
い。そうなると、提示されている文書を吟味するしかない。

　もう一つの夢は、当時の行司たちが授与された免許状がどこかで見つか
ることである。免許状には房の色が必ず記載されている。その房色と御請
書の房色を照合すれば、どこに誤りがあるかもすぐ指摘できる。明治 43
年 5 月以前の行司番付や房色を調べていて、壁にぶつかった時に思ったこ
とは、行司免許状あるいはその写しをじかにみたくてたまらなかったこと
である。実際にはわずかながら、そのような免許状を見ることができるの
だが、行司数の割にはあまりにも少なすぎる。

　なお、御請書については、拙著『軍配と空位』（2017）の第 1 章「紫房
の異種」、『名跡と総紫房』（2018）の第 2 章「錦絵と紫房」、『格付けと役
相撲』（2023）の第 5 章「紫房行司一覧」などでも扱っている。

8.　軍配の握り方の区分

　行司が力士を取組む前に呼び上げるとき、軍配の握り方に木村流と式守
流があることはよく知られている。しかし、その二つの握り方がいつ現れ
たかは、不明である。握り方が相撲規則の中で規定してあるかとなると、

そうでない。ただ伝統的にそういう二つの握り方があって、木村姓は木村流、式守姓は式守流で握っているだけである。そう握る伝統はあるが、その握り方を強制するということもない。したがって、木村姓を名乗る行司が式守流の握り方をしても咎められることはないし、罰せられこともない。式守姓を名乗る行司が木村流の握り方をしても、一向にかまわない。握り方は行司が自主的に決めるものである。これは昔からそうだったらしい。

　握り方は強制力のない「しきたり」だが、行司はほとんどそのしきたりに従っている。行司監督もそのしきたりを尊重し、入門してきた行司にはその握り方を教えてきたそうである。それは今でも続いているという。ほとんどの行司がそのしきたりを守ってきたし、守っているが、中にはほんの僅かしきたりから逸れたものもいる。昔もいたし、現在もいる[34]。昔は一門の結束が強かったので、師匠の握り方を弟子は受け継ぐ傾向があった。そのため、しきたりに基づかない行司もある程度予測することができた。

　しかし、昭和 34 年あたりから協会の管轄の下で巡業などが行われるようになり、握り方も行司監督の下で教えるようになった。しきたりに基づかない握り方をしている行司監督でも、握り方に二つの流派があることはよく知っているので、その流派に基づいて握るように教えているという[35]。入門した頃に握り方を教えられ、先輩の握り方に注目すれば、やはり二つの流派が堅持されていることはすぐわかる。ときたましきたりに基づかない行司にも出会うが、それには理由があるかもしれない[36]。

---

34)　42 代木村庄之助（元・容堂）は令和 6 年（2024）9 月場所に立行司になったが、それまでと同じ木村流で握っていた。九州場所後に握り方について尋ねると（令和 6 年 12 月 2 日）、特別の理由はなく、そのときの気分によって式守流でも握っていたと語っていた。興味深いことに、同じ部屋の木村晃之助（三役）は式守流で握っている。なお、42 代式守伊之助は令和 7 年 1 月場所から 39 代木村庄之助を襲名している。

35)　これは 29 代木村庄之助、33 代木村庄之助、35 代木村庄之助、現・木村元基（幕内）から直に聞いた。

36)　同一行司が木村や式守の苗字を変えないにもかかわらず、木村流から式守流に変えることもある。握りやすさも一つの理由だが、その外に理由があるかもしれない。現在の行司でもそのような行司がいるが、深く調べたことはない。

握り方に強制力がなく、行司の自主判断に任せると言っても、実際は握り方を行司監督から入門時に教えられていると言ってよい。今後もそれは続けられていくような気がする。明文化してしまうと、罰則みたいなものがどうしても出てくる。伝統を重んじるという雰囲気があれば、握り方でもその伝統は堅持されていくに違いない。握り方を堅持しない行司はその理由があるはずで、行司の仲間同士であればいつの間にかわかるようになる。罰則もないのだから、その握り方がその行司に合うなら、それを続ければよい。

　握り方に関しては、行司の世界は伝統をよく守っていると言ってよい。43 名いる行司の中で、例外的な握り方をしているのはほんの一人か二人である。目立つ存在である。しかも、例外なく木村姓が式守流で握る。式守姓が木村流で握ることはない。入門して間もない頃は、以前、そのような行司がいたかもしれないが、幕内格になった後、木村流で握ったという行司はめったにいない。[37] ただ例外はある。式守姓と木村姓を変えざるを得ないような状況の行司は、握り方で混乱が見られることがある。それは仕方のないことで、慣れた握り方で握ってしまうからである。

　その握り方は昔から、少なくとも明治末期から、伝統的に決まっていたはずだ。しかし、昭和 30 年代になって二つの流派に明確に分けようと言いだした行司がいたという。その行司が 24 代木村庄之助である。このことを記述してある相撲の本がある。それを見てみよう。

・36 代木村庄之助著『行司さんのちょっといい話』（2014）

「よく、木村家と式守家の違いはどこにあるのですか？と聞かれるの

---

37) 2004 年 9 月場所中、各行司の握り方を調べたことがあるが、式守姓の行司にも紛らわしい握り方を知る行司は少しいる。それについては、拙著『伝統と変化』（2010）の第 1 章「軍配の握り方を巡って」を参照。どちらかというと、式守姓の行司が伝統的な握り方を堅持する強い意志が感じられるが、それは少ない人数のせいかもしれない。現在（2024 年 11 月）は、式守姓の行司もかなり増えているので、今後、式守姓でも木村流で握る行司が現れるかもしれない。

ですが、木村家、式守家といういわゆる本家のものがあったり、家元制度になっているわけではありません。

　大きな違いを言えば、軍配の握り方ということになるでしょう。

　木村家の場合、握った時の手のこぶしが上になり、式守家は拳が下になるのですが、これに関しても、いろいろな流れがありました。

　昭和 30 年頃までは、握り方に関しては諸説があり、木村家、式守家というよりも、各行司が自分の師匠（兄弟子）から教わった握り方を踏襲する形だったそうです。

　ところが、30 年代、24 代・庄之助親方の時代に、『木村家と式守家の握り方をきっちり分けよう』ということで、こぶしの上下で両家を区別するようにしました。

　ところが、28 代・庄之助（後藤悟氏＝後藤の親方）の時に、その方針が変わります。木村家、式守家というより、握り方は個人個人でやりやすい方法があるだろうから、それにこだわることはないのではないか？　ということで、あくまで『個人の判断に委ねる』となったのです。

　次に庄之助を継いだ 29 代（桜井春芳氏＝桜井親方）は、後藤の親方の方針とは逆の考えの方でした。

　やはり、木村家と式守家は分けなければならない。

　こうした経緯で現在は、木村家はこぶしが上、式守家は拳が下という見解が一般的となっています。

　これまで軍配の握り方について、行司界で話し合うことはありませんでした。

　私個人の意見としては、ある程度、木村家と式守家の違いがあったほうがよいと思うし、説明もしやすいと思うので、現在のような形を引き継ぐことがベターだと思います。姓が木村家から式守家、または逆に変わった時は、その姓の型に変えればよいのではないかと思います。」（pp.111-2）

この記述の中で特に注目を引くのは、24 代木村庄之助が木村家と式守

家の握り方を固定化するという旨の話をしたことである。そういうことが本当にあったのかに関心があり、それを確認するために24代木村庄之助と同時期に行司をしていた立行司の何人かに尋ねた。すると、誰一人としてそのような話を聞いたことがないという。口をそろえて語っていたことを列挙しておこう。

(a) 木村流と式守流は以前からあった。
(b) それは伝統だった。
(c) 行司はほとんどその流儀を堅持していた。
(d) 中にはほんの一握りの行司がその流儀に従っていなかった。
(e) 従わなくてもそれを認め、誰も咎めなかった。
(f) 握り方で目立つような混乱はなかった。

　24代木村庄之助が木村流と式守流を明確に分けようと考えていたかどうかは、もちろん、わからないし、その考えをいつ、どこで披露したかもわからない。立行司を襲名した後で、自分の時代に文書の形で明文化し、以後、それに従うようにしようと思ったかもしれない。しかし、それはお茶飲み話の中で出てきただけで、真剣にそれを明確に区別しようという意図はなかったかもしれない。著者である36代木村庄之助本人にもどこでそういう話を聞いたかを尋ねたが、行司部屋で語り合った時に聞いたような記憶がするというあいまいなものだった。
　それで、24代木村庄之助が握り方に関し、何か語っている資料がないかを調べてみると、次のような雑誌記事を見つけた。

・『相撲』（昭和38年2月）の「軍配さばきのむずかしさ」（24代木村庄之助と21代式守伊之助と記者の対談記事）

　「記者　木村と式守の区別というのは、どこでするんですか。
　庄之助　それは軍配の持ち方が違います。木村家は手の甲を上にして軍配を持つし、式守家は逆になるんですね。で、これが陰と陽を現わ

しているわけです。」

記者　そうすると、ずっと式守なら式守でやってきた行司さんが木村に変わった場合―伊之助なんかの場合ですね―つい前のくせが出てまごつくというようなことはないですか。

庄之助　ああ、どうしてもなれた形が出てしまいますね。

伊之助　それが一番厄介なんです。私はもう、ずっと木村でやってきたんですから、急にこんど式守になってこうやらなくちゃいけないとなったら、それを意識してやるのが大へんなんです。格が上がって勝負の判定を間違えまいとするより、そっちでよっぽど神経を使いますよ。そうかといって巡業中に新しい形ではこれはやれないです。巡業のとき、それは支度部屋の陰でけいこはやれます。しかし木村家の私が―庄九郎でしたからね―巡業の土俵で式守の形でやったら、はたが何といいますか。ああ、あれはもうすぐ式守伊之助になるから、それでああいうことをやるんだなといわれるでしょう（笑）とてもそんなことはやれないですよ。これはいわば慎みですな。」（p.149）

　これを見ると、庄之助（24代）と伊之助（21代）はともに、軍配の握り方に木村流と式守流があることを自然に受け入れている。混乱があるとは少しも感じられない。24代庄之助は他の雑誌記事でもよく登場するので、その記事を読んでも握り方で混乱があるとは語っていない。姓が木村から式守へ、逆に式守から木村へ変わったりすることがあれば、握り方に多少混乱が生じる。そのことは確かに語っているが、それは混乱というほどのことではない。

　36代木村庄之助が著書の中で24代木村庄之助が木村流と式守流をきっちり分けることにしようと語ったかどうかは本当かもしれないし、そうでないかもしれない。しきたりに基づかない握り方をする行司がいて、しかもそれが上位の行司であれば、それを何とか食い止められないかという考えが出てくることは十分考えられる。立行司の番付にいたら、なおさらそれを強く感じたかもしれない。

　28代木村庄之助や29代木村庄之助の握り方に対する36代木村庄之

助の説明は正しい。私も二人の考えが異なることを拙著で指摘している。33代木村庄之助は基本的に28代木村庄之助と同じである。興味深いのは、28代木村庄之助は式守流で握っていたのに対し、33代木村庄之助は木村流で握っていたことである。個人の好みで握ってよいという立場であれば、どのような握り方をしてもよいことになる。28代木村庄之助は20代木村庄之助の影響を受けていることから式守流の握り方をしているのではないか。また、33代木村庄之助は22代木村庄之助の薫陶を受けていることから常に木村流で握っていたかもしれない。20代木村庄之助は、元は式守流であるのに対し、22代木村庄之助は、握り方は自由であっていいという考え方だった。

　なお、握り方に関しては、拙著でも詳しく扱っている。

(a)『伝統と変化』(2010) の第1章「軍配の握り方を巡って」
(b)『行司と階級色』(2022) の第2章「軍配の握り方再訪」

10. 帯刀と切腹覚悟

　帯刀は、誤審すれば切腹する覚悟を示すシンボルだと言われている。それに対しては何も言うことはないが、帯刀にはもともとそういうシンボルの意味があったのかとなると、首をかしげたくなる。江戸時代は武士の世界で、武士は日常的に帯刀していた。行司も武士の仲間入りをして帯刀したかったが、それをするには特別の許可が必要だった。帯刀は江戸時代の文化の名残だが、帯刀そのものに切腹の覚悟という意味はなかった。[38]それ

---

38)　相撲の本では、享保の頃の岩井団之助という行司の話がしばしば紹介されている。これは、切腹とは違う話である。難癖を言って切りかかるなら、それには剣を抜く構えで果敢に応じている。そういう覚悟なら、武士同士でもあった。岩井団之助の裁きについては、たとえば『新燕石（第四）』所収の『相撲今昔物語（巻之二）』（百頁から百一頁）、古河三樹著『江戸時代の大相撲』(p.119)、酒井忠正著『相撲随筆』(1995) の「かくありたい行司の見識」(188-92) などを参照。勝敗の判断に、ビデオ映像を使用する現代では、岩井団之助の見識はなかなか通じ

172

なのに、行司の帯刀には現在、黒星を取ればその責任を切腹で返せという
おどろおどろした意義が与えられている。しかもそれが当然のごとく、行
司の世界では言い伝えられている。

　江戸時代は武士の身分を表すシンボルだった帯刀が第一義だったはずな
のに、現在では「切腹の覚悟を表すシンボル」になっている。どこかの時
点で、現在の意義に変わったはずである。私は廃刀令が出た明治 9 年では
なく、ずっと後に大正 10 年 5 月頃にその変化の起点があると推測してい
る。その頃、17 代木村庄之助が誤審をし、その責任をとって辞職してい
るが、その重大なときに、当の庄之助自身が以前なら切腹ものだと言って
いる。その「切腹」という言葉は日本人に衝撃的で、当時の新聞や雑誌は
騒ぎ立てた。立行司は帯刀しており、帯刀と切腹がそのまま結びついたの
である。以後、立行司の帯刀は切腹のシンボルに変化していき、いつの間
にかその意義が定着してしまった。

　何かの意義が時の流れの中で変化するのは普通であり、のちにその変化
が何の疑いもなく受け入れられることはよくある。私は現在の帯刀の意義
に疑問を呈する意図はまったくない。ただ以前はその意義はなかったこと
だけは知っていてもよいのではないかと考えている。興味深いことに、木
村庄之助（33 代）著『力士の世界』で帯刀の意義と共に以前はそうでなかっ
たという趣旨のことを書いている。行司自身が自分の帯刀に関し、以前と
現在の違いを率直に語っている。それが嬉しくて、取り上げることにした。

・33 代木村庄之助著『力士の世界』

　「（前略）立行司の木村庄之助と式守伊之助が差し違えたら、その日の
　うちに理事長に口頭で進退を伺うことになっています。たった一回で、

ない。人間の目には盲点があることを行司だけでなく、一般の観客も知っている。
行司の審判については、時代的背景などと考量して、評価したほうがよい。過去
の見識は高く評価してもかまわないが、それをそのまま現代に適用すると、見方
が異なるかもしれない。

です。

　行司が差し違えることを『黒星を取る』と言いますが、立行司の黒星は、それほど許されないことなのです。立行司は短刀を腰に差していますが、仮に差違えがあったら責任を取って切腹する覚悟を表したものと言われています。もっとも私が大先輩方から聞いた説は少し違います。

　織田信長は相撲が大好きで、あちこちから強い人を集めて相撲を取らせたそうです。強い人を手勢の一人としてスカウトするのが目的でしょう。その時、武士が行司を務めた。武士はどんな時にも刀を差しているからその名残だろうと言っていました。どれが正しいのか分かりませんが、実際に切腹した行司はいない。これは事実です。

　力士は真剣勝負しているから行司も真剣でなければならない、その覚悟を表しているのだと私は考えています。」（pp.92-3）

　記述の中で、織田信長の時代に、武士が行司を務めた名残が帯刀の始まりであるという趣旨の説明をしている。それが事実に即しているかとなると、私自身は疑わしいと思っている。私が注目しているのは、行司の帯刀が武士という身分と関係があったということである。切腹の覚悟という意義とは何も関係ないことである。行司の歴史に触れている文書では、行司の帯刀は武士の身分になりたいという願望めいたことが背景にある。その例を一つ示す。

・「相撲行司家伝」（木村家先祖書）

「1. 行司苗字名乗り、帯刀致し候儀（そうろうぎ）、並びに職業の儀につき、願い出候節（せつ）の事
　この段、私儀は、浪人者（ろうにんもの）にて、古来（こらい）より木村と苗字相（あい）名乗り来（きた）り、帯刀致し、当時の相撲年寄仲間加入致し罷（まか）り在（あ）り、行司職業の儀は、私並びに式守伊之助、両人とも、先祖より細川越中の守御家来（かみごけらい）吉田追風（おい）より免許貰（もら）い請け候儀にて、伊之助先祖も、その砌（みぎり）より式守と苗字

174

相名乗り、帯刀致し、これまた浪人者にて、その外の行司共は、一切
帯刀 仕 る儀は無御座候、（後略）」（古河三樹著『江戸時代の大相撲』、
p.328）

　この文書では、木村庄之助と式守伊之助は「古来」より帯刀していたと
あるが。それがいつなのかに関しては何も述べていない。吉田司家から行
司免許を請けているが、木村庄之助は寛延2年に吉田司家の門人になっ
ていることから、天正時代よりずっと後である。式守伊之助が吉田司家の
門人になったのは必ずしも明白でないが、初代式守伊之助は明和時代（番
付上は4年）あたりである。この「相撲行司家伝」（別名：木村家先祖書）
は文政10年11月日付なので、木村庄之助がそれより以前の寛延2年辺
りにすでに帯刀していたと想定しても問題ないはずだ。
　吉田司家の吉田長孝（24世）著『原点に還れ』には、木村庄之助の帯
刀は吉田司家によって許された旨の記述がある。

・吉田長孝著『原点に還れ』（p.135）

　　「故実門弟に差し加えた行司に、藩王・細川斉茲公の許可で吉田追風
　　が帯刀を許し、合わせて細川藩の九曜紋入りの陣羽織を授与したので
　　ある。これは方屋入りに際してのみ許された。そして、それは吉田追
　　風家の門人として許されたものであり、特に立行司としての帯刀は吉
　　田追風の直門人として許されたものであり、特に立行司としての帯刀
　　は吉田追風の直門人としての威厳を保つためのもので、相撲での差し
　　違えで切腹する意味ではない。」（p.143）

　この記述の中で述べてあるように、帯刀が吉田司家に許されたものであ
るとすれば、木村庄之助は門人になった寛延2年ということになる。もう
一つ、重要なことが書いてある。帯刀は切腹の覚悟ではなく、威厳を堅持
するためであるという。これに関しては、次のことが考えられる。

(a) 行司の帯刀は吉田司家から初めて許されたものか。

(b) それは寛延2年に始まったものか。

(c) 帯刀は立行司としての威厳を保つためのものか。

　帯刀が立行司の威厳を保つためであるとしているのは間違っていない。以前は、武士として認められるシンボルだったものが、時代の変化とともに「威厳の堅持」に変わったと解釈できるからである。明治9年の廃刀令が解除されてから大正10年5月あたりまでは、むしろ立行司としての「威厳の保持」が適切かもしれない。「切腹の覚悟」は大正10年5月以降に盛んになった言葉である。

　行司免許を吉田司家から授かるようになったのがいつからなのか、という問題になるが、それは一般的に寛延2年を境にしている。寛延2年以降であれば、木村庄之助は代替りごとに吉田司家の免許を受けていることから、寛延2年とするのは特に問題になることはない。その「寛延2年」が木村庄之助の帯刀の始まりなのかという疑問が出てくる。「相撲行司家伝」に出てくる「古来」はその寛延2年を指しているだろうか、それともそれ以前を指しているだろうか。

　私は確たる証拠を提示できないが、木村庄之助は吉田司家の門人になる以前から帯刀を許されていたはずだと推測している。武士の時代はずっと以前から始まっており、武士でない平民は帯刀を許される願望をずっと抱いていたに違いない。力士はもちろん、上級行司も大名屋敷に出入りする機会を伺っていたはずである。それは寛延2年以前にもあった。力士が大名抱えになるのは、江戸時代が始まった頃には始まっていた。そうであれば、当時有名だった上級行司も大名の抱え行司になりたかったはずである。そう見てくると、吉田司家が帯刀を許したのは、たまたま木村庄之助や式守伊之助が門人になってからであろう。

　帯刀に関しては、その意義は必ずしも昔から一定ではなかった。それを33代木村庄之助は昔と現在の意義を書いている。それが帯刀の歴史であることを知るきっかけになる。「切腹の覚悟」ばかり強調されると、帯刀の歴史が埋もれてしまいがちである。しかし、行司がいつから帯刀するよ

うになったか、また現在の「切腹の覚悟」がいつからうたい文句になった
かなどは、今のところ、はっきりしない。今後、更に追究してほしい課題
である。

　なお、帯刀に関しては、拙著『伝統と変化』(2010) の第6章「行司の帯刀」
でも扱っている。

11. 今後の課題

　本章で取り上げた問題は拙著でたびたび取り上げたものばかりである。
それぞれについて、自分なりの考えも提示してある。にもかかわらず、再
び取り上げたのは、裏付けとなる確かな証拠がないからである。今後は、
それぞれの課題を追究し、裏付ける証拠を提示することである。

　たとえば、熨斗目麻上下装束は明治38年頃、草履格の三役は着用しな
かったと本章では主張しているが、それは事実を正しく反映しているだろ
うか。本章の裏付けとなる証拠は、木村庄三郎が立行司になった時、その
装束を許されたとする新聞記事である。庄三郎は明治38年5月に草履を
許されている。立行司になった時に、その装束が許されるなら、草履格に
なってもその装束を許されていないことになる。本章は新聞記事を証拠と
しているが、他にも証拠はないだろうか。

　本書の問題点は、明治19年から38年のあいだで、いつ草履格が熨斗
目麻上下から熨斗目のない単なる麻上下に変わったかを提示していないこ
とである。もう一つ、問題点は38年以降43年5月までのあいだに、草
履の三役格になった進や小市（のちの誠道）が本当に熨斗目麻上下を着用
していなかったことを示す証拠を提示していないことである。装束に関す
ることだから、錦絵や写真があるはずである。そのような裏付けとなる資
料を一つも提示していない。このような問題点を解明するには、やはり裏
付けとなる証拠を提示するのが肝要である。今後の課題の一つである。

　このように、ここで取り上げた問題は裏付ける資料さえあれば、すぐ解
明できそうである。今後は、その資料を見つけることである。状況証拠も
大切だが、やはり直接証拠がベストである。

第6章　土俵祭の事例

1.　本章の目的

　本章の目的は、過去の土俵祭はどのように執り行われてきたかを文献の記述で調べることである。土俵祭について何か新しい主張や提案をするのを目指しているわけではない。どのような手順で神々をお招きし、どのようにして土俵を神聖化したのか、その神聖化の手順は一定だったのか、お招きした神々は常に固定していたのかなどを文献で見ていくだけである。具体的な式順を列挙して、それを比較することもしない。それは記述の中で垣間見るだけである。

　現在の土俵祭に関する式順や神々については、多くの文献で取り上げられており、容易に知ることができる。[1]拙著『大相撲行司の世界』(2011)の「土俵祭りと祝詞」や『神々と三役行司』(2021)の第2章「土俵の神々」や第3章「土俵祭の作法」でも現在の土俵祭の式次第、招く神々、唱えられる祝詞や口上などを詳しく扱っている。

2.　現在の式順

　過去の文献の土俵祭に関す記述を読むにしても、理解を円滑にするには、現在の土俵祭について知識がいくらかあったほうがいい。それで、式順と方屋開口故実言上だけでも次に記しておく。それぞれの具体的な内容につ

---

1)　たとえば、彦山光三著『相撲道綜鑑』(昭和52年)の「六、神明照覧の新意義」(pp.608-15)、季刊誌『悠久』(平成11年)の平井直房筆「土俵祭」(50-60)、山田知子著『相撲の民俗史』(1996)の第5章「相撲と修験道」(pp.147-86)、内館牧子著『女はなぜ土俵にあがれないのか』(2006)の第6章「神迎え」と「神送り」(pp.175-91)などを参照。

いては、土俵祭を扱っている文献の参照を勧める。

・現在の土俵祭の式順[2)]

(1)　祭主祝詞奏上
(2)　祭幣並びに献酒
(3)　方屋開口故実言上
(4)　清祓いの儀
(5)　鎮め物
(6)　直会
(7)　触太鼓土俵三周

・現在の方屋開口（故実）言上[3)]

「天地（あめつち）開け始まりてより、陰陽（いんよう）に分かれ、清く明らかなるもの、陽（よう）にして上にあり、これを勝ちと名付く。重くにごれるもの、陰にして下にあり、これを負けと名付く。勝負（かちまけ）の道理は天地（てんち）自然の理（ことわり）にして、これをなすもの人なり。清く潔きところに清浄の土を盛り、俵をもって形をなすは五穀成就（ごこくじょうじゅ）の祭りごとなり。ひとつの兆（きざ）しありて形となり、形なりて前後左右を東西南北、これを方（ほう）という、その中にて勝負を決する家（いえ）なれば、今は初めて方屋と言い名付くなり。」（33代木村庄之助著『力士の世界』、p.61）

<hr>

2)　式を始める前に準備して置くべき幣帛や供え物などについてもある程度知識があるとよい。これについても、土俵祭を扱っている文献を参照することを勧める。
3)　33代木村庄之助著『力士の世界』の「12　神のいます土俵は特別な場所」と「13　方屋開口、故実言上」では、土俵や土俵祭についてわかりやすい説明がある。なお、「方屋開口故実言上」の表現は行司によって、あるいは文献によって、少しずつ異なるが、内容的には大きく変わりない。しかし、「勝負を決する家」の「家」や「俵をもって関所を構え」の「関所」などは、内容と少し関係あるかもしれない。現在は、「関所」でなく、「家」がよく使用されている。

　この言上は、寛政3年6月の上覧相撲で初めて唱えられている。以後、今日までほとんど同じ内容である。語句や表現がほんの少し異なるだけである。

3.　現在の祭主祝詞奏上

　内館牧子著『女はなぜ土俵にあがれないのか』(2006) に現在の祝詞奏上が提示されている[4]。

・内館牧子著『女はなぜ土俵にあがれないのか』(2006)

　　清祓いの後、祝詞奏上があるが、次の奏上を提示している。(本書補足)

「掛巻くも畏きこのゆ庭に吾相撲の道の守神と持斎く
戸隠大神　鹿島大神
野見宿禰尊等を招奉り坐奉りて畏みも白さく
千早ふる神代の昔より中今は更に白さず
弥遠永に栄いくべき相撲の道はしも敏き心に術を尽くして
猛き心に力を競べて勝負を争い
人の心を勇まむる吾邦固有の国技なれば
○○部屋の広庭に古き法のまにまに土俵を築き（内館注・相撲部屋のけいこ土俵を築く際は、ここに部屋名を入れて言上する。本場所の場合は開催館名を入れる）
力士等の四股の響きも高らかに
恒例の○月本場所を催し行わんとするに先立ちて

（内館注・本場所の該当月を入れる）
　　今日の生日の満日に御祭り仕奉りて大神等の
　　高き尊き恩の頼によりて執行い
　　成務むる事業に　霊幸わい給いて
　　土俵の内外　日に異につつしみ　禍事なく
　　弥奨めに奨め給いて夜の守り日の守りに
　　守り幸わい給へと乞祈奉らくを平けく安らけく
　　合諾い間食せと　畏み畏みも白す」（pp.179-80）

この祝詞の提示に続いて、気になる記述がある。

　　「文言の中に『国技』という言葉が入っているので[5)]、この祝詞は
　　一九〇九年（明治四十二年）以降のものであろう。」（p.180）

　この祝詞は、「国技」という言葉の使用からして明治42年6月の国技
館開館以降のものであると書いてあるが、それは明治末期までさかのぼる
ことはない。というのは、これは第二次世界大戦直後、昭和20年頃に作
成されたものだからである。
　大きな手掛かりは、三神（戸隠大神、鹿島大神、野見宿禰尊）が明確に
唱えられていることである。この三神は、22代木村庄之助が伊之助時代に、
彦山光三氏と相談して決めたという。戦前は、「天神七代、地神五代」や「万
の神々」という言い方が普通で、具体的な神名は省略することもあった。
　著者の内館牧子氏は、この祝詞が戦後に作成されたことは知っていた。
28代木村庄之助からその作成のいきさつを詳しく聞いていたからである。
実際、そのことは著書の中でも記述している。「国技」という言葉が相撲

---

5)　国技という言葉は、私の知る限り、祭文では「クニワザ」と読むのが普通である。
　　祭文以外では「コクギ」と読むのが普通だが、大和言葉の読み方か国語的読み方
　　かの違いかもしれない。祭文では「クニワザ」という読み方が何となくなじみや
　　すいが、それは受け取り方の問題かもしれない。

に取り入れられた経緯も確かに魅力的である。それを冠にした国技館開館という記念館が明治42年6月に建設されている。相撲が真の国技になっていく歴史に圧倒され、つい明治末期以降に作成されたものとしたのかもしれない。

　さらに、祝詞に続いて、次の記述がある。

　「なお、研究者の中には『土俵祭は地鎮祭として行われてきたようで、地祭と称されていた。そこで一般には埋め物と称されるところを鎮め物と称しているのだろう』と書いている人もいるが、土俵祭において『地祭』という言葉は使われた形跡がない。第二十八代庄之助も、協会も使っていない。（中略）一方、『鎮め物』について相撲教習所講師で民俗学者の桜井徳太郎はつぎのように書いている。

　　『この鎮め物は千秋楽まで埋められています。これが、何を意味するかというと、土俵を作る前は単なる土であり俵なのですが、これに神の魂を入れることによって神聖な場として生まれ変わるということです。つまり魂こめ、魂入れの日本的表出といえます。』」(pp.183-4)

　この中に、土俵祭において「地祭」が使用された形跡がないとあるが、それは歴史的に見て、本当だろうかという疑問がある。というのは、土俵を清めたり鎮め物を埋めたりする儀式を「地祭」と称するのは、明治時代の文献でも、また江戸時代の文献でも、けっこう見られるからである。

4.　新しい祝詞の作成

　「祝詞奏上」という祭文で、現在のように相撲の三神を具体的に読み上げ、天神七代・地神五代や「万の神々」を薄くしたのは、戦後間もない昭和20年頃である。終戦後、戦前の天皇崇拝が色濃く刻まれた祭文を進駐軍に怪しまれないようにしようという当時の協会側や行司界の思惑を払しょくしたいという願望を受けて、のちの22代木村庄之助が伊之助時代に当時、相撲界に大きな力を発揮していた相撲評論家の彦山光三氏と相談

し、作成したのが現在の祭文である。それには相撲の三神が明確に記されているだけでなく、かつてのおどろおどろした表現が柔らかい平易な表現になっている。祭文の性質上、まだ仰々しい表現が現在の祭文でも残っていることは否めない。戦前の祭文でも現在の祭文でも、規定にある「神道的色彩」は厳然として存在している。その橋渡しをした22代木村庄之助のお話を見てみよう。

・『大相撲』（昭和55年〈1980年〉1月）の「二十二代庄之助一代記（第十四回）―神係過ぎた土俵祭」

「土俵祭は行司がつとめる。土俵中央にあらかじめ、七本の幣を安置。七本のうち正面の三本は造化の三神（天御中主神、高御産巣日神、神産日神）」。東西の二本ずつは四季の神の意。司祭は立行司一人、脇行司二人の三人。

　進行がかり行司の合図により、まず脇行司の一人が土俵上にあがって『清祓いの祝詞』を朗読したあと、祭主である立行司が、中折烏帽子に直垂という神官のような装束で土俵中央に座し、祭文を朗読するのだが、戦争中まではだいたい次のような内容だった。[6]

『わが朝の相撲は、神代より始まり、天地和合の理を基とせり。そのいわれは天地まだ分たず、ただ一理のみにして色形もなし。それよりほのかに非を含み、皇明かなるもの、なびきて天となる。重く汚れたるもの、とどこおりて地となる。そのうちより降臨まします神あり。これを第一、クニノトコダチノミコト（国常立之命）[7]と申し奉るなり、第二、クニサツチノミコト（国狭槌之命）、第三、トヨケヌノミコト（豊斟渟之命）、第四、オオトミチオホトマベノミコト（大戸道芦邊之命）、

---

6)　戦前の土俵祭や神々については、たとえば『相撲』（昭和11年5月）の松翁木村庄之助談「土俵祭の話」（pp.48-9）にも詳しく書かれている。これについては、後ほど事例を提示してある。

7)　漢字の神名は原文にはないが、参考までに補足してある。

第五、ウエジニスエシニノミコト（埿土煮沙土煎之命）、第六、オモ
タルカシコネノミコト（面足煌根之命）、第七、イザナギイザナミノ
ミコト（伊弉諾伊弉冉之命）、これを天神七代と申し奉るなり。また、
地　神五代と申し奉るは、アマテラスオオミカミ（天照大神）、次にア
メノオシホミミノミコト（天之忍穂耳命）、次にニニギノミコト（邇々
岐阜之命）、次にヒコホホデミノミコト（日子穂々出見之命）、次にウ
ガヤフキアエズノミコト（鵜茅葺不合之命）、これを地神五代と申し
奉るなり。

　ひとつのきざしありて形となる。形なりて前後左右を東西南北、こ
れを方という。その中にて勝負を決するがゆえに、いまはじめて方屋
といい名づけたり。

　ここに神たちを招ぎ奉り坐せ奉りてかしこみ申さく、ちはやふる神
代の昔より、中今はさらに申さず、いや遠永に栄え行くべき相撲の道
はしも、敏き心に術をつくして猛き心に力をくらべて、勝ち負けを争
い、人の心を勇ましむる。神代ながらの国技なれば、今年十一月十五
日のあしたのいく日よりはじめて十日の間、このところに挙し行わん
とするに先立ちて、御祭り仕え奉りて大神たちの高き尊き御恩頼によ
りて執り行い成し努むる事業に御霊幸わい給いて、土俵の内外日に異
につつしみ禍ごとなく、いやすすめ給いて夜の守り日の守りに幸わい
給えと、乞い祈り奉らくを、平らけく守らけく諾い聞しめせて、かし
こみかしこみまおす。』(pp.141-2)

神々を少なくしていく過程についても、22 代木村庄之助は次のように
語っている。

・故実の簡素化

「この斎庭に、わが相撲の道の守り神と持斎く、戸隠の大神、鹿島の
大神、野見宿禰の命たちを、招ぎ奉り坐せ奉りてかしこみ申さく、ち
はやふる……（あとは同じ）」ということにした。

戸隠の大神は、天岩戸をあけたというアメノタヂカラオノミコトであり、鹿島の大神は、国ゆずり相撲でタケミナカタノカミに勝ったタケミカヅチノカミであるから、相撲にも大いに関係があり、もし質問をうけてもこれならだいじょうぶである。

祭文に引きつづき、片屋開きの口上となるが、これも非常に長く、難解で、神がかり的だったのを、次のようにかえた。（中略）

　これはなにも、私があみ出したものでもなんでもなく、十九代吉田追風の、寛政三年（1791）六月十一日、将軍家斎上覧相撲のときの片屋開口式の故実を引っ張り出してきて、ほんの少し現代風に改めただけ。つまり、寛政の昔から、以後次第に神がかりがひどくなり、大げさになってきたものを、もとへ戻したことになる。

　　『天地開けはじめてより陰陽にわかり、清く明らかなるものは陽
　　にして上にあり、これを勝ちと名づく。重くにごれるものは陰に
　　して下にあり、これを負けと名づく。勝負の道理は自然のことわ
　　りにして、これをなすものは人なり。清くいさぎよきところに柱
　　を立て、五穀成就の祭りごとなれば、俵をもって関所をかまえ、
　　その中にて勝負を決する家なれば、いまはじめて方屋といい名づ
　　くなり』

　と……こういうふうにして、その場所の土俵祭をつとめたのであった。

　この土俵祭の方式は、その後あまり変わっていないのではないかと思う。」（p.142）

　22代木村庄之助自身が語っているように、ずい分受け入れやすい祭文になっているし、以前の祭文の趣旨と大きく異なっていることもない。祭文にうたわれている故実はほとんど生きている。時代に合致するように表現を変えているが、しかし、複雑で難しい神々が受け入れやすい神々に変

186

えられていることは一目瞭然である。

　このように見ていくと、「国技」を含んだ祭文（つまり祝詞）が、内館牧子著『女はなぜ土俵にあがれないのか』で書いているように、明治 42 年にさかのぼることはない。その祭文は戦後の昭和 20 年頃に作成されたものである。

5.　地祭の使用

　内館牧子著『女はなぜ土俵にあがれないのか』では、「土俵祭において『地祭』という言葉は使われた形跡がない」（p.184）と書いてあるが、それは正しい見方ではないと私は思っている。土俵祭で執り行われる式順で土俵を清める儀式が以前からあり、それを「地祭」と称した文献がいくつもあるからである。むしろ、以前は地祭と呼び、「土俵祭」は後に現れた言葉かもしれない。明治以前は、土俵祭という表現はあまり見かけない。土俵上で、「地祭」をしたり、単に土俵を清めるための 政（つまり名称不明の儀式）が執り行われたりしている。明治以前の文献から、「地祭」が使われている事例をいくつか示す。

・『相撲伝秘書』（安永 5 年）の地祭[8]

　　「　　　　　　　勧進角力略々地祭之事

　地祭を始める前に準備するものがある。絵図があるが省略し、様子を簡単に記す。

　「三宝飾り様。三宝に二瓶（男蝶と女蝶を飾っている幣）、神酒、洗米、

---

8)　この地祭に関しては、山田知子著『相撲の民俗史』（1996）の「四　方屋祭文」や枡岡智・花坂吉兵衛共著『相撲講本』（昭和 10 年）の「土俵の故実」などに詳しい解説がある。

熨斗、杓、鰹節、鯣、口折方を置きてある。手桶も二個、三宝の傍らに置いてある。

幣帛、東方より持出、方屋に飾る、但し土俵の事なり。西方へ持納る。神座敷に勧請するなり。」

いよいよ、地祭が始まる。

「三宝、東の方より持ち出し、三神にそなえる。是、前行司の役也。行司出でて三神（すなわち群　八幡宮、天照皇大神宮、春日大明神）を拝する。その後、洗米、神酒を捧ぐ。その間、前行司、手桶東西の溜りへ直し置く。三宝を前行司に持たせ、乾の方辰柱に向かい洗米、神酒を捧げ拝をして、また艮の方巽柱に向かい前同断、また坤の方に向かい前同断、それより東の方入口土俵左右へ洗米神酒ささげ拝礼して西の方入口同様にして、それより三方を西の方へ納る（いずれも三宝持ち歩き行くのは前行司の役なり）。是より東の方土俵入り終りて（前東方勝ち、後西方勝ち）。東西土俵入相済みて前角力あり（番数見合）。

　　　　　　　勧進相撲地祭略すことあり。

この相撲の事は神相撲といえるは、この日神座敷とて注連縄を張り、八百万神を勧請する也。これ今の役座敷なり。土俵入り初め縄を張り、人は一人も上げ間敷もの也。今にては略し幣帛を飾らず、注連縄も略したり。

　　　　　相撲三神勧請地祭の事

　　　　　　右吉田家の秘伝にて口伝多し。團巻に記す。

相撲取りに出る時は一心に天神地祇を拝し、また常に唱え行う九文字

188

　　　は
　　　臨 兵 闘者皆陣列在前
　　　是、即ち、太公望軍術の秘伝なり」

　この記述は、現在の土俵祭と酷似している。それを「地祭」と称していることから、以前はそういう名称があったことは確かである。残念ながら、神に祈願するとき、どのような言葉を発していたかはわからない。

　ついでに、『相撲家伝鈔』（正徳4年）にも四本柱を立てた土俵で神相撲が行なわれている。土俵があり、そこで神相撲が行なわれていれば、神道による儀式が行われていたことは間違いない。新しく催事を行うとき、政を執り行うのは神道の基本である。『相撲家伝鈔』の祭事で、どのような式順だったか、またどのような祝詞が唱えられたかなどは記述されていない。土俵祭のことは一切わからないが、政が行なわれていたことは推測できる。

　『古今相撲大全』（宝暦13年）も四本柱や幣帛などの故実については詳しいが、それを祭る儀式については何も述べていない。しかし、幣帛を土俵上で立てていることから、土俵を神聖な場として清めるための儀式が執り行われたことは確かである。幣帛は神の依り代なので、神道に基づいて相撲に関連ある神々や万の神々が土俵上に招かれたに違いない。四本柱を四色で飾るのは元々易の影響であるはずだが、土俵の結界を定める四本柱に取り入れられ、いつの間にか神道の一部であるかのような役割を果たしていたに違いない。土俵を見守る四方の神々と解釈すれば、万の神々の仲間と見做すこともできる。厳密には神道とは別の神々だが、排除するよりも取り込むことで利用すればよいのである。

　いずれにしても、催事を新しく行うときは、その場所を清める儀式を執り行うのは普通のことだった。土俵を清めるのにもそれは行われていたはずだ。それをどのような名称で呼んでいたかは不明だが、一つには「地祭」があったことは確かである。鎮め物を常に埋めるとは限らず、その場所に塩をまいたり農産物を置いたり、神酒を注いだりしたかもしれない。その

場所を清める儀式にはいくつかの方法がある。

　要は、その場所を清める政を行うことである。そのような政は土俵上では土俵が築かれるときからあった。いや、それより以前からあったと言ったほうが正しいかもしれない。四本柱のない地面で相撲を取組んでいた頃でさえ、取組前にその場所で簡単な政をし、神の加護を祈願していたはずである。その延長線上に地祭があり土俵祭がある。

・天保14年9月の上覧相撲の地祭[9]

　　「最初に先ず、素袍服紗小袖着用のもの罷出、地祭いたす。是は土俵の真中に砂を盛り、幣を立て、神酒備有之、右の神酒を採って土俵の四方へっそそぎ申候、次に麻上下着用のもの罷出、幣束をとり除き地ならし致申候。それより上下着用の行司罷出申候て東西相分け、それより土俵入いたす。」（酒井忠正著『日本相撲史（上）』、p.314）

　これは『遊芸随筆』からの引用だと断り書きがあるが、その中に「地祭」という言葉が出ている。内容は、どう見ても現在の土俵祭と酷似している。つまり、土俵祭と同じ意味で、地祭が使われている。

　明治42年6月、国技館開館の時にも、もちろん、土俵開きが執り行われているが、それを伝える新記事の見出し項目に「地鎮祭」という言葉が使用されている。

・『東京朝日新聞』（明治42年6月2日）の「昨夜の地鎮祭」

　　「二日午前三時執行せらるべき予定なりし地鎮祭は時刻を早めて昨夜十時より祭式を挙げたり。此の夜は電燈を點せずして七五三打ち張り

---

9)　天保14年6月の上覧相撲については、阿部猛編『日本社会における王権と封建』（1997）の竹内誠筆「天保14年の将軍上覧相撲」（pp.221-34）も参照。その中で「地祭」（p.226）を「土俵祭」として紹介している。

たる土俵の四本柱に提灯を掲げしのみ。斯くて角觝司吉田追風は風折烏帽子に狩衣を着し、まかろうの団扇を手にして左に式守伊之助、右に木村庄三郎を従えて、先ず行司溜りに腰打ち掛けぬ。さて土俵の真中には三尺四方に深さ三尺の穴を穿ちあり。その前に三宝を置きて祈祷の準備を為しあり。斯くて追風は行司溜りに於いて三拝し土俵に上り円座（藁にて丸く編みたる敷物）の上に坐し伊之助、庄三郎またこれに随う。ここに於いて追風は柏手を打ちて恭しく祓いの詞を誦し玉串を捧げて降壇するや、庄三郎等をして三宝の上に載せある土器（その内部に一子相伝の秘事を記しあり）を埋めしむ畢って、追風はまた上りて今度は直立のまま団扇を異様に打ち振りて納めの式を為して式を終わりぬ。之より幣束を持ち出して神酒を供え、暫くしてその幣帛を四方の柱に束ねて目出度く地鎮祭は終われり。その間三十分間を費やしたり。」

　この土俵祭すなわち地鎮祭を執り行ったのは吉田司家の当主・吉田追風である。新聞報道を読めば、それは現在の土俵祭と同じである。軍配を「異様に打ち振りて」とあるのは、軍配を胸の前で左→右→左に力強く振る所作であろう[10]。それは現在でも行われている[11]。現在は正座して軍配は振り払うが、追風は直立で打ち振りとあるので、別の所作の可能性もある。

　同じ儀式を報道している他の新聞でも「地鎮祭」が使われている。儀式そのものを別の記者が述べているだけある。

---

10)　38 代木村庄之助（元・41 代式守伊之助）は令和 5 年 9 月場所、令和 6 年 1 月場所と 5 月場所、左右左の順で軍配を振っていた。これはやはり、この順序が基本になり、それに基づいているのかもしれない。他の行司が右左右の順で振っていたら、例外ではないだろうか。これに関しては、拙著『方向性と行司番付』（2024）の第 3 章「大相撲の方向性」を参照。

11)　軍配を左右に振るのは、「邪気を払い、清める」儀式である。土俵祭で軍配を使用するのは、方屋開口を唱える直前だけである。

・『やまと新聞』(明治 42 年 6 月 3 日)の「崇高なる地鎮祭　一日は仮祭、二日が本祭式」

「予定の如く国技館（相撲常設館）にて二日午前二時より本堂土俵上に於て大相撲地鎮祭の本祭式を挙行せり。当夜はわざと電燈を點せずして高張のみを掲げたる、反って崇高の念を高めたり。土俵並びに四本柱には七五三飾りをなし、雷、高砂両取締、友綱、尾車その他あらゆる役員の案内あり、斯くて吉田追風十九代より連綿伝来せる風折烏帽子に狩衣を着し、軍配の柄に鈴をつけ、その端には幣を結びたるを手にし、直衣を着したる式守伊之助、木村庄三郎の両名を脇添として左右に従え、さて土俵の中央に穿ちたる三尺四方の穴に高々と盛砂をなし、その上に蠟燭を立て、荒莚の上に円座を敷き、祈祷の準備を為したる後、榊にて口を切り、それより土器二個を穴に埋め、神饌を捧げ、追風直立いと厳かに祈祷を終わり、その幣帛を四本柱に束ねて目出度く式を終わりたるは午前三時なりし」

　この新聞記事では見出しに「地鎮祭」が使われている。これからわかるように、明治末期までは土俵祭を「地祭」や「地鎮祭」とも呼んでいる。鎮め物を埋める儀式を伴うので、どの名称でもよかったのかもしれない。

　『やまと新聞』は同じ「6 月 3 日」の記事で、同じ儀式を「土俵祭」と称している。

・『やまと新聞』(明治 42 年 6 月 3 日)の「土俵祭」

「漸くにして午後二時勇ましき花火は打ち上げられ、式場内の軍楽隊は嚠喨と吹奏し始めたり。稍々ありて土俵の中央に筵を敷き、上に七本の幣帛を立て烏帽子、狩衣に扮装せる行司二名出でて白木の三宝に載せたる二瓶の神酒と熨斗昆布を供え、南北に分れて筵座蒲団に着席すれば、吉田追風は風折烏帽子に茶褐色の狩衣を着け、軍配を右手に

太刀持を随え、且つは直垂を着けし式守伊之助、木村庄三郎両名を脇添にて幣帛の正面に座し礼拝式を了りて退場するを待てる。式守伊之助、木村庄三郎は幣帛の南北より相向かいて各一本の幣帛を手にし、初め東方の二柱に結び付け、更に幣帛を取りて西方の二柱に結び付け、次いで神酒を東西四本柱の根本に注ぎたる。のち献供せる幣帛を撤し、更に吉田追風、式守伊之助、木村庄三郎、式守正市等により開口の式あり。並びに吉田追風より相撲に関する故実の談話ありて、ここに土俵祭は全部了りを告げたり。」

　これは「土俵祭」、「地鎮祭」、「地祭」の使用であまり区別していなかったことを示している。それでは、明治末期まで「土俵祭」という言葉はなかったのかとなると、そうではない。その使用は、明治31年にはすでに使用されている。

・『角力新報』（第8号、明治31年8月）の「土俵祭の次第」
　見出し項目に「土俵祭」という言葉が使われている。[12] なお、次の引用では、字句を少し変えてある。

　「(前略)回向院大相撲の初日を以て執行したる土俵祭の次第を記さん。先ず土俵の中央に於いて後方の一方を除き、東西北の三面に七箇の幣を立て、白木の三方に土器二個を載せたるものをその内に据え、右方の土器には榧、乾栗、昆布を盛り、左方の土器には吉田家より授かりし巻物（祭文を記す）を載せ、さて正面には荒蓆を敷きて、これを行司の席に充て、準備全く整いたる時、正席の行司木村庄之助は幣前に進みて彼の巻物を取り、これを捧げて、天神七代、地神五代及び宿祢

---

12) 「土俵祭」という言葉がいつ頃から使われだしたかは調べてない。「土俵」や相撲はかなり以前からあったので、それを神聖化する儀式も執り行われているはずだが、その儀式を「土俵祭」という言葉で表していたのかどうか、注意して調べていないので、今のところ、不明である。

の神、その他角力に縁ある神名を呼び、しばし祈祷をなしたる後、神酒をば彼の七幣の根方に供しおわって、両端の二幣を抜いて回向院なる櫓の上に建て、次に四幣を抜いて四本柱に掲げ、残る一幣をば次席行司木村瀬平に授けて、これを行司溜りに置かしめ、また彼の土器を取って、これを土俵の中央一尺五寸の地中に埋め、東西力士に怪我なきようにと悪魔祓いをなし、ここに全く式を終りたり。」（pp.54-5）

　この記事では、祈願する神々を「天神七代、地神五代及び宿祢の神、その外角力に縁ある神名」としてあるように、特別に具体的な神々にこだわっていない。いずれの神であっても、相撲とゆかりのある神であればよいのである。これは昔も今も同じではないだろうか。ときどき特定の神に固定していることもあるが、一般的にはその神だけに固定しないものである。

　これは深く突き詰めていけば、相撲の三神以外は相撲と関係ないのかと問いかけたくもなる。相撲の三神とわざわざ固定化するのは、そのほうが都合がよいからであって、後から命名されたものである。昭和20年頃に木村庄之助（22代）と彦山光三が相談して、三神を選んだ経緯を見ると、面白い決め方だと言わざるを得ない。以前にも相撲はあり、土俵を構築した後には土俵祭（あるいは神々を招く儀式）があった。招きに加担した行司たちは、間違った神々に祈願していたのだろうか。そうではない。相撲を守護する神々を三神に決めたのは、それが理に適っていると判断したからに過ぎない。実際、吉田司家にも三神が祀られていたが、協会の土俵に祈願する三神と同一名ではなかった。[14]

---

13)　「縁」は「えん」、「ゆかり」、「えにし」などとも読むので、実際にどの読み方が正しいかははっきりしない。「ちなみ」以外の読み方でよいかもしれない。

14)　相撲の神々については、たとえば拙著『神々と三役行司』（2021）の第2章「土俵の神々」を参照。

6.　明治時代の土俵祭の事例

　土俵を清める儀式はいつの世にもあり、その式順もあまり変わらない。どのような記述があるかを文献の中から見ていくことにしよう。

・寛政3年6月の上覧相撲に土俵祭、酒井忠正著『日本相撲史（上）』

　「（前略）四もとのはしらを構え、そのはしらをくれないと、むらさきとのきぬにてつつみ、もとをばくれないの氈にてつつみそヘ、柱の上つかたには、はなだのまんを四方にひきめぐらしたり。土俵の中央には青幣、しらにきて七つ、神酒瓶子二つ、ほし樏、ほし栗、のしこんぶをそえ、あわせて三くさをしき、二つものにもりて、そなたに蘭のむしろ四ひら敷きたり、（中略）東の幄の屋より追風と名のれる吉田善左衛門、団扇をとり、さての行事木村庄之助、吉田幸吉に外二人を召具して、埒のうちを通りて来れり。皆烏帽子素襖をきたり、追風、土俵のうちに入り、むしろにつき、にぎてにむかい拍手をうちならし、祈祷し方屋まつり終りて、幣をとり、二人の行事に授く、庄之助、幸吉左右よりすすみ、瓶子をとり、神酒を四本のはしらの根にそそぎつつしりぞく。やがてむしろをば白張きたる男左右よりとりて、四本柱のもとにおなじつらにたてさまに一ひらずつ引わく。追風うづくまり居て、袖かきあわせ、方屋びらきということを唱う。そのことばにいわく、

　　『あめつちひらけはじまりてより、陰陽わかり、きよくあきらかなるものは陽にして上にあり、之を勝ちと名づく、おもくにごれるものは陰にして下にあり、これを負と名づく。勝負の道理は天地の自然のことわりにして、これをなすものは人なり。きよくいさぎよきところにはしらをかまえ、五穀成就のまつりのわざなれば、たわらをもって関所をかまえ、そのうちにて勝負を決する家

なれば、今はじめて方屋<ruby>方<rt>かた</rt>屋<rt>や</rt></ruby>といい名づくるなり」といささか臆した
るさまにもあらず、こえおかしく聞こゆ、(後略)』(酒井忠正著『日
本相撲史（上)』、pp.175-6)

　この土俵祭では、方屋開口で唱えられた祝詞が初めて披露され、それが
今日まで続いていることである。物事に陽と陰があり、勝負にもその原理
が自然に働く。勝ち負けを決する土俵の周囲には俵を敷き、そこを方屋と
称する。まるで土俵は宇宙を縮小した特別な場所であるかのようだ。そ
こは俵で囲んである。力士が取り組めば一方が勝ち、陽となるが、もう一
方は逆に負けとなり、陰となる。そうなるのは自然のことわりであり、当
然のこととして受け入れなければならない。そういっているかのようであ
る。祝詞そのものが宇宙の原理を唱えているだけでなく、その表現の仕方
も重々しい。

・明治 17 年 3 月の天覧相撲の土俵祭

　次に示す記述は、松木平吉著『角觝秘事解』（明治 18 年）からの引用
である。[15] 原文には句点が少なく、読みづらい字句もあるので、少し表現を
変えている。（正確を期すのであれば、原文を直に参照することを勧める。)

　「(前略) 幕外<ruby>幕<rt>まく</rt>外<rt>そと</rt></ruby>にて拍子木<ruby>拍<rt>ひょう</rt>子<rt>し</rt>木<rt>き</rt></ruby>を打ちならし、ややありて木村庄三郎 侍烏<ruby>侍<rt>さむらい</rt>烏<rt>え</rt></ruby>
帽子<ruby>帽<rt>ぼ</rt>子<rt>し</rt></ruby>熨斗目<ruby>熨<rt>のし</rt>斗<rt>め</rt>目<rt>かついろ</rt></ruby>勝色の素袍<ruby>素<rt>す</rt>袍<rt>ほう</rt></ruby>、東の花道より徐々出、下座場<ruby>下<rt>しも</rt>座<rt>ざ</rt>場<rt>ば</rt></ruby>にて拝礼<ruby>拝<rt>はい</rt>礼<rt>れい</rt></ruby>し土俵
に進み、溜り<ruby>溜<rt>たま</rt></ruby>に入て<ruby>入<rt>いり</rt></ruby>扣る<ruby>扣<rt>ひかえ</rt></ruby>、以前の如く拍子木と共に東の花道より式守
与太夫、西の花道より木村庄五郎、前の如く等しく進み出、一様に礼
をはり、東西入口に膝<ruby>膝<rt>ひざ</rt></ruby>まづキ、此時聖上<ruby>此<rt>この</rt>時<rt>とき</rt>聖<rt>せい</rt>上<rt>じょう</rt></ruby>玉座<ruby>玉<rt>ぎょく</rt>座<rt>ざ</rt></ruby>に着せ給う<ruby>着<rt>つか</rt></ruby>。木村庄三
郎行事（ママ）溜<ruby>溜<rt>たまり</rt></ruby>より福草履<ruby>福<rt>ふく</rt>草<rt>ぞう</rt>履<rt>り</rt></ruby>にて土俵に登り<ruby>登<rt>のぼ</rt></ruby>柏手<ruby>柏<rt>かしわ</rt>手<rt>で</rt></ruby>をならし、風雨順治

---

15)　これと同じ内容で、読みやすくしてあるものは、たとえば『国技』（大正 6 年 6 月)
　　　の「明治初年の天覧角力」や『角力雑誌』（第 18 号、大正 10 年）の愛花拝記「お
　　　浜離宮の天覧角力」にも紹介されている。

天下泰平五穀成就之記念祭事終りて一対の神酒を分ち両人へあたゆ
る、これを捧げて四本柱に三度ずつ注ぎ、夫より三宝を庄五郎弓に、
白羽の矢弦を与太夫に渡す、相捧げ玉座に向て拝礼して後づさりにな
り土俵を下りる。世話掛受取り形の如くになす。与太夫庄五郎双方
の花道にて拝し退く。庄三郎同く末の下座場にて再び拝礼し奉り退
場す」(pp.12-3)

　この儀式の直後には、御前掛かりの土俵入りが続く。

　土俵祭の模様が描かれているが、どのような祝詞が唱えられたかはまっ
たくわからない。寛政3年6月同様に、方屋開口の口上が唱えられたのだ
ろうか。唱えられたなら、それは同じものだったのだろうか。
　実は、この土俵祭は当時（つまり17年当時）の勧進相撲と同じである。
当時の新聞がそう伝えている。

・『朝野新聞』（明治17年2月24日）の「相撲を天覧」

　　「このたび相撲天覧あらせらるるに付き、その筋にて古式を取り調べ
　　らるる由なるが、相撲の節会は久しく絶えけるより、旧記等も急にま
　　とまりかねる故、このたびは年寄の願いにより、すべて回向院勧進相
　　撲の式を行うことになりたりとか聞けり。」

　実際に、この天覧相撲の土俵祭が勧進相撲と同じだったかどうかははっ
きりしないが、新聞で報じられていることから、ほとんど同じだったに違
いない。私の調べた限りでは、一つの違いがある。
　勧進相撲では、弓弦扇を四本柱には飾っていたが、天覧相撲では弓弦矢
を飾っている。つまり、役相撲の小結相撲の勝者には、勧進相撲の場合、「扇」
を授与するのが普通だったが、天覧相撲の小結相撲では「矢」を授けるこ
とになっていた。実際は、引き分けになっているので、誰にも矢は授けら
れていない。

・『大阪朝日新聞』（明治42年6月3日）の「国技開館式」[16]

　前夜午前二時（2日）より土俵上で地鎮祭を挙行している。それは土俵祭の予行演習を兼ねている。本式の土俵祭は開館式の午後一時半（3日）ごろから行っている。ここでは、三日の土俵祭の模様を記した新聞記事を取り上げる。

　・式前の土俵

　儀式が始まる前に、儀式に必要な準備を事前にしておく。

> 「破風造り土俵の屋形の軒下には、紫の幔幕の上に注連縄を張り、二本柱には紅白萌黄黒の布を用い、弓弦扇を束ねて南の柱に結び付け、正面玉座の下には例の優勝旗を掲げ、また東の花道には黄菊と葵の花、西の花道には桜と夕顔の花を立て連ねたるは華麗なり、また片屋の東西はこれも古式に依りて玉座より左を東としその右を西と定めて、以前とは正反対となれり」

　この中に、「弓弦扇」の記述がある。一般には「弓弦矢」が役相撲の勝者にはそれぞれ授けられると言われているが、寛政期の頃から「矢」の代わりに「扇」が授けられている。[17]

---

16)　明治31年8月付の錦絵「方屋開式之図」（玉波画）には16代木村庄之助が唱えた「方屋開口」と「方屋開」の祭文が記されている。「方屋開」は短くまとめてあるが、その中に天神七代、地神五代が言及されている。それを除けば、現在の「方屋開口言上」とそれほど変わらない。文字は鮮明に書かれているので、読むのに苦労しない。なお、この錦絵については、たとえばビックフォード著『相撲と浮世絵の世界』（1994、p.56）を参照。

17)　この「弓弦矢」に関しては、たとえば拙著『松翁と四本柱の四色』（2020）の第4章「役相撲の矢と扇子」を参照。

　もう一つ、勧進相撲との違いは四本柱の色である。勧進相撲の四本柱は当時、四色だったが、天覧相撲では四本柱はすべて紅白である。その理由は書いてないのでわからないが、神道では「紅白」がお祝いの色だからである。赤一色でもよいはずだが、紅白を結果的に選んだのかもしれない。実際、江戸時代末期には勧進相撲でも赤一色や紅白で四本柱を巻くこともあった。[18]

　国技館開館式（明治 42 年 6 月 3 日）の土俵祭の模様はさらに、次のように記述されている。

・開口方屋開き

「是より先、土俵の中央には幣束七本を立てあり、一時五十分三千の椅子の八分塞がりし頃、助手行司式守伊之助出でて一拝し、次いで助手行司木村庄三郎神酒瓶子二本を載せたる三方を備え、伊之助赤熨斗目供物の三方を備えて、相撲司吉田追風が来たるを待てり。白丁を着たる呼出し勘太郎撃柝を鳴らすや場内寂と静まりぬ。暫くありて六尺ゆたかの偉丈夫吉田追風は前夜と同じく風折烏帽子狩衣にて東の花道より出で来たり。先ずマカロウの団扇を捧げつつ土俵に登りひれ伏して、左の如く開口をなせり。

『夫れ我が国の相撲は神代より始まり今にみさかりに行なわる。かかるが故に深慮をすずしめ人の心を勇ましむ。天下泰平国家安全五穀豊熟の政なり」』

斯くて伊之助、庄三郎が幣帛を四本柱に挿み終わるや二人は瓶子を取りて神酒を四本柱の根方に注ぎぬ。是に於て追風筵の上に坐して声高らかに左の如き方屋びらきの辞を述べたり。

---

18)　天明の錦絵については、たとえばビックフォード著『相撲と浮世絵の世界』（1994）や拙著『軍配と空位』（2017）の第 3 章「文字資料と錦絵」などを参照。

天地ひらけ始まりしより陰陽分る。澄み明らかなるものは陽にして上となる、これを勝とす。重く濁れるものは陰にして下に在り、これを負とす。勝負の二つは天地自然のことわりにして、之を為すものは人なり。清潔の處に眞木柱を立て、五穀豊熟の 政 なれば俵を以て関所を構え、その内にて勝負を決する故なれば、今初めて方屋と云い名づくる也

　斯くの如くにして、式は終りぬ。」

　同じ新聞でも、勝負を決するところをときには「方屋」と書いたり、ときには「片屋」と書いたりしているが、これは今でも必ずしも決着はついていないかもしれない。土俵そのものを表すなら「方屋」が一般的だが、吉田司家の文書を調べてみてもどちらも使われている。[19]

・土俵祭の開催

　『東京毎夕新聞』（大正 3 年 5 月 31 日）の「土俵祭〈本場所初日の前夜〉」の記事が参考になる。

　　「（前略）因みに記す。従来の土俵祭は初日の午前四時ないし五時と決まり居たりしが、当場所より前夜の八時に変更し、一新紀元を開きなるなり」

　いつから現在のように初日に変更されたかはまだ調べてない。

---

19)　「方屋」と「片屋」の違いに関しては、本書では厳密な区別をしていない。それに関心があれば、相撲の古文書や歴史書などを調べてみるとよい。土俵を意味するのであれば方屋がよいはずだが、ときにはどちらも使用されている。

現在は初日前日（つまり土曜日）の午前 10 時から行われる。約 30 分
で終わる。参観は自由である。

7.　大正時代の土俵祭の事例

・『夕刊やまと新聞』（大正 9 年 1 月 16 日）の「今十五日いと厳かに国
　技館開館式〈寛政の昔を偲ぶ古式の方屋祭〉」

　次の記述では、これまで見てきた「地祭」、「地鎮祭」、「土俵祭」と違う「方
屋祭」という言葉が使われている[20]。これは新たな国技館開館式に行われて
儀式を記述したものであり、内容的には「土俵祭」と変わりない。引用文
は長いが、参考までに提示する。

　　「その昔寛政三年吹上御苑に於ける上覧相撲の盛事を偲ばしめ、呼出
　の拍子木館内に冴え渡るや、大鉄傘下に打集る来賓は恰も水を打つた
　るよう闃として一語なし。方屋の中央に白幣、お神酒、昆布、鯣の
　三宝を供え、荒菰を敷きたる祭壇に向かいて司家二十三代当主追風、
　その昔相撲節会に用いしという唐衣布袴の威容にて厳然と侍り、太刀
　持木村東市を随えぬ。東溜りに木村庄之助、西溜りに式守伊之助何れも
　風折烏帽子素袍の式服にて控えぬ。やがて諸般の準備調い、
　　追風氏は三歩の儀式にて方屋に登り、恭しく拝礼し、四柱奉幣神酒
　和合（四本柱へ供す）。幣帛献供の祭事を終え、開口並びに方屋開き
　に及ぶ。先ず土俵の中央に幣束七本を樹て、助手行司式守伊之助一拝
　し、次いで助手木村庄之助神酒の瓶子二基を載せたる三宝を供え、伊
　之助また熨斗目供物の三宝を供え、追風の来場を待ち、白丁を着けた
　る呼出勘太夫（ママ、勘太郎）の撃柝の音に連れて、風折烏帽子狩衣

---

20)　肥後相撲協会著作『本朝相撲之司吉田家』（大正 2 年、p.5）にも「方屋祭」が
　　使われている。吉田家文書では「土俵」と「方屋」は同義であることが多い。土
　　俵祭の「方屋開口故実言上」にもその言葉は使用されている。

の追風氏は六尺豊かの偉躯を東花道に運ぶ。右手にマカロウ団扇を捧げつつ

　土俵に上り、伏して、左の辞を述ぶ。

　　夫れ我が国の相撲は神代より始まり、今にのみさかりに行わる。故に神慮をすずしめ、人の心を勇ましむ。天下泰平国家安全五穀豊熟の 政 なり。祝詞を唱え、更に方屋開きの辞あり。即ち天地ひらけ始まりしより陰陽分る。澄み明らかなるものは陽にして上となる。これを勝とす。重く濁れるものは陰にして下に在り、これを負とす。勝負の二つは天地自然のことわりにして、之を為すものは人なり。清潔の處に真木柱を立て、五穀豊熟の 政 なれば俵を以て関所を構え、その内にて勝負を決する 政 なれば、今始めて方屋と云い名づくる也。」

ほんの少し字句が異なるとことがあるが、寛政3年6月の上覧相撲の場合とほとんど同じである。

8.　戦前の土俵祭の事例

・藤島秀光著『近代力士生活物語』（昭和16年）

昭和6年5月付の式次第や「祝詞」が掲載されている。[21]

・式次第

---

21)　戦前の文献では、「祝詞」と「方屋開口」あるいは「方屋開きの言い立て」が一緒になっていて、現在の式順になれている人にとっては、その区別で混乱することがある。現在の式順のように「祭文」唱えられていることがある。その区別を見分けるのが容易でないこともある。現在は「祭文」、「方屋開口」と明確に区別しているが、それがいつ始まったかは不明である。調べてみる必要があるかもしれない。

清祓いの祝詞
祭文
方屋開口
四本柱に幣を括りつける
相撲の故実
埋め物
お神酒
土俵三周→触太鼓

・相撲の故実²²⁾

「(庄之助は：補足)これより相撲の故実を言上つかまつる」ともうして、荘厳理に故実の言上分を申し述べる。その一部を披露する。

　先ず土俵の故実から述べると、土俵は清浄の土の高さ一尺二寸、三間四方の広さに築き、柱から柱の間に土俵七俵ずつ伏せ、四方で二十八俵とする。これは天の二十八宿に象ったものである。そして今は一重土俵であるが、以前は二重土俵で、中に十六俵の土俵を伏せて、地の十六方位を表わしたものである。
東西南北の柱は須弥山の四天王を象り、また春夏秋冬の四季五行(土俵の中央土を加えて木火金水となる)をも表わしているのである。即ち、東の柱に青い布を巻いてあるのは、須弥の持国天、四季の春、青龍の気、五行の木を表わし、南の柱に赤い布を巻いてあるのは、須弥の増長天、四季の夏、朱雀の気、五行の火を表わし、西の柱に白い布を巻いてあるのは、須弥の広目天、四季の秋、白虎の気、五行の金を

---

22)　「相撲の故実」では相撲や土俵の成り立ちを歴史的に解説している。宗教的なものと結びつけているため、現代ではとっつきにくい印象を受ける。しかし、神事相撲を強調するための神話めいた話だと理解すれば、そういう見方をしていたのかという考えが浮かぶかもしれない。

表わし、北の柱に黒い布を巻いてあるのは、須弥の多聞天、四季の冬、玄武の気、五行の水を表わしたものである。

　尚、四本柱の上に張り廻した天幕を、昔は水引と言った。これを北の柱から巻き始めて、北の柱に巻き納めることを考えると、古人が太陽の運行を十五度ずつに六等分して、一年を二十四節に区分し、旧十一月子の月中の冬至より地下に生気が生ずるものとして、順次小寒大寒を経て、立春に至って春となり、更に廻って夏至、秋分と、夏から秋を経て、再び冬の冬至に至るとした。それを象ったものと思われる。故にこの北の極陰を象る柱を役柱と云う。」（pp.249-50）。

・昭和11年5月、『相撲』の松翁木村庄之助談「土俵祭の話」

　口上では、相撲の起源、相撲の歴史、土俵の成立、土俵の歴史、土俵の神聖さ、四本柱の由来、相撲の故実など、相撲の内容に関する概要を説明する[23]。その事例を提示する。この口上[24]は、「これより相撲の故実を言上つかまりまする」と言上してから唱える。

　　「土俵の故実を精しく述べようとしますれば、自ずから古代史にまで遡り、相撲道の歴史を説かなければならぬことになりますが、簡単に申しますれば我国の相撲の濫觴と言われまする出雲稲佐の浜で行われました史上に有名な国譲りの相撲―武甕槌命と建御名方命との当時は申すに及ばず、下って人皇十一代垂仁天皇の御宇、大和国球城郡牧向の宮に於て行われました野見宿禰と當麻蹴速の相撲にも、現今のような土俵があったとは思われません。と申しますのは、当時の相撲

23）　この口上は唱える行司によって表現や内容が少しずつ異なる。実際、資料にいくつか口上の事例が見られるが、内容的にも表現的にも少しずつ異なる。本書で取り上げない「相撲故実」あるいは「方屋開きの言い立て」をいくつか取り上げ、比較してみたら、どうだろうか。

24）　この言上は、藤島秀光著『近代力士生活物語』（pp.249-50）と同じである。著者は、この箇所を松翁木村庄之助（20代）と協同で書いたようだ。

は命の取り遣りを目的とした闘技でありましたからで、敗ければ軽くとも不具になり、重ければ落命は免れなかったものであることがあきらかであります。

　では、いつから土俵というものが作られるようになったかということも当然申し上げなければならぬ訳ですが、それは非常に長くなりますから今回は割愛いたしまして現在の土俵について申し上げます。

　先ず、土俵の古実から申しますと、土俵は清浄の土を以て高さ一尺二寸、三間四方の広さに築き、柱から柱の間に土俵七俵ずつを伏せ、四方で二十八俵と致します。これは天の二十八宿に象ったものであります。そして今は一重土俵でありますが、以前は二重土俵で、中に十六俵の土俵を伏せて、地の十六方位を表わしたものであります。東西南北の柱は須弥山の四天王を象り、また春夏秋冬の四季五行（土俵の中央土を加えて木火土金水となる）をも表しているのであります。すなわち、東の柱に青い布を巻いてありますのは、須弥の持国天、四季の春、青龍の気、五行の木を表わし、南の柱に赤い布を巻いてありますのは、須弥の増長天、四季の夏、朱雀の気、五行の火を表わし、西の柱に白い布を巻いてありますのは、須弥の広目天、四季の秋、白虎の気、五行の金を表わし、北の柱に黒い布を巻いてありますのは、須弥の多聞天、四季の冬、玄武の気、行の水を表わしたものです。

　尚、四本柱の上に張り廻した天幕を、昔は水引と申しました。これを北の柱から巻き始めて、北の柱に巻き納めることを考えますと、古人が太陽の運行を十五度ずつに六等分して、一年を二十四節に区分し、旧十一月子の月中の冬至より地下に生気が生ずるものとして、順次小寒大寒を経て立春に至って春となり、更に廻って夏至、秋分と、夏から秋を経て再び冬の冬至に至るといたしました、それを象ったものと思われます。故にこの北の極陰を象る柱を役柱と申します。

　更に、今の土俵の直径は十五尺でありますが、これは狭いと勝負が早くついて面白味が少ないというので、広くしたので、昔は十三尺でありました。この長さの規準は、人の身長を六尺と見て、二人で十二尺、一尺の間をとって十三尺としたと思われます。」（pp.48-9）

この言上が終わると、直会（なおらい）が始まる。これと似たような故実をもう一つ示す。

28代木村庄之助が戦前戦中、師匠（のちの22代木村庄之助）から教わったという「相撲故実」が『相撲』（2001年10月号）の連載「身内の証言—（2）22代木村庄之助の巻、その（6）証言＝後藤悟（元28代木村庄之助）」（pp.116-9）に掲載されている。長すぎる掲載文だが、戦前の相撲故実を知る一つの手がかりになる。[25)]

「そもそも我が朝の相撲は神代より始まり今に至るまで御盛りに行われ、実に我が固有の国技（くにぶり）にして神意を鎮（しず）めしめ奉り人の心を勇ましむ。可（か）るが故に数千年の爾来（じらい）盛衰を問わず力士の競争あらざるはなし。遠く神代に至りては信州戸隠山に鎮座まします手刀雄命（たぢからおのみこと）を始め奉り、降りて鹿嶋（かしま）の神武御甕槌命（たけみかずちのみこと）、諏訪の神建御名方命（たけみなかたのみこと）を以て、出雲稲佐の里（くだ）に於て力競（くら）べしより始り、その後、人皇十一代垂仁天皇の御代大和国牧向の里に於て、野見宿禰（のみのすくね）、当麻蹶速（たいまのけはや）の二人を召し、相撲（すまい）せしめ給う。これ天覧相撲濫觴（らんしょう）なりとす。その古跡、今以て保存しあり。その後、三十代敏達天皇即位六年七月百済（くだら）より法華経（ほけきょう）渡る同年七月二十八日、巨等釈迦の像を献して祭り事を行う。この時、大力無双と呼われし守也大連を始め臣等一同集まりて力競（きそ）いし事、法華経安楽品に見たり。降りて、三十一代用明天皇の御代より四十四代元正天皇の御代に至る。この間、十四朝相撲御召合せ有とも又は国乱の為（ため）中絶す。それより四十五代聖武天皇の御代に至り、江州滋賀の里の住人

---

25)　相撲故実には吉田司家の考えがいくらか反映されているので、歴史的に裏付けが取れていないものも含まれている。吉田司家に関しては、たとえば新田一郎著『相撲の歴史』の第8章「相撲故実と吉田司家」や高埜利彦著『相撲』の第三章「四季勧進相撲の確立」や第四章「軌道に乗る四季勧進相撲」などが参考になる。吉田司家の先祖書は、たとえば酒井忠正著『日本相撲史（上）』（p.95）でも見られる。

にて相撲道に精進せる清林と申す強者あり。相撲儀礼の式及び四十八手の法を制定しある事、叡聞に達し、神亀三年七月二十八日、奈良の都に於て初めて節会相撲を執行の際、錦庭に伺候し相撲に関する諸事を言上し、続いて易学より割り出したる土俵を築き、相撲御召合せ相勤め儀礼の式も明白なりと伝え承り候。その後、志賀清林氏は越前国福井の里吉田家に移り、代々この道を以て司といえども、寿永の頃、安徳天皇の御代に志賀家断絶す。それより後鳥羽天皇の御時、節会行わるべきに行司の家もこれ無く候えば、御作法正しからず。天皇これを嘆き給いて刺帝に任せ、清林制定の一巻を吉田家に賜りて相撲司と定められ、依て吉田豊後守永次と改め行司官位を賜り[26]、代々この道を以て今に至るまで司家と称し、その子孫、今以て肥後熊本市千反町に住し二十四代吉田追風氏なり。清林伝授の一巻中にある四十八手の原則、次の如し。

　総じて相撲は、引かば押せ押して勝を相撲の極意と云う。四十八手と申すは、首にてなすは反り、手にてなすは捻りと云う。腰にてなすは投げ、足を以てなすは掛けと云う。投げ掛け反り捻り四手より十二手ずつを出し合せて四十八手なり。この外、相手に依て変化の手数多しといえども、これみな右の四手より出るものなり。又易学より割り出したる土俵と申すは次の如し。即ち土俵は清浄の土を以て高さ二尺八寸（又は一尺二寸とも云う）三間四方に築き、十二間を一と定め、柱より柱までの内土俵七俵ずつ伏せ、その数二十八俵は天の二十八宿なり。十六方位を以て中央に十六俵を丸く置く事は太極の一と定め、これ日月の始めにして明らかに勝負を決する謂れなり。左右の入口を陰陽和順の理とす。また東西南北の柱に須弥の四天を祭り、これを春夏秋冬に形どる。その謂れは、東の柱は持国天、青龍春にして木なり、

---

26)　「永次」は「家次」の誤植かもしれない。吉田家の文書では、「家次」としているからである。國立浪史（おそらく池田雅雄？）筆「大相撲ものしり帖─相撲の家　京都五條家（上）」（『相撲』、1983、p.120）には「家永」という名で表されている。

その色青し。南の柱は増長天、朱雀夏にして火なり、その色赤し。西の柱は広目天、白虎秋にして金なり、その色白し。北の柱は多聞天、玄武冬にして水なり、その色黒し。中央に土を加えてこれ木火土金水の五常なり。依て、東に青龍、西に白虎、東に龍の威勢あれば西に虎の勢いあり。龍攫虎搏、乾坤一擲の勝負決し、又は行司の団扇、我が日の本に神かけ置く瞬間にその勝負を見分くる也。四本柱に張り廻した天幕、昔はこれを水引きと云う。水引きは北の柱より巻き始め北の柱へ巻き納めるは、入る人出る人清むる心なり。北は極陰と云う。相撲にこれを役柱と名付け、俵を以て形となすは五穀成就の祭り事より始まり、今にその礼を執行す。故に相撲御召合せ開始前には土俵中央に天神七代、地神五代の神祇を奉祭し、以て方屋開口土俵祭を執行す（注＝戦後、相撲評論家・彦山光三、22代庄之助等相談の上、戦中まで土俵祭の際、天神七代、地神五代の神々を祭っていたが、現在は相撲守護神として鹿嶋大神、戸隠大神、野見宿禰の三神を奉祭している。）

かくの如く神聖なる土俵なるが故、東西の力人必ず不敬の行為をなさず、相撲四十八手の原則を以て相撲が故、相撲と名付けたり」(p.119)

戦前の相撲故実を読むと、現在の土俵に関する故実がよく理解できる。神々の具体的な名前はともかく、土俵やその周辺の四本柱や天幕（水引幕）などの飾り物に関する故実は現在でも生きている。

9. 今後の課題

大相撲にはスポーツとしての側面と神事としての側面がある。神事側面の代表格は土俵祭である。そこで、神を招き、土俵を神聖化する。土俵を神聖化するのであれば、神をお招きしなければならない。では、どういう神を招くのか、どのような手順で招けばよいのか、その神は昔から定まっていたのか、その神は現在の相撲で招く神と同じなのか、それとも異なるのか。異なるとすれば、いつ変えたのか。その理由はわかっているのか。いっ

たい、その理由とは何か。こういったことを究明する必要がある。

　本章では、相撲の神について、深く立ち入ることなく、神を招く儀式である「土俵祭」を記述してある文献から、その事例をいくつか提示している。昔も今も、土俵祭の手順には大きな変化はない。相撲を取る土俵に神を招く儀式は、基本的に、神道に基づいている。神道にも流派らしいものがいくつかあるし、神道も長い歴史のあいだには変化してきている。それは土俵祭にも何らかの形で影響しているはずだ。たとえば、幣帛の色が青だったり、白だったりしたのも、その反映の一つである。[27]　土俵祭でどのような神を招き、どのような手順で招いたのかは、その土俵祭を詳しく調べればわかるかもしれない。

　土俵祭ではっきりしないのは、神道だけでなく、易の考えも取り入れられているかどうかである。四季を表す神々は神道の場合、どうなっているのだろうか。土俵の四方角を司る神々を四幣として四本柱に結び置き、それを神の依り代とするという考えは「易」に基づくとよく指摘されている。「易」と神道との関係はどうなっているだろうか。四方角の神々は神道ではどうなっているのだろうか。神道にも四方角に神々がいるのであれば、なぜ四本柱の色をわざわざ「易」と関連させているのだろうか。土俵の神聖化を論じる場合、「易」と「神道」との関係は追究すべき課題ではないだろうか。

　土俵祭の内容に変化があったとすれば、やはり過去の土俵祭を知る必要がある。変化の過程を知るには、過去の土俵祭とその後の土俵祭を比較しなければならない。本章では、寛政以降の土俵祭には触れているが、江戸時代は、主として、寛政3年6月の土俵祭を中心にしている。しかし、それ以前にも土俵上で相撲が行なわれていることから、「土俵祭」（あるいは「地祭」）は行われていたはずである。その祭りは神道に基づいて執り行われていたはずだ。その祭りの痕跡は古書などで散見されるが、本書で

---

27)　寛政3年6月の上覧相撲を著した『すまいの記』では、白幣七本だけでなく「青幣」（「青にぎて」として表現）が一本使用されているし、『古今相撲大全』の「幣帛の両儀」には、以前は「黄幣」だったのが後に白幣に変わった旨の記述がある。

は深くその「地祭」を追究していない。今後は、過去の文献で「地祭」の記述を収集し、現在に至る変化の過程を調べることである。

　本章では、土俵祭にテーマに限定しているが、相撲の神事面は他にもいくつかある。どのようなものがあるか、一度、立ち止まって調べ、それを今後は、深く追究することである。土俵の柱、俵、塩、力水、水引幕、屋根などはもちろん、力士の塵浄水、柏手、蹲踞、四股踏み、懸賞金受け取りのときの手刀などにも、宗教的側面が確認できる。行司が土俵入りの中で軍配房を左右に振り回したり、土俵祭に方屋開口言上の前に軍配を左右に振ったりするが、それも宗教と何らかの関わり合いがあるかもしれない。邪気を払うという考えがあるからである。力士や行司の所作が神道とどのように関わり合うか、また他の宗教の影響をどのくらい受けているのかなど、やはり追究する必要がある。力士の所作をみていると、土俵入りの所作は別として、当たり前すぎて特に違和感など抱かないが、それぞれの所作に宗教的意義が反映されているかもしれない。今後は、そのような宗教的側面をさまざまな視点から調べてみたら、どうだろうか。

　大相撲の宗教的側面を調べていくと、土俵の神聖化と女性の関わり合い方にも目を向けざるを得ない。神聖化とは何なのか、女性は神聖化された土俵に上がれないのか、そういう考えはどこから来ているのか、元々は神道に基づいているのか、それとも他の宗教に基づいているのか、それは土俵構築以前からあったものなのか、それとも土俵構築後に現れたのか、女性を土俵に上げないという考えはいつ頃から「伝統」になったのかなど、土俵と女性の結びつきも検討しなければならない。「伝統」は時代とともに変化することもある。女性を土俵へ上げないというのが「伝統」だとする考えがあるが、そういう伝統は何かに基づいているはずである。その「何

---

28)　「手刀を切る」のと三神を結び付けたのは、昭和41年7月場所からだと言われている。それまでも、もちろん、受け取る時には感謝の意を抱いていただろうし、それを何らかの形で表す力士もいたであろう。これに関しては、たとえば33代木村庄之助著『力士の世界』（2007、pp.71-4）や金指基著・日本相撲協会監修『相撲大事典』（2002）の項目「手刀を切る」（p.224）などを参照。

か」は宗教と結びついているかもしれない。その宗教は神道かもしれない
し、他の宗教が絡んでいるかもしれない。それとも、自然発生的に生じた
かもしれない。もしそうだとすれば、なぜそういうしきたりが定着したの
だろうか。日本文化の底流にそれを是認するものがあるのではないだろう
か。こういう問題も今後の課題の一つとして、追究してみる必要があるか
もしれない。

第7章 行司の口上や掛け声

1. 本章の目的[1]

　本章の目的は、本場所の土俵や館内放送で行司が発する口上を提示することである[2]。特別に新しい主張を提示するのではなく、現在、行われている口上をありのまま提示するように心がけている。将来、過去を振り返ったとき、参考になる材料になることを期待している。現在の口上と過去の口上を比較してみたいと思っていたが、過去の口上を列挙してある資料を見つけることができなかった。断片的にはいくらか見つけることもできたが、体系的にまとめてあるものは見つけられなかった。

　現在の口上がいつ頃始まり、どのような経過を経ているのか、ほとんどわからないのが現状である。現在、ほとんど気にしないで使用している口上であっても、未来でもそれがそのまま使用されているとは限らない。あとから見れば、何らかの変化を遂げているかもしれない。どのような変化をたどっているかを知るには、起点となる時代の口上を知る必要がある。そういう思いがあって、現在の口上をありのまま提示することにした。

　なお、本章では、土俵祭の祝詞や言上などについてはほとんど触れない。それに関心があれば、拙著『神々と三役行司』(2021) の第3章「土俵祭の作法」でも詳しく扱っている。また、相撲に関する本でも土俵祭はよく

---

1) 本章をまとめる際は、内容に関し、現役の幕内行司・木村元基にずい分お世話になった。原稿の修正だけでなく、細々とした内容の確認をメールでも繰り返した。力士や行司の階級に応じて口上が異なることが多いので、その口上の確認のために同じことでさえ幾度も尋ねた。メールのやり取りで得たことはたくさんあるが、その一部を本文の中で囲み記事として提示してある。改めて、感謝申し上げる。

2) 行司の触れごとや掛け声については、たとえば拙著『大相撲行司の世界』(2011) でもたくさん紹介している。

扱われていて、土俵祭の手順や祝詞や言上などが詳しく紹介されている。

2. 取組開始の口上

　相撲開始にはそれを伝える場内放送がある。前相撲が始まるか、序ノ口相撲から始まるかによって、口上が少し異なる。

　・前相撲がある場合

　「ただ今より前相撲を行います。」

　前相撲の取組が終了すると、引き続き序ノ口相撲が行なわれる。それをアナウンスする口上がある。

　「前相撲が終わりました。引き続き、大相撲○○場所、○○日目の取組を開始します。」

　現在は1日目を「初日」、15日目を「千秋楽」と呼んでいるが、以前は千秋楽を「15日目」と呼んでいたこともある。

　・序ノ口相撲から始まる場合

　「大変長らくお待たせしました。ただ今より大相撲○○場所、○○日目の取組を開始します。」

　当日のアナウンスが終わると、序ノ口行司が最初の取組開始直前、次の口上を唱える。

　「とう〜ざ〜い」

　前相撲があるときは、その最初の取組開始直前に唱える。その場合、序ノ口の取組前には唱えない。この口上は、観戦に来ている場内の観衆に向かって、ただ今から取組が開始される、ご注目くださいと呼び掛けている[3]。歌舞伎などでは「東西、東西」と同じ言葉を二度繰り返すが、相撲では一度だけ唱える。軍配は胸の前あたりで上下に立てている[4]。唱え方は行司によって少しずつ異なるが、意味することは同じである。

　この口上はあまりにも短いので、初めての観客は聞き逃すかもしれない。あっという間に終えてしまう口上である。しかし、取組を開始する前に「開始の合図」らしい口上が唱えられるという事前の知識があれば、意外と明確に識別できるのも確かである。呼出しも、他の場面で、この「とう〜ざ〜い」という口上はしばしば土俵上やその周辺で唱えているが、聞き逃すということはない[5]。

　その口上を唱え終えると、続いて東西の力士を呼び上げる。つまり、取組開始になり、通常の取組開始と同じ所作に入る。取組開始の口上を唱えるのは普通、序ノ口行司なので、当然、その行司が取組も裁くことになる。

3.　各取組の口上

　呼び上げは偶数日か奇数日かによって、どの方向を最初に呼び上げるか、決まっている。奇数日は東方、偶数日は西方である。現在の相撲の場合、これは基本である。

---

3)　なぜこの口上を唱えるかを40代式守伊之助にずっと以前に尋ねたことがあるが、場内の観衆に取組開始を知らせる合図だという旨のお話をされていた。単に「東」と「西」ではなく、全方位を意味しているという。

4)　軍配を上向きに手前に向けて構える。手首を上向きの状態にすればよい。軍配の傾き具合や腕の伸ばし方など細かい所作は、行司によって少しずつ異なる。「東西」を唱え終ると、間を置かず取組む力士の四股名を呼び上げる態勢に入る。この場面を確認するには直に相撲場に行き観戦するか、ビデオの映像で確認することを勧める。

5)　呼出しは、行司と違って、「東西」を二度繰り返すのが普通である。

(1)一声

　一声とも言っている。行司は力士の方角に軍配を向けながら、前頭までは四股名を一度だけ呼び上げる。最初の四股名を呼び上げると、それに続いて「に」を入れる。

　　奇数日（東から）：「○○山、に、○○海」
　　偶数日（西から）：「○○海、に、○○山」

(2)二声

　二声とも言っている。三役力士以上になると、四股名を二度呼び上げる。最初の四股名の前に「かたや」を、次の四股名の前には「こなた」をつけて呼び上げる。それは、登場する力士の方角とは関係ない。最初の力士を呼び上げたあと、それに続いて「に」をつけない。

　　奇数日でも偶数日でも：「かたや、○○山、○○山」、「こなた、○○海、○○海」

　力士が仕切り線の両側に蹲踞して対峙したとき、裁く行司は自分だと宣言する所作をする。その所作は無言である。行司は軍配を胸の前で左向きにするが、左端を支える場合もあるし、支えない場合もある。これは、裁く行司の格によって異なる。

(1)裁く行司が幕内以下なら、その左端を指で支えない。
(2)裁く行司が三役以上なら、その左端を指で支える。

───────────

6)　軍配の左端支えと行司の格に関しては、たとえば拙著『房色と賞罰』（2016）の第1章「軍配左端支えと軍配房振り」を参照。行司の三役以上が左端を支える。

　明治 28 年の大砲と小錦の取組を映した映像があるが、両力士が仕切り
で対峙したとき、行司（たぶん木村瀬平）が軍配左端を支えている。その
頃にはすでにあったようだ[7]。また、『相撲』（昭和 11 年 5 月号）の安島廣
三郎筆「行司今昔物語」（p.129）に木村瀬平が軍配左端を支えている似顔
絵が描かれている。その左支えが正しければ、少なくともそれまでには「そ
の所作があった」ことになる。木村瀬平は明治 38 年 2 月に亡くなってい
るからである。

　この二つの事例から明治 28 年には軍配左端支えは存在していたと判断
してよい。それ以前にもその所作はあったと推測できるが、それを裏付け
るには証拠が必要である。また。どの階級からその所作をするようになっ
たのかも、今のところ不明である[8]。

（3）中跳ね

　中入り前の十両最後の取組を中跳ねという。この取組にも三役以上の取
組と同じように二声で呼び上げる[9]。

　奇数日でも偶数日でも：「かたや、○○山、○○山」、「こなた、○○海、
○○海」

---

7)　この映像は土屋常二氏の撮影した活動写真で明治 28 年のものである（制作は明
　治 33 年）。「明治 28 年の両国大相撲」と題されている。本場所ではないが、大砲
　と小錦の仕切りで木村瀬平が軍配の左端を支えている。なお、表現の仕方だが、
　軍配の先端に左手を「軽く添える」と表すのが適切かもしれない。しかし、本書
　では、「左端支え」を使用する。

8)　明治 28 年の活動写真ではもう一人の行司も裁いているが、力士が仕切りで対峙
　したとき、軍配左端支えをしていない。なお、軍配左支えについては、たとえば
　拙著『房色と賞罰』（2016）の第 1 章「軍配左端支えと軍配房振り」も参照。

9)　この取組を裁く行司は普通「幕内」なので、軍配の先端に左手を支えない。力
　士を呼び上げるとき、「かたや」「こなた」を使い、四股名を二度繰り返すだけで
　ある。

◆木村元基（幕内行司）のお話◆

　行司の口上について、木村元基にお尋ねしたところ、興味深いお話を聞いたので、それを提示する。これは令和6年8月ころに、Eメール交換で得たものです。最初は、本文の口上の中に取り入れるつもりで尋ねていましたが、それよりもむしろメールに書かれているものをそのまま提示したほうが、ずっと有用だと判断しました。元基さんには了承を得ています。

・行司は入門したとき、力士が立ったら「ハッケヨイ」、動いているときは「ノコッタ、ノコッタ」、止まっているときは「ヨイ、ハッケヨイ、ヨイ」というように教わります。

・「ヨイ、ハッケヨイ、ヨイ」と何回か言っても、力士が動かないときは「進んで！」というように教わります。「ノコッタ、ノコッタ」の回数は特に決まっておりません。

・中には工夫して動きが激しいときは「ノコッタ、ノコッタ」を早く回数を多くいる人もいます。また大型力士同士の対戦ではジワジワ寄るときは「ノコッタ、ノコッタ」をゆっくりの人もいます。

・また「顔触れ」や土俵祭の「方屋開口」または「祝詞」、新序出世披露の言上などは人によって抑揚をつけたり、抑揚をつけずに淡々という人、それぞれおります。

・新序出世披露をやるときに兄弟子からは「落ち着いてなるべくゆっくり一語一句はっきり言うように」と指導を受けました。

・掛け声や言上口上についての指導については、特に書面は無く、先輩を見て自分でアレンジする感じです。掛け声に関しては個性を尊重し、あまり細かい注意はしません。

　「名乗り」や「勝ち名乗り」も先輩を見ながら、自然の形になっていきます。これに関しても特別な指導はございません。

・　一つ思い出したことがございます。わたくしが入門した頃に、力士が発つ瞬間に「ハッケヨイ」を言わず、「ノコッタ」から言う先輩が何人かおりました。

・　うろ覚えですが、入門して間もないころ、力士が発つ瞬間「ハッケヨイ」と言うようにと、改めてご指導をうけたことを思い出しました。

・　まだ新弟子だったので誰のご指導かはっきり覚えていませんが、当時の25代伊之助親方（のちの28代庄之助親方）と庄二郎兄弟子（のちの26代伊之助親方）だった気がします。

・　私の記憶では、ほとんどの方々が発つ瞬間に「ハッケヨイ」と言うようになりましたが、正直兄弟子さんだけは最後まで「ハッケヨイ」で始まることはなかったと記憶しております。

・　正直兄弟子さんがなぜ「ハッケヨイ」と言わなかったかは、誰も問いませんでした。後藤の親方（28代庄之助）も、茶原の親方（26代伊之助）も、強制する気はなかったようです。

・　現在は全員「ハッケヨイ」から始めますが、特に指導もなく、皆自然に言っております。今でも新弟子には必ず「ハッケヨイ」から始めるように指導しております。

・　仕切りの時は「構えて」「見合して」「油断なく」が多い気がします。

・　時間いっぱいの時は「時間です」「待ったなし」「手をついて」が多いです。そのように教わりしました。

これは大正時代まで前半と後半に分けて取組を分けていた頃の名残である。以前は、どの階級の力士でも前半や後半に分かれて取り組んでいた。

4.　仕切りのときの口上

　制限時間前と制限時間後には、行司の掛け声が異なる。その主なものをいくつか示す。短い掛け声だがけっこうバラエティがある。

（1）制限時間前

- 見合って
- 見合わして
- 見合うて（『力士の世界』、p.86）[10]
- 構えて
- 油断なく

（2）制限時間後

- 時間です
- 待ったなし
- 待ったありません
- 手をついて
- 手を下ろして

（3）両力士の立会いが不十分のとき

---

10)　鈴木要吾著『相撲史観』（昭和 18 年、p.121）には、「見合して」、「互いに見合って」「未だよ、未だよ、まだまだまだ」の掛け声も記されている。

・まだまだ

・待った

・合わせて

　行司が軍配を返したとき、取組が成立する。軍配を返すとは、軍配を手前に引いて少し裏返すことである。[11] 軍配を引くとは、上向きに構えていた軍配を手前に引きながら下向きにすることである。「ヨーイ、ドン」の「ヨーイ」は軍配を返している状態、「ドン」は軍配を返していた軍配を手前に引く状態に相当する。相撲の取組では、軍配の様子で合図をする。もちろん、無言である。取組む力士の「阿吽の呼吸が一致する」ように持っていくのが行司の役割だが、それには力士がお互いに呼吸を合わせる心構えが大切である。

　取組が成立すると、行司の発する掛け声も変わる。取組が終了するまでには、いろいろなことが起きることもある。

（1）取組中

・ハッケヨイ、はっきよい

動きが止まった時、動きを促す掛け声である。

・残った、残った

動きがある時に使う掛け声である。

　取組中の掛け声は、基本的に「はっけよい」と「残った」だが、その変種はいくつか見られる。よく見られるものを二つほど示す。

11）　33 代木村庄之助著『力士の世界』（2007）には、「軍配を返す」とは「仕切り制限時間いっぱいになった時に行司が手首を立てて軍配を握り、体のほうに引き寄せること」であり、また、「軍配を受ける」とは「勝った力士が勝ち名乗りを受けること」（p.128）であると表されている。

・よいハッケヨイ、よい
・ハッケヨイ、残った、残った

　相撲協会の相撲規定では「ハッキヨイ」は「発揮揚々」を意味し、両力
士が動かない場合に発する掛け声である。両力士の戦う意欲を促し、動く
ようにするわけである。この「ハッキヨイ」は「発揮揚々」ではなく、別
の言葉に起源をもつという説もある。どのような説があるかに関心があれ
ば、相撲の本などに当たってみることを勧める。[12]
　歴史的に見て、「ハッキヨイ」という言葉はいつ頃から使われたのだろ
うか。相撲規則に規定する以前から使われていたなら、その時期はいつ頃
だろうか。それがわかれば、相撲規定で明記してある「発揮揚々」を意味
するのか、それとも別の言葉に由来するのかも判明するであろう。たとえ
ば、江戸時代には両力士が取組中に動きを止めていたとき、どういう掛け
声で動きを促していたのだろうか。そこで使われた促しの言葉がなまって
「ハッキヨイ」になったのかもしれない。[13]現在では「ハッキヨイ」が「ハッ

---

12)　相撲の本ではないが、戸矢学著『陰陽道とは何か』には「相撲の行司の掛け声
　　『はっけよい』は『八卦よい』ということで、整備された土俵の上は、八卦すべ
　　ての気が整って充実していることを意味する。」（p.54）とある。陰陽五行説の観
　　点から意味づけしている。相撲と陰陽道は深いつながりがあるが、本当に「八卦」
　　とかかわりがあるのか、どうだろうか。語呂合わせによるコジツケではないだろ
　　うか。私は陰陽道に詳しくないので、陰陽道との結びつきがあったのかどうか、
　　判断できない。

13)「ハッキヨイ」や「ハッケヨイ」はいつ頃から使用されていただろうか。仕切
　　りの時間制限は昭和初期に始まっているので、中にはそれに合わせて新しい掛け
　　声が作られたものもあるかもしれない。文献を注意して調べれば、昭和以降にで
　　きた掛け声は見つかるかもしれない。脱稿後に、『大阪朝日新聞』（明治 30 年 9
　　月 26 日）の「木村庄之助没す」の中で「八卦ヨイ」という言葉遣いを見つけた。
　　それは、「（前略）芸名を八五郎と呼び、のち角次郎と改め、八卦ヨイの効積みて
　　庄三郎と改名し（後略）」とある。この「八卦ヨイ」が現在の掛け声「ハッケヨイ」
　　を兼ねているかどうか定かでないが、もし掛け声を暗示しているならば、「ハッ
　　ケヨイ」は明治 30 年代までさかのぼることになる。それが陰陽道と関連がある
　　なら、江戸時代までもさかのぼることを示唆している。掛け声「ハッケヨイ」が

ケヨイ」とともに使われたりするが、いずれかがもとになっていて、なまったかもしれないのである。もともとは「ハッキヨイ」が使われていたので、それにあとから語呂合わせし「発揮揚々」としたかもしれない。国語学的観点から「ハッキヨイ」と「発揮揚々」の関連を考えたことがないので、それが歴史的事実を正しく反映しているのかどうか、何とも言えない。

(2)取組の中断の口上

(a)廻しが緩んだとき

　取組の中断でよく見られるのは、廻しが緩んだときである。その場合の掛け声は「待った」である。「廻し待った」と声掛けすることもある。廻しを締め直した後、勝負を再開するときは「いいか、いいか」と声かけながら、両力士の背中の廻しを両手で強くたたく。その合図があって初めて、両力士は取組を始める。

(b)水入りのとき

　相撲が長引いたとき、取組を一旦中止することがある。4，5分くらい相撲を取っていると、両力士に疲れが出てきて、動きが鈍くなる。時計係がそれを見て、行司は両力士に「廻し！廻し！」と二回、力士がわかるように強い口調で言う。両力士は土俵下で水をつけ、廻しを締め直す。再び土俵へ上ると、以前の態勢になるようにし、審判長に確認をする。確認の合図があると、行司は「いいか、いいか」と声を掛け、両手で両力士の廻

　「八卦ヨイ」に由来するなら、それが訛って「ハッキヨイ」になったことになる。発揮揚々の場合とは、逆をたどったことにもなる。さらに、「ハッケよイや見ヤッて、双方見やッて」という表現が江戸時代から使われていることを古河三樹著『江戸時代大相撲』(p.377)でたまたま見つけた。『絵本江戸風俗往来』という本からの引用で、それが使用されている。かなり昔から「ハッケヨイ」は使用されていたらしい。参考までに、記しておく。

しを強くたたく。その合図で、取組が開始される。これは、廻しが緩んだときと同じである。

(3)勝負が決まったときの口上

　勝負が決まったとき、行司は「勝負あり」あるいは「勝負あった」と掛け声を発し、勝ち力士の方角へ軍配を上げる。両力士は互いに立礼をし、負け力士は土俵を下りて、花道へ向かう。行司は勝ち力士に向かって、四股名を呼び上げながら、賞金を軍配の上に載せて差し出す。[14]力士は蹲踞の姿勢で、懸賞金の上で左、右、中央の順で手刀を切り、無言で受け取る。

(4)取り直しの口上

　勝負がつかない場合もある。その場合は、取り直しとなる。つまり、もう一回、取組むことになる。その場合の口上は「ただ今の勝負、取り直しにございます」である。取り直しの場合、力士をもう一度呼び上げることはない。すでに前の取組で呼び上げてあるからである。取り直しは通常の取組と同じなので、最初から最後まで同じ手順が適用される。すなわち、取り直しだからと言って、別の変わったルール（規則）が適用されるわけではない。

5. 顔触れ言上の披露

　中入りの時、立行司が土俵上で「顔触れ言上」を行う場合は、その案内

---

14) 懸賞金封筒は軍配の上に置くが、それは普通横向きにするが、縦向きにする行司もいる。テレビ観戦する場合、常に一定の状態で置いているか、注意したらどうだろうか。ついでに、力士の受け取り方や手刀の切り方にもけっこう癖があるので、注意してみると面白いはず。懸賞金封筒によっては厚いときもあるしそうでないときもある。同じ力士で受け取り方は少しずつ違う。

が放送される[15]。

> 「ここで、立行司○○によります、明日○○日目、中入り後、取組ご
> 披露であります」

しばらくして、立行司が土俵に上がる。マイクに向かって立ち、次の口
上を唱える。これを「顔触れ言上」という。

> 「はばかりながら、みょうにちの取組をご披露つかまつります。（○日
> 目の取組の割紙を三方角（後方以外、東→正面→西）の左手でみせる。
> 同様に、各取組の割紙をそれぞれ一枚ずつ三方に見せる。全部見せ終
> る。それから、言上を唱える。）明日も、にぎにぎしく、ご来場をお
> 待ち申し上げ、奉ります。」

披露する取組は、明日の幕内の取組である。その取組は割紙に書いてあ
る。読み上げた後、三方角に披露する。立行司の傍には呼出しが蹲踞して
おり、その取組を行司の後方にも披露する。この顔触れ言上の披露では、
行司は扇子を携帯している。広げた扇子の上に割紙を載せ、一組ずつ披露
する。軍配は携帯していない。

この顔触れは、毎日行われるとはかぎらない。時間の余裕がない場合は、
省略することもある。天覧相撲のときは、必ず行うそうだ[16]。

顔触れ言上がいつから行われたかは不明だが、来客の来場を期待するも
のだし、現代と違い広告手段の一つでもあったので、かなり昔から行われ
ていたに違いない。顔触れの情景を描いた江戸末期の錦絵もあるが、それ
はたまたま当時の情景を描いたに過ぎない。

顔触れ言上は以前、時間と関係なく、中止されていたことがある。中止

---

15) 顔触れ言上については、たとえば拙著『詳しくなる大相撲』（2020）の「１１.
　　顔触れ言上」でも少し紹介されている。
16) これに関しては、29代木村庄之助に教えてもらった。

されたり、復活したりしているが、それについては、日本相撲協会監修『相撲大事典』の項目「顔触れ」も参考になる。

6.　結びの触れ

　結びの一番の口上には、三つほど異なるものがある。

(1)平日の結びの一番で唱えられる「結びの口上」

　　「番数も取り進みましたるところ、かたや○○、○○、こなた○○、○○、この相撲一番にて、本日の打ち止め〜」

(2)千秋楽の結びの一番

　　「番数も取り進みましたるところ、かたや○○、○○、こなた○○、○○、この相撲一番にて、千秋楽にございます〜」

　平日の最後の「本日の打ち止め〜」が、「この相撲一番にて、千秋楽にございます〜」となる。単に「千秋楽」となることもある。

(3)御前掛かりのとき

　御前掛かりは、現在、天覧相撲や台覧相撲である。天覧相撲は天皇が御観覧する相撲であり、台覧相撲は天皇以外の皇族が御観覧する相撲である。

　　「番数も取り進みましたるところ、かたや○○、○○、こなた○○、○○、この相撲一番にて、むすび〜」

　平日の「打ち止め」が、「むすび」（結び）という表現になる。

結びの取組では、いずれの場合も、口上を述べ終るころ、軍配房を土俵にだらりと垂らす。29 代庄之助は土俵スレスレの位置まで垂らすと語っていた。そのために、房の長さを調整してあるとも語っていた[17]。あまり長すぎると、房が先端部が汚れてしまうそうである。

7.　弓取り式の口上

勝ち力士に代わって、その代役が行う弓取り式では、行司は弓を渡す前に、次の口上を唱える。

「（横綱相撲の勝ち力士の四股名）代、（弓取り力士の）四股名」

弓取（り）式[18]は、かつては千秋楽だけに行われていた。弓取り式を毎日行うようになったのは、昭和 27 年 1 月からである。現在の「口上」が以前も同じだったか、異なっていたかは調べたほうがよいかもしれない。すぐ思いつくのは、「代」は「代わって」だったかもしれない。勝ち力士ではなく、弓取り専属の力士がいたならば、「代」に相当する言葉もなかったかもしれない。以前は、取組を前半と後半の二部に分けていたが、前半の勝者は弓取り式とまったく関係なかったのだろうか。もしあったなら、それは「口上」の内容に影響したかもしれない。いずれにしても、少なくとも明治以降の口上と現在の口上を比較し、異なっていればその経緯を調べる必要がある。そのための資料は見つかるはずだ。弓取り式は千秋楽の最後に見られる儀式であり、観衆の注目でもあったからである。そのような儀式に伴う「口上」は何かの資料の中にきっと出ているはずだと推測し

---

17)　軍配房の長さに関しては、拙著『秘話とその検証』(2013) の第 5 章「軍配房の長さ」でも詳しく扱っている。

18)　「弓取式」は「弓取り式」と表すこともある。「呼出し」と「呼び出し」とするのと同じ。この「呼出し」は、以前は「呼出」と表していたこともある。以前は、「ひらがな」を省く傾向があった。

ている。なお、弓取り式については、日本相撲協会監修『相撲大事典』の項「弓取式」に簡潔にまとめられているが、口上についての言及はない。

8. 役相撲の口上[19]

　千秋楽の最後の取組を「役相撲」または「三役相撲」というが、最初を小結相撲、二番目を関脇相撲、結びを大関相撲と称すことがある。行司は小結相撲の両力士を呼び上げてから、その取組を含め、三役相撲が始まる口上を唱える。

　　「かたや○○、○○、こなた○○、○○、これより三役にござります」

　三組の取組は、通常の取組と同じである。ただ異なるのは、それぞれの勝ち力士に弓、弦、矢が授けられることである。最初の小結相撲の勝ち力士には矢を、二番目の関脇相撲の勝ち力士には弦を、結びの大関相撲の勝ち力士には弓を、それぞれ授ける。行司は、どの勝ち力士にも、次の口上を唱える。

　　「役相撲に叶う」

　口上を唱えた後、懸賞金と共に、弓弦矢のいずれかを授ける。以前は、小結相撲の場合、扇子を授けることが多かったが、昭和27年から元の「矢」に戻った。[20]

---

19)　役相撲の行司の口上に関しては、たとえば『格付けと役相撲』(2023)の第3章「役相撲の行司の口上」でも詳しく扱っている。

20)　役相撲の扇子に関しては、たとえば拙著『松翁と四本柱の四色』(2020)の第4章「役相撲の矢と扇子」でも詳しく扱っている。この「昭和27年」は状況証拠に基づいている。直接的証拠に基づいていないので、正確な年月は吟味する必要がある。

9.　優勝決定戦の口上

　候補者が 2 名以上の場合、優勝決定戦が行われることがある。この取組では、行司は一声で呼び上げる。三役以上の行司が裁くときは、本場所の取組と同様に、軍配の左端に手を添える。[21]優勝決定戦では、力士の階級名は呼び上げない。四股名（力士名）だけを呼び上げる。

(1) 2 名のとき

　「○○、に、○○、優勝決定戦にござります」[22]

(2) 三名のとき

　巴戦では一人になるまで、何回か取り組む。先ず、最初の取組では、巴戦が始まる口上を唱える。

　「○○、に、○○、優勝決定巴戦にござります」

　次に、最初の取組で勝った力士と控えにいた力士が取り組むが、その際

---

21)　これは 38 代木村庄之助に再確認した。通常の取組と同様に、三役行司は基本的に左手を添えるが、ときには添えない行司もいるそうである。もちろん、幕内以下の行司が裁くときは、軍配の左端に手は添えない。本場所の取組を裁く場合と同じである。軍配の左端に手を添えるのは、三役以上の行司である。行司のあいだでは、「支える」より「添える」がよく使われるらしい。

22)　拙著『詳しくなる大相撲』(2020) の「五．優勝決定戦」(p.108) で最初の四股名の後に「に」を入れないと書いてあるが、それは誤りである。「に」を入れるのが正しい。実際、2022 年 11 月場所千秋楽（27 日）優勝決定巴戦で最初に高安と阿炎が対戦したが、三役行司・木村庄太郎は高安の後に「に」を入れて呼び上げていた。次の取組では、貴景勝だけを呼び上げていた。

の口上は、取組む力士が変わった口上を唱える。

　　「入れ替えまして、○○」

　次の取組でも、この口上「入れ替えまして、○○」を繰り返す。登場する力士名が変わるだけである。一人が連勝すれば、優勝者が決まる。

（3）4名のとき

　この場合は、まず、2名ずつに分かれて、それぞれが対戦する。次に、それぞれの勝者のあいだで決着をつける。これは、2名の場合と同じである。行司の呼び上げも2名の場合と同じである。この口上は各段の優勝決定戦でも同じである。

　　「○○、に、○○、優勝決定戦にござります」

　2名が取組み、勝敗がわかったら、「勝負あり」の掛け声を挙げる。勝者の方角に軍配を上げる。

（4）幕下以下の優勝決定戦

　幕下以下の優勝決定戦でも、十両や幕内と場合と変わりなく、行司は同じ口上を唱える。

　　「優勝決定戦でござります。」

　行司の口上では、階級名は唱えない。力士の四股名だけを呼び上げる。力士が2名以上になると、2名になるまで取組を行う。その手順は幕内優勝決定戦と同じである。
　優勝決定戦の場内放送では、各段とも同じ言葉で次のようにアナウンス

される。

　　「○○○　優勝決定戦であります」

　この○○○には階級名を入れる。場内放送と行司の口上は少し異なる。たとえば、行司は「… でござります」と口上を唱えるが、場内放送では、「… であります」という言い方をする。

10.　土俵入り

　力士が東西のどちらから入場するかは、取組が奇数日か偶数日によって決まる。奇数日は東方から、偶数日は西方からそれぞれ登場する。土俵入りでは、場内で行司がマイクで各力士を紹介する。東方の場合、場内放送係の行司は青房下付近で待機し、先導する行司を先に、それに続いて各力士を順々に紹介していく。西方の場合、青房下付近にいた行司が黒房下付近に移り、先導する行司とそれに続く各力士を紹介する。行司は土俵入りが終るまで、一言も発しない。例外は、横綱土俵入りの時だけである。

（1）十両土俵入り

　場内放送で、土俵入りがあることをアナウンスする。[24]

　　「ただ今より、十両土俵入りであります。初めに、○方十両土俵入り。（先

---

23)　土俵入りの詳細に関しては、多くの相撲の本で扱っている。拙著『詳しくなる大相撲』（2020）の第二章「土俵入り」でも詳しく扱っている。この本では、他にも相撲に関する一般的なことを紹介している。

24)　現在の土俵入りや天覧相撲の土俵入りに関しては、たとえば拙著『軍配房と土俵』（2012）の第 3 章「明治 17 年の天覧相撲と現在の土俵入り」を参照。現在の土俵入りの形式が定着したのは、昭和 40 年 1 月場所である。

導する行司が土俵近くにくると）先導は、○○行司名を紹介する。[25]「続いて、力士の○○四股名、○○県出身、○○部屋」と一人一人紹介する。最後の一人になると、「最後は」と続け、その力士を他の力士同様に紹介する。

最後の力士が登場するのとほとんど同時に、土俵上の全力士は土俵の内側に向い、一連の所作をする。それが終わると、土俵を下り、列をなして退出する。入れ替わって、もう一方の方角の力士が、先導する行司とともに、前の土俵入りと同じ手順で土俵入りをする。行司は土俵入りの最初から最後まで一言も言葉を発しない。土俵に上がる最後の力士は、「シィー」という声を上げる。[26] これは幕内土俵入りの場合と同じである。[27]

現在の土俵入りの力士紹介は、昭和30年代前半と同じでないことがわかる文献があるので、紹介しておく。

・33代木村庄之助著『力士の世界』（2007）

---

25) 力士は土俵下まで来ると、しばらく待つ。四股名を呼び上げられると、土俵に向けて歩き出す。力士によっては軽い礼をする者もいれば、そうでない者もいる。それは力士個人の自由だそうである。協会から統一された見解や通知はないそうである。四股名を呼ばれてから歩き出すのが普通だが、それも自然にそうなっているだけで統一されているわけではない。四股名が呼び上げられる前に歩き出す者がいても、それに対して何も言うことはない。また、着席している審判委員の前を通るときに、力士によっては軽く挨拶の仕草をする者もいるが、それも力士個人の自由な判断であるという。審判委員は師匠や親方なので、敬意を表する軽い挨拶の仕草が自然に出てくるようだ。節度ある行為であれば、力士個人の判断に委ねていると理解してよさそうだ。

26) これは最後の力士が土俵に上がってきたという合図で、横綱土俵入りの警蹕とは異なる。しかし、合図の声そのものは警蹕と特に変わっていないようだ。

27) 十両・幕内土俵入りの「シィー」は「警蹕」でななく、最後の力士の登場することを知らせる合図であると元・立行司から聞いたことがある。横綱土俵入りの「シィー」は、確かに警蹕である。

「土俵入りの間、先導の行司が何をしているかというと、中央に蹲踞
して軍配の房を振っています。ただ、私の入門した頃は、『先頭は誰々』」
などというしこ名の紹介はありませんでした。力士がずらっと出てき
て土俵に並び、四股を踏んで帰っていくだけのものです。実は、十両
や幕の内の土俵入りのそもそものの由来を、私自身もよく知りません。
簡略化された土俵入りだという説がありますが、そんなところなので
しょう。[28] 右手を上げ、化粧廻しを持ち上げ、両手を上げる所作は、そ
れぞれ『塵浄水』『三段構え』『四股』を簡略化したものだといわれま
す。」（p.38）

33 代木村庄之助は昭和 17 年生まれで、13 歳の時に相撲界に入門して
いる。昭和 30 年代初期の頃の土俵入りを記していることから、現在の土
俵入りの様子とは違うことがわかる。

（2）幕内土俵入り

幕内土俵入りも東方と西方に分かれ、それぞれ十両土俵入りと同じ手順
で行う。役力士の場合は、四股名の前に階級名をつける。幕内土俵入りでも、
最後の力士が「シィー」という声を上げる。[29] 2002 年 11 月場所前は、この
合図の声を上げないこともあったが、その後は復活し、常に発しているそ
うである。幕内土俵入りと十両土俵入りの所作は同じである。[30]

---

28)　この土俵入りの所作に関しては、池田雅雄著『大相撲ものしり帖』(1990) の「幕
　　内土俵入りの型の意味」(pp.62-4) を参照。この所作の型は明治中期に定まった
　　ようなので、具体的な年月を新聞記事等で調べてみたが、残念ながら所作のこと
　　を書いた記事を見つけられなかった。

29)　この合図の声に関しては、現役の行司 4、5 名に確認したが、全員発すると語っ
　　ていた。なお、33 代木村庄之助著『力士の世界』(p.37) には、「レー」として表
　　現されている。

30)　十両・幕内土俵入りの所作については、33 代木村庄之助著『力士の世界』でも、「十
　　枚目土俵入りは幕下上位の取組を五番残したところで行い、幕内土俵入りは中入

(3)横綱土俵入り

　場内放送で、次のアナウンスがされる。

　　「東方より、横綱○○、土俵入りであります」

　露払い、横綱、太刀持ちが花道をとおり、土俵下まで来ると立ち止まり、東方の場合、太刀持ち、横綱、露払いの順に入れ替わる。東西とも、太刀持ちは横綱の右側、露払いは左側で土俵に上がるため、西方の場合は入れ替わることなく、先頭から先導行司、露払い、横綱、太刀持ちの順番に入る。続いて、それぞれの四股名が紹介される。

　　「横綱○○、露払い○○、太刀持ち○○、行司は○○であります」

　横綱が２名以上いれば、東、西、東の順で土俵入りを行う。同じ行司が二度先導するときは、２度目では紹介を省略することもある。
　十両土俵入りや幕内土俵入りと違い、横綱土俵入りでは行司が土俵の向正面に蹲踞し、横綱が土俵中央で柏手を打つ直前に「シィー」という声（すなわち警蹕[31]）を発する。横綱が四股を踏んだ直後、行司は軍配房を左右に振り回す所作[32]をする。警蹕は、もちろん、江戸時代の名残である[33]。

りで行いますが、やり方は変わりません。」(p.37) とある。
31) 「警蹕」の表現としては「シー」、「シィー」、「シッー」、「シュー」などがある。これは聞く人によって少し異なるかもしれないが、行司の発し方にも少しずつ違いがあるかもしれない。
32) 　房を左右に振ることが肝心である。振った房をたぐり寄せて短くまとめる所作は行司によって少しずつ異なる。また、警蹕を発するタイミングだけでなく、横綱の所作とのタイミングにも行司によって少しずつ異なるかもしれない。タイミングの少々のズレはそれほど重要ではない。
33) 　土俵入りに関しては、多くの文献で扱われていて、容易に参照することができ

11. 取組の紹介

取組の奇数日には東から、偶数日には西方から、それぞれ呼び上げる。

(1) 幕下以下力士の取組

力士の場合、東方か西方、四股名、出身県と市町村名、所属部屋名を場内アナウンスで紹介する。[34] 外国出身力士の場合は、国名のみを紹介する。番付は紹介しない。なお、政令都市の場合、区名は紹介しない。

(取組例)

　東方、天空海、茨城県、東茨城郡大洗町出身、立浪部屋。
　西方、安青錦、ウクライナ国出身、安治川部屋。

幕下以下の取組では、行司は通常、紹介されない。呼出しも紹介されていない。

(2) 十両力士の取組

力士の場合、四股名、東方か西方の番付（たとえば東十両 5 枚目）、出身県と市町村名、所属部屋を場内アナウンスで紹介する。外国出身力士の場合は、国名、州名を紹介している。幕下力士と違うのは、「番付」を付け加えていることである。なお、政令都市の場合、区名も紹介する。

　る。たとえば、拙著『詳しくなる大相撲』の第 2 章「土俵入り」でも扱っている。

34)　幕下以下力士の出身地を加えるようになったのは、衛星放送が開始された年の九州場所（1984.11）からである。35 代木村庄之助によると、自分が十両時代（1984.1~1983.11）のときで、立田川理事の申し出があったそうだ。それまでは、力士名だけを紹介していた。

（取組例）

> 大奄美、東十両５枚目、鹿児島県、大島郡龍郷町出身、追手風部屋。
> 獅司、西十両２枚目、ウクライナ、メリトポリ出身、入間川部屋。

　行司は担当する最初の取組で名前のみを紹介される。残りの一番では紹介されない。呼出しも名前を行司と同様の基準で紹介される。

(3) 幕内力士の取組

　幕内の取組は基本的に、十両の取組と同じである。違うのは、三役力士の場合、役力士の番付（小結、関脇、大関）を付け加えている。階級を先に紹介する。同じ幕内であっても、三役以上の役力士は特別な存在である。

（取組例 1）

> 東方、横綱、照ノ富士、モンゴル、ウランバートル市出身、伊勢ケ浜部屋。
> 西方、大関、大の里、石川県、河北郡津幡町出身、二所ノ関部屋。

（取組例 2）

> 東方、関脇、霧島、モンゴル国、ドルノドゥ県出身、音羽山部屋。
> 西方、翔猿、西前頭筆頭、東京都、江戸川区出身、追手風部屋。

（取組例 3）

> 東方、熱海富士、東前頭２枚目、静岡県、熱海市出身、伊勢ケ浜部屋。
> 西方、欧勝馬、西前頭９枚目、モンゴル、トゥブ県出身、鳴門部屋。

　行司は担当する最初の取組で名前のみを紹介される。残りの一番では紹介されない。呼出しも名前を行司と同様の基準で紹介される。

12. 新序出世披露の口上[35)]

　前相撲を取り終え、次の番付表では名前が記載される力士の披露である。行司の口上は、それを紹介している。口上を唱えるときは、行司は力士の後ろに立ち、扇子を閉じて前へ向けている。

> 「これに控えおります力士儀にござります。ただ今までは番付外に取らせ置きましたるところ、当場所成績優秀につき、本日より番付面に差し加えおきまするあいだ、以後相変わらずご贔屓、お引き立てのほど、ひとえに願い挙げ奉ります」

　この口上は、ずっと昔からあったものと推測できる。番付表に乗る前の儀式だからである。しかし、いつ頃から、現在の文言になったかは、文献で確認していないため、不明である。明治の頃に、それ以前にあった文言を変えたかもしれない。ところどころ、古い言い回しが見られるからである。たとえば、「〜するあいだ」とか「願い挙げ奉り」は古い表現の一種ではなかろうか。

13. 神送り儀式[36)]

　千秋楽では、優勝旗授与の後、土俵で神送りと出世力士手打ち式が執り行われる。そのうち、神送りの儀式で、行司が御幣を抱きながら、胴上げされる。その御幣は土俵祭で巻き寄せた神の依り代である。招いた神々を送り出すわけである。その際、胴上げされる行司は、御幣以外に何も持た

---

35)　新序出世披露に関しては、たとえば拙著『詳しくなる大相撲』（2020）の「四、新序出世披露」（pp.9-10）でもやや詳しく紹介されている。

36)　この神送りの儀式に関しては、たとえば拙著『神々と三役行司』（2021）の第1章「手打ち式と神送りの儀式」に詳しく扱っている。

ない。胴上げされる前でも後でも一言も声を発しない。

14. 場内放送の紹介や案内

　場内の放送はすべて、行司が行なっている。マイクに向かっているのは、普通の洋服姿をした行司である。放送内容はさまざまで、取組、懸賞金を出しているところ、土俵入りの案内などがある。ここでは、そのいくつかを参考までに示すだけに留めたい。[37]

(1)取組の決まり手の紹介

・幕下上位五番と十両以降の場合：「ただ今の決まり手は」のあと、決まり手を二度繰り返す。幕下上位五番を残して、十両土俵入りがある。例として、決まり手が「寄り切り」の場合を示す。

　「ただ今の決まり手は寄り切り、寄り切って○○〈力士の四股名〉の勝ち」

・幕下以下の場合：「ただ今の決まり手は」はなく、決まり手を一度だけ言う。これはおそらく、人数と取組数が多いこと、各取組のテンポが速いこと、関取と養成員の区別などによるものである。

　「寄り切って〈決まり手〉、○○〈力士の四股名〉の勝ち」

---

37)　定期的の行なわれている口上であれば、場内で録音し、それを正確に知ることができる。定期的でない場内放送もある。いずれにしても、ある程度、口上を覚えてしまうと、口上は予測することができる。口上が放送する行司によって少し異なるかどうかは、私はあまり気にしたことがない。関心のある方は、録音して比較すると面白いかもしれない。

　前相撲の取組では、決まり手の呼び上げはない。前相撲は番外だからかもしれない。

(2)懸賞金提供者の紹介

　「○○社、会社の商品名など、を読み上げた後、懸賞金があります[38]」

(3)取組む各段の紹介

・各段の取組が始まるとき、「これより、○○の取組であります」とアナウンスする。この○○に序ノ口、序二段、三段目等を入れるとよい。

・幕下 5 番を残して、十両土俵入りがあるが、その場合は、土俵入りの後、「幕下、上位の取組であります」とアナウンスする。

・十両の取組になると、「これより、十両取組であります」とアナウンスする。

・十両土俵入り後には幕下上位 5 番の取組があるが、土俵入り後には「幕下、上位の取組であります」とアナウンスする。

・中入り前の最後の取組では、「十両最後の取組であります」とアナウンスする。

・幕内の取組が始まる前は、「これより、中入り後取組であります」と

---

38)　現在は「○○社から懸賞金があります」と呼び上げているが、以前は「○○社より懸賞金があります」と呼び上げていたそうだ。これは 35 代木村庄之助から聞いた話しである。ある時期、「より」が「から」に変わったらしいが、変わったのはつい最近のことらしい。

アナウンスする。

(4)審判委員の紹介

・審判委員の紹介は、一番目か二番目の取組で行うが、何番目の取組に
　行うべきだという決まりはないそうである[39]。紹介では、着席している
　場所を東西の溜り、行司溜り、四房の色、年寄名、現役の頃の四股名
　などで紹介している。

・審判委員の交代があるときは、「ここで勝負審判の交代であります」
　とアナウンスする。

(5)結びの一番の紹介

・通常の結びの一番では、「本日、結びの一番であります」とアナウン
　スする。

・千秋楽最後の一番では、「今場所、最後の取組(または一番)であります」
　とアナウンスする。

(6)打ち出し

・通常の打ちだしでは、「弓取り式は終わりました。これをもちまして、
　大相撲○○月場所、○○日目の取組は終了いたしました。本日は、ご
　来場くださいまして誠にありがとうございました。」とアナウンス

39) 紹介するタイミングは現役の行司・木村悟志（幕下格）に教えてもらった。最
　　近はとりわけ懸賞金の数が多いので、審判委員の紹介は一番目の取組よりも二番
　　目の取組で行う傾向がある。いずれにしても、どの取組にするかは決まっていな
　　いという。

る。

・千秋楽の打ちだしでは、「弓取り式は終わりました。この後、表彰式の準備ができるまで、しばらくお待ちください」とアナウンスする。

・千秋楽では、手打ち式終了後、「これをもちまして、大相撲〇〇月場所は滞りなく終了いたしました。」とアナウンスする。

・千秋楽表彰式では、場所中とは違ったアナウンスが聞かれる。一つ一つの儀式の節目に、それぞれ口上がある。それを放送しているのも行司である。

　もちろん、これまで取り上げてきたものは場内放送の一部である。たとえば、初日の協会ご挨拶や千秋楽の協会ご挨拶などは毎場所行われているにもかかわらず、ここではまったく触れていない。場内放送に関心があれば、メモ帳を持参し、書き留めてみるとよい。驚くほどに、他種多少な放送がされている。しかも、15日間、必ずしも同じとはかぎらない。

15．今後の課題

　本章では、行司の口上をいくつか詳しく提示している。それは事実を正しく提示しているだろうか。そのことを検討するのも課題の一つである。普通、事実を述べているのであれば、間違いないはずだが、ときには間違っていることもある。記憶違いの場合もあるかもしれないし、間違った思い込みをしているかもしれない。

　現在の口上は、伝統的に受け継がれているものである。そうであれば、いつ頃からその伝統が始まり、どのような変遷があったかに注目すれば、また違った見方で提示することもできる。本章では、その視点が欠けている。現在の口上を詳細に提示しているだけで、それがいつ頃始まり、どのような変遷を経ているのか、それにはまったく触れていない。実は、現在

に至る変化を文献などで調べるつもりだったが、ついにその成果を披露することができなかった。口上のいくつかは文献を調べれば出て来るかもしれないと思ったが、それは淡い期待に過ぎなかった。しかし、腰を据えて、文献を調べれば、見つかるかもしれない。相撲には長い歴史があり、相撲を扱った資料はたくさんあるからである。

口上のすべてを歴史的にみれば、昭和以降に現れたと思われるものもある。場内放送でアナウンスされる呼びかけなどは、マイクの使用が大衆化したした後かもしれない。昔からあった土俵入りであっても、整然と列をなして花道を進むとき、各力士を紹介する内容のいくつかは昭和以降に現れているはずだ。

特定の口上を取り上げ、その歴史を調べれば、その追究はもっと容易になるはずだ。たとえば、「新序出世披露」の口上について、それがいつ頃始まり、どのような変化を経て現在の表現になったかは、かなり詳しくわかるかもしれない。要は、どの口上であっても、それが記述される文献に運よく出会うことである。過去の出来事は、文献あるいは資料に記述されていることがある。そういう文献なり資料に恵まれなければ、研究は前へ進めない。

第8章　行司の持ち物への雑感

1.　本章の目的

　本章の目的は、行司の軍配、房の色、草履、帯刀などについて疑問に思っていることを率直に語ることである。何が不明であるかをありのまま提示する。特別に新しい主張や提案はしていない。提示した疑問点は、今後、解明されることを期待している。

　なお、行司全般の概要については、拙著では『ここまで知って大相撲通』(1998)、『Q&A 形式で相撲を知る SUMO キークエスチョン 258〈SUMO:258 Key Questions〉』(岩淵デボラ英訳、1998)、『大相撲と歩んだ行司人生 51 年』(33 代木村庄之助と共著、2007)、『大相撲行司の世界』(2011)、『詳しくなる大相撲』(2020)がある。これらの著書では一つのテーマを深く追究していないが、追究してみたいネタは数多く見られるはずである。[1)]行司のことが知りたければ、いずれかを読むことを勧める。ただ、いずれも視点が異なるので、取り上げ方も異なる。本章で取り上げている項目についても、これらの本では散発的に取り上げ、概説している。

2.　軍配

(1)　軍配で確認したいことの一つは、現在のように軍配の両面がいつ頃から木製になったかである。『相撲家伝鈔』(正徳 4 年)や『相撲伝秘書』

---

1)　さまざまな項目について簡単な説明をしているが、その項目の歴史的変遷や意味・内容を深く掘り下げていない。表層的な紹介や概説に留まっていることが多い。読みながらそれぞれの項目について、「なぜそうなるのか」、「どのような変遷を経てきたのか」、「何か意味があるか」などを問いかければ、どの項目もさらに追究したくなるはずである。

（安永5年）にも軍配の図やその寸法などが記されているが、一閑張か木製なのかは不明である。一閑張であれば、現在の木製は幕末にかけて固定したかもしれないし、木製であれば安永の頃にはすでに一般的だったかもしれない。いずれが事実に即しているか、錦絵を初めとする資料で確認する必要がある。軍配の材質に関しては、たとえば池田雅雄著『大相撲ものしり帖』の「軍配のルーツ」（pp.188-90）や土屋喜敬著『相撲』の「軍配」（pp.100-4）などを参照。拙著『大相撲行司の世界』（2011）の「持ち物」（pp.102-7）や『軍配と空位』（2017）の第6章「軍配の形」と第7章「相撲の軍配」でも扱っている。

(2)　軍配は現在、卵形（あるいは卵型）ばかりと言って過言でないが、以前は瓢箪形（あるいは瓢箪型）もあった。[2]江戸末期には瓢箪形は木村家、卵形は式守家という使い分けがあったという文献もあるが、私が調べた限り、そのような区分けはなかった。池田雅雄著『大相撲ものしり帖』の「軍配のルーツ」（pp.188-90）にも同じ考えが提示されている。しかし、実際にそのような使い分けがなかったかと言えば、そうだとも断言できない。木村家と式守家を何らかの形で分けたいという願望がある時期芽生えたかもしれないからである。これは、取組で力士を呼び上げるとき、木村流と式守流の握り方があるのと同じである。握り方も、誰が、いつ、言い出したか、まだわかっていないが、ある時期、その分け方を言い出したはずである。軍配の卵形と瓢箪形が式守家と木村家で使い分けようということが本当になかったかどうかは、吟味する必要があるかもしれない。その使い分けに強制力がなかったために、それを必ずしも守る必要なかったのかもしれない。握り方に関しても、その使い分けには強制力がないため、現在、少しの混乱が見られる。卵形や瓢箪形の使い分けに関しては、たとえば拙著『軍配と空位』（2017）の第6章「軍配の形」も参照。

---

2)　卵型は「たまご型」、瓢箪型は「ひょうたん型」として表すこともある。
たとえば、『報知新聞』（明治32年5月18日）の「行事（ママ）　紫房の古式」を参照。

（3）　軍配に関連するものに房糸の本数と房の長さがある。房糸は 365 本、長さは 12 尺と言われている。行司の自叙伝や談話の中で書いてあるから、単なる俗説だと割り切ってよいのかどうか、迷ってしまう。そういう言い伝えがいつ頃からあったのかは、調べてみる必要があるかもしれない。「365」という数字は明治以降かもしれない。西洋暦が採用されたのが、明治以降（4 年頃）だからである。しかし、12 尺はどうだろうか。1 年を 12 カ月とするのは、江戸時代にもあった。その長さも明治以降に言い伝えられたものだろうか。房の長さに関しては、拙著『秘話とその検証』（2013）の第 5 章「軍配房の長さ」や『大相撲行司の世界』（2011、pp.111-4）を参照。

3.　江戸時代の紫房

　江戸時代にも「紫房」を授与されて行司が何名かいる。その「紫房」に白糸が交じっていたかどうかは不明である。江戸相撲以外の行司にも授与されているので、参考までに例示する。

（1）　紫房が吉田追風に授けられている。吉田家の文書、たとえば『ちから草』（p.5）を参照。寛政 3 年 6 月の上覧相撲を著した『すまいご覧の記』ではその紫房で裁いている。

（2）　大阪相撲の行司・吉片兵庫に紫房が許されている。『古今相撲大全』を参照。この行司の短い紹介は、たとえば酒井忠正著『日本相撲史（上）』（p.97）にもある。

（3）　大阪相撲の行司・木村玉之助に紫房が許されている。古河三樹著『江戸時代の大相撲』（p.325）を参照。

（4）　吉田追風、吉片兵庫、木村玉之助に許された「紫房」は、白糸が混

じらない総紫だったのだろうか。それとも白糸が少し混じった紫白房
だったのだろうか。

4. 総紫房

(1) 明治末期まで紫糸の白糸が交じっていれば、その割合に関係なく、
「紫房」として表すことが普通である。しかし、その異種が明確に推
量できる場合、具体的にその異種名で区分する。

(2) 総紫房は明治43年5月に現れた。最初の行司は16代木村庄之助
である。

(3) 荒木精之著『相撲道と吉田司家』や吉田長孝著『原点に還れ』に
は、明治31年に15代木村庄之助に総紫房が初めて許されたとあるが、
それは正しいだろうか。

5. 准紫房

(1) 明治25年4月、木村庄之助（15代）が九州地方巡業中、西ノ海横
綱土俵入りを引くのに准紫房を特別に許されている。25年5月の本
場所でもそれを使用するという。『読売新聞』（明治25年6月8日）
の「西の海の横綱と木村庄之助の紫総」を参照。その准紫房は明治
30年まで黙認されていたのだろうか。

(2) 木村庄之助（16代）は明治32年5月、准紫房を許されている。そ[3]
の後、明治43年5月までその准紫房を使用した。この16代木村庄

---

3) 明治31年4月付の免許状には「団扇紐紫白内交熨斗目麻上下」とあり、最初は「紫
白房」だった。この免許状の写しは『東京日日新聞』（明治45年1月15日）の「明
治相撲史」で見られる。

246

之助は明治 31 年 1 月、襲名したときは、紫白房だった。[4] 32 年 5 月に准紫房を許されたとき、新たに免許が出たのかどうかは、不明。初めは紫白房、のちに准紫房を許されたのだろうか。

6.　紫白房

(1)　『相撲金剛伝二編』（文政 10 年）の項「木村庄之助正武（9 代）」に「無字団扇紫打交之紐上草履免許」とある。[5]「紫打交」という表現から「紫糸と白糸の混じった紫白房」を指しているに違いない。[6] この『相撲金剛伝二編』は別名『角觝詳説活金剛伝』（発行年は同じ文政 10 年）である。この「紫打交」は、本当に「紫白房」を指しているのだろうか。

(2)　木村庄之助（13 代）は元治元年冬に紫白房となるが、あとで「准紫房」も許されただろうか。

(3)　木村庄之助（14 代）の紫白房は不明。もし授与されているとすれば、明治 14 年 5 月かもしれない。拙著『名跡と総紫房』（2018, p.48）を参照。錦絵ではそれ以降も朱がほとんどである。この庄之助（14 代）には、「紫白房」は許されていないのだろうか。この行司が紫白房を使用していたかどうかは、今後も検討する必要がある。

---

4)　木村庄之助（9 代）の軍配の一文字は、「豪」を崩した形で描かれている。一見、「象」と間違えそうだが、字の上部はやはり「豪」である。

5)　9 代木村庄之助は文政 8 年 3 月に行司免許状が授与されている。それには上草履のことが記述されている。庄之助は文政 7 年 10 月に襲名しているので、文政 8 年 1 月には草履を履いていたに違いない。免許状は文政 8 年 3 月となっているが、襲名後に授与されたかもしれない。免許状のことは「相撲行司家伝」に出ている。16 代木村庄之助も 30 年 1 月も紫白房だったが、免許状は 4 月の日付になっている。

6)　この著書では「明治 31 年」に紫房は授与されたとなっているが、本書では「明治 30 年」の誤りとしている。15 代木村庄之助は明治 30 年に亡くなっている。

(4)　木村庄之助（15 代）は明治 19 年 5 月に紫白房になった。『方向と行司番付再訪』(p.266) を参照。25 年 5 月の本場所には准紫房を黙許。30 年には准紫房を許されている。吉田長孝著『原点に還れ』（p.135）を参照[7]。

(5)　木村庄之助（16 代）は 31 年春場所、紫白だった。拙著『名跡と総紫房』（2018、pp.147-50）を参照。32 年春場所に准紫房になった。『報知新聞』（明治 32 年 5 月 18 日）を参照。紫白房から准紫房になった年月に誤りはないだろうか。

(6)　木村瀬平は 31 年春場所で立行司になったが、房色は朱だった。32 年 3 月には紫白房になり[8]、その後 34 年夏には准紫房になった。拙著『名跡と総紫房』（2018、pp.149-50）を参照。房色や授与年月は、正しいだろうか。

(7)　12 代式守伊之助（誠道）は大正 3 年 5 月場所まで半々紫白だった。大正 3 年 10 月付で行司免許状が出ているが、その中に紫白房と明記してある。『相撲講本』(p.608) に免許状の写しが掲載されている。12 代式守伊之助は。もしかすると、大正 3 年 5 月から紫白房だった

7)　『読売新聞』（明治 32 年 3 月 16 日）の「木村瀬平　紫房を免許せらる」を参照。この「紫房」は厳密には「紫白房」に違いない。「准紫房」は明治 34 年 4 月に許されている。『読売新聞』（明治 34 年 4 月 8 日）の「木村瀬平以下行司の名誉」を参照。当時のほとんどの新聞では「紫房」が使用されているので、どの異種だったかは文脈や時代的背景を考慮して判断しなければならない。因みに、『萬朝報』（明治 34 年 4 月 12 日）の「大砲の横綱免許式」では「紫白打ち交ぜの房」となっている。これが本当なら、瀬平はずっと「紫白房」を使用していたことになる。すなわち、庄之助の「准紫房」と同じ房色ではない。

8)　この「官位」は幕府関係の部署から授与される称号（たとえば「〜尉」とか従 4 位下など）だが、どのような官位なのかは不明である。当時、どれくらいの数の行司が官位を授けられたかも不明である。因みに、吉田追風先祖は官位「従五位上」を授けられたという（たとえば、吉田長善編『ちから草』、p.123）。

かもしれない。下位の朝之助が半々紫白であり、上位には 17 代木村
庄之助しかいなかったからである。しかも、誠道は第二席の立行司だっ
た。つまり、誠道のまま、第二席だった。5 月の紫白房は黙認の形で
許され、10 月にはそれを確認しただけかもしれない。これらの経緯
は正しく捉えられているだろうか。

7.　半々紫白房

(1)　半々紫白房は明治 43 年 5 月以降に現れたと幾度も主張してきたが、
実際はどうだろうか。たとえば、木村庄三郎は明治 38 年 5 月に式守
伊之助と同じ「紫白房」を許されたという新聞記事があるが、それは「真
紫白房」だっただろうか。それともいわゆる「半々紫白房」だっただ
ろうか。

(2)　明治 43 年 5 月以降、第三席の准立行司は「半々紫白房」を授けら
れたと幾度も主張してきた。その主張は正しいだろうか。たとえば、
木村進、木村誠道、式守与太夫等は第三席の立行司だったとき、「半々
紫白房」だと分析してきたが、その分析は正しいだろうか。半々紫白
房は状況判断に基づいているが、そのものずばり式守伊之助と異なる
ものだったとする直接的証拠はないだろうか。

(3)　昭和時代に入っても、第三席の准立行司は式守伊之助と異なる房
だった。その違いは、式守伊之助は紫白房だったのに対し、准立行司
は半々紫白房だった。木村玉之助や副立行司が第三席の行司だった。
規定上は、式守伊之助と第三席の准立行司の房色は「紫白房」だった
が、運用面で違いがあった。その違いを明確に述べた文献にはどんな
ものがあるか、調べてみる価値はないだろうか。

(4)　拙著では、第三席の立行司は明治末期以降、半々紫白房だったと主
張してきたが、それに反する行司はいないだろうか。つまり、准立行

司でありながら、半々紫白でなく、真の「紫白房」だった行司はいないだろうか。そういう行司がいたとすれば、どういう時代的背景があったかを調べてみる必要があるかもしれない。

8.　朱房

朱房は相撲を描いた絵図では江戸時代以前から描かれている。それが普通だったようだ。

(1)　『相撲家伝鈔』（正徳4年）には「ひもは無官の行司は志んくなり。摂州大阪吉片兵庫などのごとく官位成の行司は紫を用いるなり」とある。正徳4年頃までは、軍配房には色の区別はなかったかもしれない。番付の高い行司が紫房を用いていたようだが、普通は朱色だったらしい。その後に、階級に応じた房色が使用されるようになったかもしれない。この説明は適切だろうか。

(2)　文政後期から天保初期にかけて、房色にはいくつかあった。最高位の色は朱房だった。紫房は名誉色で、例外だったと言ってよい。立行司や三役以上は、朱だった。朱房の立行司は9代式守伊之助で、明治37年5月まで続いている。それ以降、朱房の立行司は出ていない。この説明は正しいだろうか。

---

9)　この吉田家の文書は「相撲方為取締吉田善左衛門出府之処江戸相撲方之者共門人等之一件書抜」というもので、熊本大学の「永青文庫」で閲覧できる。事前にそのための手続きをする必要がある。房色の歴史に関心があれば、一見の価値がある古文書である。なお、房色や履物などの授与年月に関しては、土屋喜敬筆「文政後期の江戸相撲と吉田善左衛門」（竹内誠編『徳川幕府と巨大都市江戸』、2003, p.304）に簡潔にまとめられていて、大いに助かる。

9.　紅白房

　紅白房の確認は文政 11 年 4 月である。吉田家文書に木村庄太郎と式守
与太夫に許されたことが記されている[10]。それ以前に紅白房の免許はなかっ
ただろうか。

10.　青白房

（1）　幕下十枚目（十両、青白房）はいつ頃現れただろうか。多くの文献
　　　では幕末としているが、正確な年月はまだ不明である。行司の階級は、
　　　一般に力士の階級と対応するが、いつ頃その対応関係が確立したかが
　　　はっきりしない。力士の幕下十枚目がいつ頃現れたかが明確になれば、
　　　行司の十両格もそれに応じて設けられたと推測できる。同時ではなく、
　　　少し遅れて設けられたかもしれない。いずれにしても、力士の階級が
　　　優先するはずである。

（2）　私は以前、青白房は文政末期から天保初期にかけて出現したかもし
　　　れないと書いたことがある。それは、他の房色がその頃確立したこと
　　　に基づいて推測している。裏付ける証拠を探してみたが、今のところ、
　　　まったく見つかっていない[11]。番付表に何らかの痕跡が残っていないか

10)　嘉永以降の行司の番付であれば、本書の第 3 章「嘉永から慶応までの行司番付」
　　を参照。
11)　黒房は慶応 2 年 2 月の「勧進相撲繁栄之図」（国輝画）の「本中出世之図」で、
　　素足の行司が黒房で描かれている。「本中」は現在の「前相撲」に当たる。十両
　　からは足袋（青白房）だが、素足は幕下以下（黒房）である。この錦絵は、たと
　　えば学研『大相撲』（pp.256-7）や『江戸相撲錦絵』（pp.149-51）で確認できる。
　　幕末には黒房があったことは確認できたが、文政以前あるいは文政から慶応のあ
　　いだは、どうだったのか、今のところ、はっきりしない。正確には、裏付けとな
　　る証拠が見つからない。文政末期から天保の頃には階級としての黒房は出現して

調べてみたが、それらしいものは見つかっていない。文政末期から天保初期までという推測は、裏付ける証拠がないことから、妥当な判断と見做すことはできない。

(3) 文政末期（文政11年4月）には紅白房行司までは確認できるし、その下にも行司がいたことも確認できることから、その下位の行司には何らかの房色があったはずである。その階級をすべて一色の房で表していたのか、それともいくつかの房色で表していたのか、はっきりしない。一色だったとしたら、それは黒色だったのかだろうか、それとも、紅白、朱、紫を留め色とし、それ以外の色なら、どの色でもよいとしていたのだろうか。たとえば、2, 3の階級に細分化されていたとしたら、それはどんな色だったのだろうか。現在の房色から黒、青、青白などを推測してみても、どの色が幕末まで用いられていたのか、はっきりしない。

(4) 房の色を明確に知るには、カラーの絵図や錦絵が好材料である。そのような絵図や錦絵がどこかに埋もれているかもしれないと思い、子供向けのおもちゃ絵などを調べてみたが、朱色の房しか見当たらない。多色刷りの錦絵となると、上位行司しか描かれていない。下位行司が描かれている錦絵を探しても、ほとんど見当たらない。

(5) 紅白房行司が文政11年に確認できることから、それより下位の行司にもきっと何か別の色があったと推測している。のちの時代の房色から推測して、それは青白房に違いない。その青白房がいつ現れたかとなると、今のところ、不明である。幕下十枚目という名称がいつ頃現れたかを追究できたら、その年月はある程度わかるのではないだろ

いたと推定しているが、それを裏付ける証拠がまだ見つかっていない。これに関しては、拙著『格付けと役相撲』（2023）の第7章「行司の格付けと房色の定着」を参照。

うか。

(6)　青白房の出現に関しては、拙著『格付けと役相撲』(2023)の第 7 章「行司の格付けと房色の定着」を参照。その中に、関連する参考文献も幾つか提示している。

11.　黒房

(1)　黒房はいつ頃出現しただろうか、今でも杳としてわからない。以前、黒房はかなり昔から使用されていたはずだと書いたことがある。その理由は、行司の階級は昔にも存在していたはずで、最下位行司は「黒」と推定したからである。しかし、その裏付けとなる根拠は提示できなかった。研究を重ねているうちに、黒房が番付として確立したのは文政期に違いないと推定した。紅白以上の房色が現れたし、黒房で裁いている錦絵「新版子供遊び相撲之図」（国貞画）もあったからである。[12]

(2)　その錦絵では、草履を履かない子供行司が黒房で子供相撲を裁いている。草履を履いていたなら紫房と判断できるが、素足であることから事実を描いているに違いないと判断した。本場所の取組を裁いた黒房行司の錦絵は見ていないが、相撲の取組で黒房が使用されている。足袋・紅白房や足袋・朱房行司が吉田司家から許されていることから、その下位行司も何らかの房色を使用していたに違いない。そういう状況証拠から番付としての黒房行司も文政期に確立したに違いないと推測するに至った。しかし、この判断は状況証拠に基づいたもので、直

---

12)　17 代木村庄之助の辞職については、拙著『伝統と変化』(2010) の第 7 章「帯刀は切腹覚悟のシンボルではない」でも扱っている。17 代庄之助は誤審の責任を取って辞職したのは事実だが、それは表向きの口実であって、遠因は別にあったという新聞記事があることも記しておく。立行司の辞職には表向きの理由だけでなく、別の要因が往々にしてある。25 代木村庄之助の辞職にも二面性があることは否めない。

接的証拠に基づいていない。いったい、いつ頃、黒房は幕下以下の房色として決まったのだろうか。

12. 青房

(1) 青房が導入されたのは明治43年5月である。それは当時の新聞で確認できる。そのとき青房が突然導入されたのか、それ以前から導入されていたかは、不明である。私は43年以前の新聞で青房について書かれていた記事を読んだ記憶があるが、それが本当に青房のことだったのか、それとも単なる錯覚だったのか、今ではあいまいである。国会図書館で明治30年代後半から43年以前の各新聞を注意深く調べてみようと考えたこともあるが、それを現在まで実施していない。突然導入されたのであれば、かなり珍しいことである。

(2) 服装の改革は何年か前から語られていたので、飾り紐などの色をどうするかも話題になっていたのではないだろうか。軍配房の色と飾り紐の色が一致するように決めたこたから、おそらく事前にかなり話し合われていたに違いない。話し合いの中で青色が出てきて、それに合わせて青房を導入しようと決めたのだろうか。やはり青房の導入は突然決まったのだろうか、何年か前に導入を決めてあったのだろうか、それを裏付ける証拠はないだろうか。

(3) 幕下以下行司の青房と黒房に関しては、それぞれの房色と階級の関係を吟味する必要はないだろうか。たとえば、青色は幕下、黒房は三段目以下とそれぞれ細分化されていたのだろうか。この細分化を報じているのは、明治44年になってからである。しかも、『時事新報』だけで、他の新聞にはそのような報道がない。何か不自然である。

(4) 青房と黒房の細分化は、色の分け方からすれば、まったく自然である。日本人の色彩感覚と一致する。青が上位、黒が下位だとするのは、

当時の色分けでも現在の色分けでも納得がいく。階層と色分けにも特に違和感はない。その分け方は行司界や協会が決めることである。実際、青が幕下だけでなく、三段目までだとし、黒が二段目以下だとしても、それに違和感などない。実際、のちに青房は幕下と三段目、黒房は二段目以下と変化している。いつ、そういう分け方になったのだろうか。

(5) 私は階級によって色分けしたことが行司装束改正のときではなく、その 1 年後であったこと、報道した新聞が一社だったことに不自然さを感じ、大正時代以降の行司の房色を調べてみた。その結果、少なくとも大正中期以降、そのような色分けは存在しなかったことがわかった。昭和以降はなおさらのこと、そのような色分けは行司のあいだでは見られないのである。一時期、色分けがあったとする論考を発表したこともあるが、後で改めて調べてみると、色分けはないことがわかった。

(6) それでは、なぜ文献では色分けがずっと存在していたと書いているのだろうか。それにはいくつか理由がある。一つは、明治 44 年に新聞報道をうのみにし、それに基づいて色分けが存在すると思ったことである。二つは、色分けが自然に受け入れられ、まったく違和感がないことである。三つは、行司の軍配房を直接確認することなく、新聞記事や相撲文献に基づいて判断していることである。四つは、行司の階級と房色について書くとなると、その区分けに基づいてしまったことである。

(7) 明治 44 年から大正初期まで幕下以下の房色に区分けがなかったかと問われると、それは不明だとしか答えられない。肯定することも否定することもできない。行司以外の人が書いた行司の房色は、他の文献を孫引きしているかもしれないし、新聞報道をそのまま真実だと受け入れて書いているかもしれない。もし区分けがずっと存在していた

なら、大正中期以降もそのまま存在していたはずである。文献の多くはそう記しているが、実際の行司はそれにまったく従っていないのである。幕下以下行司は、細分化された番付にかかわらず、黒房か青房であった。

(8)　幕下以下の房色に関しては、たとえば『伝統と変化』(2010) の第5章「幕下以下の階級色」、『房色と賞罰』(2016) の第4章「行司の黒星と青星」、『格付けと役相撲』(2023) の第2章「幕下以下行司の房色―青か黒」などがある。

13. 帯刀と切腹

(1)　帯刀は最初から切腹の覚悟を示すシンボルだったのだろうか。そうでなければ、いつからそういうシンボルになったのだろうか。明治9年に廃刀令が出たとき、帯刀は禁止されている。帯刀は遊芸の一つだから、立行司だけにでも許してほしいと嘆願したが、それも許されなかった。しかし、その後、帯刀が復活している。廃刀令から、何年後に復活したのだろうか。

(2)　帯刀は誤審をしたら、切腹する覚悟を示すシンボルだとよく言われるが、それは江戸時代から続いていることだろうか。それとも明治になってから、そう言われるようになっただろうか。明治の新聞を調べてみても、誤審した行司を非難する記事は多いが、「切腹」という言葉は出てこない。これは見落としだろうか。つまり、明治の頃も、帯刀は「切腹」の覚悟を示すシンボルだったのだろうか。

(3)　帯刀が切腹と直接結びつくようになったのは、大正期に入ってからではないだろうか。私は大正10年から12年頃だと推測しているが、それは正しいだろうか。17代木村庄之助が誤審を切腹ものだと言っ

ている。当時の新聞や雑誌でも「武士のように潔い辞職だ」と持ち上
げている。

(4)　廃刀令や帯刀の復活については、拙著『伝統と変化』(2010) の第
　　6 章「行司の帯刀」や『軍配房と土俵』(2012) の第 1 章「立行司も
　　明治 11 年には帯刀しなかった」でも詳しく扱っている。吉田長孝著『原
　　点に還れ』(p.143) では、帯刀は切腹ではなく、威厳を堅持するため
　　のシンボルだという趣旨の記述をしている。

14.　今後の課題

　本章では、行司の持ち物についてこまごまとした疑問を投げかけたり、
短い解説を加えたりしているが、その疑問点をさらに解明するのが今後の
課題である。繰り返しになるが、投げかけた疑問やそれに関連する疑問を
いくつか提示しておく。

(1)　一閑張の軍配や木製の軍配は、いつ頃現れただろうか。また、卵形
　　は式守家、瓢箪形は木村家と使用がある時期、決まっていただろうか。
(2)　総紫房は明治 43 年 5 月に現れ、明治 30 年の「紫房」は厳密には
　　准紫房だったと説明しているが、それは正しいだろうか。
(3)　16 代木村庄之助は紫白房から准紫房に代わり、明治 43 年 5 月に総
　　紫房に代わっている。変わるごとに、文書の形で「免許状」が授けら
　　れたのだろうか。
(4)　17 代木村庄之助は明治 38 年 5 月、第三席の立行司（准立行司）に

---

13)　17 代木村庄之助の辞職については、拙著『伝統と変化』(2010) の第 7 章「帯
　　刀は切腹覚悟のシンボルではない」でも扱っている。17 代庄之助が誤審の責任を
　　取って辞職したのは事実だが、それは表向きの口実であって、遠因は別にあった
　　という新聞記事があることも記しておく。立行司の辞職には表向きの理由だけで
　　なく、別の要因が往々にしてある。25 代木村庄之助の辞職にも二面性があること
　　は否めない。

昇進し、免許状も出ている。その免許状では「紫白房」が記されていたに違いない。実際には真紫白房を使用していたのだろうか、それとも半々紫白房を使用していたのだろうか。

(5)　江戸時代の文政期以前、紫房行司以外はすべて「朱房」を使用していたのだろうか。それともいくつかの階級に分かれていて、それに相応しい房色を使用していたのだろうか。その房色に「黒」も入っていたのだろうか。

(6)　幕下十枚目の「青白房」はいつ頃現れただろうか。それを裏付ける証拠はないだろうか。

(7)　「青白房」が現れる以前は、その上位に紅白房、その下に「黒房」となっていたのだろうか。

(8)　黒房はいつ頃現れたのだろうか。それを裏付ける証拠を提示できないだろうか。そもそも、黒房ではなく、上位行司の房色（いわゆる留め色）でなければどんな色でもよかったのではないだろうか。

(9)　青房は明治43年5月に初めて現れたと指摘しているが、それは正しいだろうか。それ以前は使用されていないだろうか。青房は初めから、黒房の上位に位置づけられていただろうか。それとも、黒房と青房は同じ位置づけであり、いずれを使用するか行司が決めるようになっていただろうか。

(10)　立行司の帯刀は、誤審すれば「切腹覚悟」を表すシンボルだとよく言われている。江戸時代でも行司は帯刀しているが、「切腹覚悟」と結びついた考えをしていたのだろうか。しかも、当時は、立行司だけでなく、他の下位行司も帯刀していた。帯刀と切腹覚悟が結びついたのは、いつ頃だろうか。

　行司の持ち物に関しては、さまざまな疑問や意見がある。興味や関心は人それぞれだからである。ここに提示した持ち物だけでなく、他にも行司に関することで自問自答してみたらどうだろうか。思い浮かんだものを深く掘り下げていけば、きっと新しい発見があるに違いない。

第9章　行司の草履格と熨斗目麻上下

1.　本章の目的

本章の目的は、主として次のことを調べることである。

(1)　明治時代の立行司は熨斗目麻上下を着用している。しかし、たとえば天明時代や寛政時代の錦絵を見ると、それを着用している立行司はいない。立行司はいつ頃、「熨斗目」を着用するようになったのだろうか。

(2)　明治以前の庄之助と伊之助は同じ立行司であっても[1]、房色や履物などで差別されていた。熨斗目麻上下の着用でも差別されていたのだろうか。つまり、「熨斗目」の着用を許されたのは、立行司襲名と同時だったのだろうか。それとも、別々に着用を許されたのだろうか。

(3)　木村瀬平（6代）は明治29年6月に草履格になり、明治30年1月場所に「熨斗目」麻上下を着用し、土俵に登場している。その当時、立行司だけでなく、その下位の草履格（つまり三役格行司）もその装束の着用を許されていたのだろうか。

(4)　明治30年代の錦絵を見ると、立行司しか熨斗目麻上下を着用していない。つまり、草履格の三役行司は「熨斗目」の装束を許されていない。いつごろ、立行司だけが「熨斗目」の装束を着用するようになったのだろうか。

---

[1]　本章では、行司姓の「木村」と「式守」は簡略化のため、多くの場合、省略してある。名前から予測できるからである。

(5)　拙著『大相撲の方向性と行司番付再訪』（2024）の第9章「明治30
　　　までの行司番付と房色（資料編）」で、式守鬼一郎が草履格になった
　　　のは明治9年4月としている。ところが、明治9年4月から14年頃
　　　までの錦絵や絵番付をみると、ずっと足袋を履いて描かれている。鬼
　　　一郎の草履格への昇進は、明治9年4月ではなく、15年頃ではない
　　　だろうか。

　それぞれに課題について、文字資料や錦絵を調べた結果、次のことを確
認するに至った。

(1)　庄之助が熨斗目麻上下着用をしたのは、文政末期である。具体的な
　　　年月を確認する資料は見つからないが、文政10年であると推測する。
　　　その理由としては、二つある。その一つは、文政8年か9年の錦絵
　　　では熨斗目を着用していないが、文政11年の錦絵ではその熨斗目を
　　　着用している。もう一つは、9代庄之助は文政10年に紫白房を許さ
　　　れている。それは文字資料の『当世金剛伝』（文政10年に校了）で
　　　確認できる[2]。紫白房も初めて許されている。

(2)　式守伊之助が熨斗目麻上下を初めて着用したのは、文久3年である。
　　　文字資料としては、『二六新聞』（明治34年4月12日）の「横綱及
　　　行司格式の事」がある。錦絵としては、文久3年11月に描かれたも
　　　のがある。文字資料と錦絵には3年ほどのズレがある。文久元年に
　　　出願したが、実際に着用したのは文久3年である。今後、熨斗目を着
　　　用した文久2年冬場所の錦絵が見つかるかもしれない。その場合には、
　　　文久2年に実際にその着用が始まったとすればよい。

---

2)　この小冊子は文政10年に校了になり、11年に刊行されている。原稿を書き終
　　えた年月が10年であれば、その時点では紫白房を許されていたと判断できる。

(3)　木村瀬平は草履格になれば、熨斗目麻上下着用と帯刀は「しきた
　　り」だと語っている。それが「しきたり」だったかどうかは、はっき
　　りしないが、瀬平は第一回目の草履格だったとき、熨斗目麻上下を実
　　際に着用している。それは明治 10 年代後半から 20 年代後半にかけて、
　　庄五郎（当時の行司名）として錦絵や文字資料で確認できる。木村庄
　　三郎（のちの 15 代庄之助）も明治 17 年 3 月の天覧相撲では草履格だっ
　　たが、熨斗目麻上下を着用している。

(4)　明治 30 年代になると、立行司でない草履格（三役行司）は熨斗目
　　麻上下を着用していない。立行司だけがその装束を着用している。い
　　つ頃、草履格の三役行司が熨斗目麻上下を着用しなくなったかに関し
　　ては、確かな年月は不明である。16 代庄之助が立行司になったとき、
　　明治 31 年 4 月付の行司免許状に「熨斗目麻上下」の着用に関する記
　　述があることから、その 31 年が分岐点だったと推測している。その頃、
　　3 名の立行司はそれぞれ熨斗目麻上下を許されている。文字資料では、
　　江戸時代だけでなく明治時代も熨斗目麻上下の着用は立行司だけに許
　　されているが、実際には三役行司もそれを着用している。

(5)　式守鬼一郎が明治 9 年 4 月に草履格になったとした拙著の分析は、
　　明らかに誤りである。明治 9 年から 16 年までの錦絵や絵番付を丹念
　　に調べ直すと、草履格になったのは明治 15 年 1 月か 5 月であること
　　がわかった。明治 15 年 5 月には草履を確認できる錦絵があるが、15
　　年 1 月の足元を確認できる錦絵がまだ見つからない。本章では、暫
　　定的に草履を明確に確認できる 15 年 5 月としておく。将来、明治 15
　　年 1 月の錦絵が見つかり、草履を履いていることがわかれば、草履格
　　に昇進した年月が変わる可能性があることも指摘しておきたい。

　本章の末尾には、熨斗目の有無や足元（草履か足袋）に焦点を当て、天
明時代から慶応時代までの錦絵資料を提示してある。庄之助は文政時代の
末期（具体的には 10 年）、式守伊之助は文久 3 年（推定）に、それぞれ

熨斗目麻上下を着用している。それで、二つの時代以外の資料を重点的に
提示することにした。木村庄之助と式守伊之助の熨斗目麻上下着用を確認
できる錦絵は、本文中にいくつか提示してある。

2. 熨斗目麻上下

　明治時代の文献では、立行司は熨斗目麻上下を着用できるとしている。
その文献をいくつか示す。

(1) 『読売新聞』（明治 30 年 2 月 10 日）の「式守伊之助と紫紐の帯用」
　　「（前略）今後、誠道、瀬平、その外誰であれ、庄之助の名を継続した
　　る場合には伊之助の上に立ちて、紫紐縮め熨斗目麻上下着用するに差
　　し支えなくば、（後略）」

　庄之助は伊之助より上位の地位である。房色や熨斗目麻上下着用などで
も違いがあり、その違いを乱さないかぎり、伊之助が紫房（厳密には紫白
房）を使用してもよいし、庄之助と同じ熨斗目麻上下を着用しても問題は
ない。当時、庄之助も伊之助もともに熨斗目麻上下を着用していたが、軍
配の房色には違いがあった。庄之助は紫房だったが、伊之助は朱房だった
のである。これを機に伊之助は初めて紫房を許されている[3]。

(2) 　大橋新太郎著『相撲と芝居』（明治 33 年）の「行司の事」
　　「（補足：幕下十枚目相当の十両格は足袋を履く。房の色は述べられて
　　いない。）これからもう一つ進むと、土俵の上で草履を許される。こ

---

3) 拙著『大相撲立行司の軍配と空位』（2017）の第 1 章「紫房の異種」や『大相撲
　行司の名跡と総紫房』（2018）の第 1 章「紫白房と准紫房」では、庄之助の紫房
　は厳密には「准紫房」であり、伊之助の紫房は厳密には「紫白房」としている。
　これが事実に即しているかどうかは、検討を要するかもしれない。庄之助と伊之
　助は地位に差があり、その差は房色に反映したいたはずだ。当時の新聞や文献は、
　紫糸が混じっていると、すべて「紫房」としているので、注意を要する。

れは力士の大関と同格で、熨斗目麻上下に緋房の軍扇、あるいはもう一つ上の緋と紫と染め分けの総の付いた軍扇を用いるが、この中で木村庄之助だけは総紫の軍扇を許される。（中略）草履を履いた行司は力士の大関と同格だから、大関の相撲を裁く。庄之助と伊之助と決まっていたが、近年、木村瀬平も裁く。（後略）」(p.43)

　明治 33 年当時、草履を履いた行司は 3 名いたが、その 3 名とも立行司である。庄之助は准紫房、木村瀬平は紫白房、式守伊之助は朱房である[4]。房色に違いはあったが、ともに立行司であり、熨斗目麻上下を着用し、帯刀している。当時、立行司の下位である朱房・草履格行司はいない。瀬平は明治 34 年 4 月に、庄之助と同じ「准紫房」を許されている。それまでは「紫白房」だった[5]。

(3) 『読売新聞』（明治 34 年 4 月 8 日）の「木村瀬平以下の行司の名誉」
　　「大相撲組熊本興行中、吉田追風は木村瀬平に対し一代限り麻上下熨斗目並びに紫房の免許を与え、式守伊之助には麻裃熨斗目赤房免許を（中略）免許したり[6]」

　瀬平や伊之助はともに、明治 34 年 4 月に熨斗目麻上下を初めて許されているように読み取れるが、実際は両人ともそれ以前に立行司になってお

---

4)　この伊之助（9 代）は明治 31 年 1 月に立行司を継ぐことが決まっていて、1 月場所では草履を許されている。先代伊之助（8 代）はすでに死跡になっていることから、9 代伊之助は正式な立行司を待たず、熨斗目麻上下の着用を黙認されていたに違いない。また、たとえ許されていなかったとしても、5 月場所からは公式にその着用を許されている。つまり、34 年 4 月を待たずとも、9 代伊之助はすでに 31 年当時から熨斗目麻上下を着用していた。
5)　瀬平の紫白房に関しては、『読売新聞』（明治 32 年 3 月 16 日）の「木村瀬平紫総を免許せらる」や拙著『大相撲行司の房色と賞罰』(2016) の第 3 章「明治の立行司の紫房」を参照。
6)　これと同じ内容の記事は当時の多くの新聞で確認できる。たとえば、『中央新聞』（明治 34 年 4 月 8 日）の「大砲愈々横綱となる」も参照。

り、その装束をすでに着用していた。つまり、この新聞記事は、あとで正
式にそれを追認しているだけである。しかし、瀬平の「紫房」（厳密には
「准紫房」）は初めて正式に許されたものである。このとき、瀬平は庄之助
と同じ「准紫房」を許されている。それまでは、紫白房であった[7]。

(4)　『都新聞』（明治 34 年 4 月 9 日）の「相撲だより」
　　「目下肥後の熊本に於て興行中なる朝汐、梅の谷の一行中なる大砲万
　　右衛門は予ねて横綱免許の儀を吉田家に出願中の處、本月三日に免許
　　せられ、行司の麻上下と紫房は従来年寄にて許し来たりしを、今度木
　　村瀬平は更に吉田家より免しを受けたりと。因って来る五月の本場所
　　には大砲が横綱の一人土俵入りをする由。」

　この記事によると、瀬平はこの時、初めて熨斗目麻上下の着用を許され
たように書いているが、先にも指摘したように、立行司になったときから
既に「熨斗目」を着用していた。もしかすると、「熨斗目」の上下着用は
協会の黙認だったが、吉田司家から正式に許されたのかもしれない。事前
に吉田司家の仮免や口頭の許しを受け、あとで正式に文書の形で免許を受
けたのかもしれない。仮免や口頭であっても、行司本人は紫房を使用し、
熨斗目麻上下を着用していたに違いない。

(5)　『大阪朝日新聞』（明治 34 年 4 月 17 日）の「立行司免許の事（つ
　　づき）[8]」

---

7)　この紫白房は明治 32 年 3 月に許されている。これに関しては、『読売新聞』（明
　　治 32 年 3 月 16 日）の「木村瀬平　紫総を免許せらる」を参照。『時事新報』（明
　　治 38 年 2 月 6 日）の「故木村瀬平の経歴」では、瀬平は明治 34 年 4 月に紫白紐
　　を許されたとなっている。本章は「准紫房」と捉えているが、実は、紫白房なのか、
　　それとも「准紫房」なのかは、必ずしも明らかでない。これに関しては、たとえ
　　ば拙著『大相撲行司の格付けと役相撲の並び方』（2023）の第 9 章「准立行司の半々
　　紫白房」を参照。
8)　『時事新報』（明治 38 年 2 月 6 日）の「故木村瀬平の経歴」では、瀬平は 34 年

「（前略）29 年再び行司となり、同年、吉田家より麻上下、熨斗目の
衣服着用、木剣、上草履を許されたり、（後略）」

　瀬平は明治 24 年に行司を辞め、年寄になったが、27 年に行司に復帰し
ている。29 年に草履格になり、そのとき、熨斗目麻上下を吉田司家から
許されている。その許可が吉田司家の黙認だったかもしれないが、瀬平は
熨斗目麻上下だけでなく、帯刀の許しも受けたと語っている。協会がそれ
を認可していないかもしれない[9]。34 年の許可はそれまでの黙認を正式に
認可したことになる。

(6)　　『時事新報』（明治 38 年 5 月 15 日）の「新立行司木村庄三郎」
　　　「今度相撲司吉田追風より麻上下を許されて遂に立行司とはなりたる
　　　なり」

　この記事によれば、立行司になって初めて「熨斗目」の麻上下を着用し
ている。「熨斗目」が書かれていないが、文脈からそれを意味している。
これに基づけば、当時、草履格の三役行司は熨斗目麻上下を着用していな
いことになる。木村庄三郎は明治 37 年に朱房の草履格に昇格し、その翌
年（つまり 38 年 5 月）に紫白の立行司に昇格した。

　このように見てくると、熨斗目麻上下は原則として立行司に許されたも
のである。三役の草履格もときおりそれを許されているが、時代とともに
それは許されなくなっている。これに関しては、後ほど、また触れること
にする。

---

　　4 月に「熨斗目麻上下」の着用を許されている。草履格になった 29 年にはその
　　熨斗目の着用については、何も触れていない。
9)　協会幹部が明治 30 年、瀬平の熨斗目麻上下着用と帯刀を不審に思い、瀬平自身
　　に問いかけている。それについて、後で触れるが、瀬平は吉田司家の許可を受け
　　ているし、草履格がその装束や帯刀をするのは「しきたり」だと語っている。

3. 式守伊之助の熨斗目着用

伊之助が熨斗目麻上下を着用したかに関して、次のような文献がある。

(1) 『二六新聞』（明治34年4月12日）の「横綱及行司格式の事」
「（前略）因みに式守伊之助家は文久元年、時の相撲取締玉垣伊勢ノ海より熨斗目麻上下の免状下附を出願し、爾来立行司の格式を得、木村庄之助は代々の立行司なるが、瀬平は一代限りの免状を得たるなりと」

この記事によれば、伊之助が熨斗目麻上下の着用を出願したのは、「文久元年」である。実際に、それを着用したのがいつなのかは不明である。

(2) 『東京日日新聞』（明治32年5月18日）の「相撲だより」
「相撲行司の軍配は元来赤総が例なりしが、13代目木村庄之助の時初めて肥後司家吉田追風より紫白の免許を請け、熨斗目麻上下は8代目式守伊之助の時初めて同家よりの赦しを受けし次第にて、（後略）」

この記事によれば、8代伊之助のとき、はじめて熨斗目麻上下を着用したことになっている。同時に、紫白房も許されていることから、明らかに明治30年2月ということになる[11]。熨斗目を着用したのが8代伊之助の時だとしているのは、明らかに誤りである。

---

10) 山田伊之助編『相撲大全』（明治34年、p.34）によると、熨斗目麻上下装束とともに上草履も許されている。

11) 江戸時代でも横綱土俵入りを引くために特例として伊之助に紫白房が許されたことはある。これに関しては、『読売新聞』（明治30年2月10日）の「式守伊之助と紫紐の帯用」を参照。

(3)『相撲拾遺』（明治 44 年 7 月刊）、編集・発行人：根岸静次郎[12]

「（前略）式守家は、（中略）六代目より熨斗目麻上下とともに上草履
を免され、木村家に次ぐ立行司にて、当代伊之助はその十代目を相続
せり。」

　記事にある 6 代目伊之助の在位期間中に熨斗目麻上下を初めて着用した
のは確かだが、その在位期間が長すぎて、どの時代なのかが不明である[13]。
上草履を許された年月を考慮すれば、文久時代して間違いはなさそうであ
る[14]。

　この三つの文献を考慮すれば、伊之助が熨斗目麻上下の着用を許された
のは、「文久時代」とするのが妥当である。8 代伊之助は明治 30 年 2 月、
紫白房を許されたが、その当時にはすでに、熨斗目麻上下を着用していた。
　それでは、文久時代のいつごろ、伊之助は実際に熨斗目麻上下を着用し
たのか、錦絵で確認できないか、調べてみることにしよう。文久の前後の
錦絵を参照し、伊之助が熨斗目麻上下を着用した年月を確認する。

　○　安政時代と万延時代

---

12)　大村孝吉筆「行司の系譜―式守家の巻」（『大相撲』、昭和 33 年 12 月号）には、
　　『大日本人名辞典』の式守蝸牛（初代式守伊之助）の条を引用し、6 代式守伊之助
　　から熨斗目麻上下の着用が許されたとしている。具体的な年月は記述していない。
13)　2 代伊之助がいつ草履を許されたかは不明である。庄之助は襲名と同時に草履
　　を許されているが、伊之助も同じだったのかどうか不明である。もし同じだった
　　なら、寛政 5 年 11 月か文化 11 年 4 月である。当時、庄之助と伊之助は同等の地
　　位として見做されていなかった。差別があったので、伊之助は襲名と同時に草履
　　を許されていないかもしれない。これに関しては、それを確認できる資料が必要
　　である。
14)　8 代伊之助が文久のいつ、草履を許されたか確認していない。それがわかれば、
　　正確な年月がわかるかもしれない。草履とともに熨斗目麻上下も許された可能性
　　が高いからである。

この時代には、式守伊之助は熨斗目麻上下を着用していない。

(a)「雲龍と境川の取組」、芳盛画、安政4年冬場所、伊之助：熨斗目なし、『江戸相撲錦絵』(p.62)[15]。
(b)陣幕と不知火の取組、芳員画、安政5年11月、伊之助：朱房、熨斗目なし、『江戸相撲錦絵』(p.64)。

　万延時代の錦絵には、伊之助の熨斗目を確認できないが、たとえ今後見つかったとしても、熨斗目を着用したものはないはずだ。

○　文久時代

(a)「勧進大相撲繁栄図」、国久図画、文久2年春場所、伊之助：熨斗目なし、『江戸相撲錦絵』(pp.98-9)。
(b)「絵番付」、文久2年春場所、永寿堂、伊之助（顔触れ）：熨斗目なし。
(c)「不知火（光）と鬼面山の取組」、国輝画、文久3年11月(1861)、伊之助：熨斗目着、学研『大相撲』(p.115)。

　伊之助は文久元年に熨斗目の着用を出願したとする文字資料にあるが、錦絵でそれを実際に確認できるのは文久3年である。伊之助を描いた文久2年の錦絵では、伊之助が熨斗目麻上下を着用していない[16]。このことから、本章では、伊之助が熨斗目麻上下を着用したのは、文久3年としておく。今後、文久2年の錦絵が他に見つかり、伊之助の熨斗目を確認できれば、

---

15)　出典は書名のみを示す。詳細は本書末尾の「参考文献」を参照すること。
16)　文久元年末に許されたが、その翌年、つまり2年から着用したかもしれない。文久2年の錦絵では、熨斗目麻上下を着用したものはまだ見つかっていない。文字資料の「文久元年」が間違っていなければ、2年には熨斗目を着用していたはずだ。文字資料の「文久元年」が間違っていて、「文久2年」が正しいのであれば、熨斗目の着用は3年だとしても不自然ではない。本章では、文字資料はその出願の背景も細かに述べていることから、「文久元年」を正しい年月として捉えている。

それを重視すればよい。むしろ、そのほうが望ましい。熨斗目の着用を出願した「文久元年」が正しいのであれば、その翌年には実際にそれを着用しているはずだからである[17]。

　伊之助は以後明治43年5月まで熨斗目を着用している。もしその間、それを着用していない錦絵があれば、絵師がたまたまそれを描いていないとみなしてよい。

○　元治時代と慶応時代

(a)「不知火（光）横綱土俵入之図」、国貞画、元治元年3月、伊之助：朱房、
　　草履、熨斗目なし（推定）、『江戸相撲錦絵』（p.63）。
(b)「陣幕久五郎土俵入之図」、国輝画、慶応3年1月、伊之助：熨斗目着、
　　学研『大相撲』（pp.116-7）。
(c)「陣幕横綱土俵入之図」、国輝画、慶応3年4月、伊之助：熨斗目着、『江
　　戸相撲錦絵』（p.64）。

　伊之助は文久時代に熨斗目麻上下の着用を許されているので、元治時代の錦絵にも当然、それが反映されていることになる。しかし、元治元年3月の錦絵では、不思議なことに、熨斗目着用が描かれていない。腹部の位置に、扇子らしきものが描かれている。それが熨斗目の代わりをしているのか不明である。絵師・国貞は、他の錦絵では熨斗目を明確に描いていることから、単なる扇子そのものに違いない。この時代に、なぜ帯刀と扇子をともに描いているのか、不明である。

---

17)　文久元年に出願し、着用したのは文久3年だったという見方もできる。しかし、
　　今後、文久2年冬場所の錦絵で、伊之助が熨斗目を着用しているかもしれない。
　　なお、『大谷孝吉コレクション相撲浮世絵』（p.64）に錦絵「鬼面山と小野川の取組」
　　（豊国画）があるが、式守伊之助は熨斗目を着用していない。この錦絵は万延2
　　年2月か文久2年のものと推測できるが、その正確な年月が確定できない。小野
　　川は万延2年2月に虹ヶ嶽から改名している。

4. 木村庄之助の熨斗目着用

　庄之助の熨斗目上下装束に関しては、これまでの文献でも伊之助より先に着用していたことが記されている。しかし、いつからそれが始まったかは、必ずしも明らかでない。それを錦絵で調べてみることにしよう。調べた結果、庄之助は文政末期に初めて熨斗目麻上下を着用していることがわかったので、その前後の時代の錦絵に焦点を当てることにする。

○　文化時代

　文化時代の錦絵では、庄之助は熨斗目麻上下を着用していない。

(a)「雷電と柏戸の取組」、春英画、文化元年冬場所、庄之助：草履、熨斗目なし、『相撲浮世絵』(p.71)。

(b)「幕内土俵入りの図」、英山画、文化10、『江戸相撲錦絵』(pp.17-9)、庄之助の背中、熨斗目なし。

(c)「立神と玉垣の取組」、柳谷筆、文化13年2月、庄之助（8代）：朱房（推定）、草履、熨斗目なし、『江戸相撲錦絵』(pp.14-6)。

(d)「勧進大相撲興行図」、春英画、文化14年1月、庄之助（推定）：背中を向けている姿、熨斗目なし、『浮世絵相撲』(pp.21-3)。学研『大相撲』(pp.52-3) では文政2年頃としている。

(e)「新版浮絵勧進大相撲之図」（取組んでいる力士名は不明）、英泉画、文化末期か文政初期、庄之助（推定）：朱房、草履、熨斗目なし、『江戸相撲錦絵』(p.20)。

○　文政時代

---

18)　この錦絵を『相撲と浮世絵の世界』(p.112) では文政期としている。この錦絵には描かれた年月を確認できる明確な手掛かりがない。

　9 代庄之助は、『相撲行司家伝』（文政 10 年 11 月付）によると、文政 8 年 3 月に行司免許を受けている。襲名は文政 7 年 10 月となっているが、行司免許はその翌年である。襲名と同時に（つまり 7 年 10 月）、草履を許されているはずだ。房の色は元々朱（紅）だった。『相撲金剛伝二編』（蓬莱山人撰・木村庄之助校正、文政 10 年校了、文政 11 年発売、永寿堂）によると、紫白房も許されている。その紫白房は文政 10 年には許されていたに違いない。文政 7 年当時は朱房だったが、10 年には紫白房を許されたことになる。

　文政末期（おそらく 10 年）になると、庄之助（9 代）が初めて熨斗目を着用している。文政 8 〜 9 年の錦絵では、熨斗目を着用していないが、文政 11 年の錦絵ではそれを着用している。この行司は文政 10 年に紫白房を許されていることから、熨斗目着用は文政 10 年としておく。この 10 年以降、明治 43 年 5 月まで庄之助は、熨斗目麻上下を着用していることになる。

　A. 熨斗目の着用をしていない

(a)「四賀峰と源氏山の取組」、英泉捕画、文政 8 〜 9 年（推定）、庄之助：熨斗目なし、学研『大相撲』(pp.52-3)[19]。

　B. 熨斗目の着用をしている

(a)「當時英雄取組ノ図」（阿武松と稲妻の取組）、国貞画、文政末期（おそらく 10 年以降）から天保初期、庄之助：紫白房、熨斗目着、『相撲の歴史』(p.47)。『日本相撲史（上）』(p.223) では、文政 13 年 1

---

19)　9 代庄之助は（番付上）文政 7 年 10 月に襲名しているが、「相撲行司家伝」（文政 10 年 11 月付）によると、行司免許状は文政 8 年 3 月付となっている。その頃は、まだ熨斗目麻上下を許されていなかったようだ。

月の項で掲載している。

(b)「阿武松と稲妻の取組」、国貞画、文政11年、庄之助：熨斗目着（推定）、『相撲浮世絵』(p.72) ／『相撲百年の歴史』(p.14)。

(c)「幕内土俵入之図」、国貞画、文政12年2月（1829）、庄之助：紫白房（推定）、熨斗目着、『相撲と浮世絵の世界』(pp.6-7)。『日本相撲史（上）』(p.223) では、文政13年1月の項で掲載している。

庄之助の熨斗目麻上下の着用に関しては、次の文字資料もある。

・鎗田徳之助著『日本相撲伝』（明治35年）
「（前略）六代目庄之助の代、肥後の吉田追風より熨斗目小袖麻上下、木剣、紅房の団扇紐、上草履を免許せられしなり[20]。七代目以下代替りの都度、先例によりこの品々を免許せらるゝ例なり。今の庄之助は十六代目なり（元誠道）。先代（十五代目）庄之助が去る二十三年、西の海が横綱免許を得たる後、九州地方巡業の際、熊本にて十日間興行せし時、吉田家の祖神を拝礼する時、横綱を帯び、露払いと太刀持を連れ、すべて土俵入の時と同じ。この折、追風の代理を勤めたる庄之助へ紫房の団扇紐を免され、以来木村家の重宝たり。また三十年五月八代目式守伊之助へ勤功により紫紐を免許し、三十四年当代木村瀬平へ永年の勤功により紫紐を許されたり。」(pp.45-6)

　この記事には、誤りが二つある。その一つは、6代庄之助以降、熨斗目麻上下を着用するとあるが、事実に合致しない。9代庄之助が正しいからである。その二つは、8代目伊之助は明治30年5月に紫房を許されたと

---

20)　本章では9代庄之助の文政末期に熨斗目麻上下の着用は許されたとしている。それ以前の庄之助はそれを着用していない。庄之助の数え方がたまたま異なるかもしれないが、天明時代や寛政時代を指しているとすれば、やはり誤りである。文化時代以前の錦絵を見れば、庄之助は熨斗目麻上下を着用していないことが確認できる。その錦絵は本章の末尾に例示されている。

あるが、それは誤りである。明治 30 年 2 月が正しいからである。

5.　草履格の熨斗目着用

　江戸時代から熨斗目麻上下の着用は立行司だけに許されてきたが、明治に入ると、草履格の三役行司にもそれが許されるとする文献もある。たとえば、次の文献もその一つである。

・塩入太輔著『相撲秘鑑』（明治 19 年）
　「土俵上草履を用いることを許されるようになると、熨斗目麻上下を着用する」（p.29）。

　三役の草履格がすべて、熨斗目麻上下着用を許されたのかどうか、必ずしも確かではない。というのは、次のような新聞記事もあるからである。

・『読売新聞』（明治 30 年 2 月 15 日）の「木村瀬平の土俵上麻上下及び木刀帯用の事」
　「行司木村瀬平は今春大場所より突然土俵上木刀を帯用し始めたるを以って、取締雷権太夫初め検査役等大いにこれを怪しみ、古来木刀を帯用することは庄之助、伊之助と言えども、肥後の司家吉田追風の允許を経るにあらざれば、濫りに帯用すること能わざる例規なるに、瀬平のふるまいこそ心得ねと、協議の上、彼にその故を詰問したりしに、更に恐るる気色もなく、拙者義は昨 29 年の夏場所土俵上福草履を用いることをすでに協会より許されたれば、これに伴い麻上下縮熨斗目着用、木刀帯用するは、当然のことにして旧来のしきたりなり。もっとも木村誠道が麻上下、木刀等を帯用せざるは本人の都合なるべし。もし拙者が木刀帯用の一事について司家より故障あるときは、瀬平一身に引き受けていかようにも申し開き致すべければ、心配ご無用たるべしとの答えに、協会においても瀬平の言をもっともなりと思いしにや、そのまま黙許することになりしと言う。」

この記事によれば、瀬平は草履格になれば、熨斗目麻上下の着用だけでなく、木刀の帯用も許されると語っている[21]。しかも、それは「しきたり」だともいう。木村誠道が熨斗目上下の着用や木刀の帯刀をしないのは、個人的理由でその「しきたり」に従っていないと語っている。協会検査役（現在の審判委員）が瀬平の言い分に納得したかどうかははっきりしないが、結果的には「黙認」している。

　瀬平の言い分は「しきたり」だと語っているが、それは本当に正しいのだろうか。当時、それは「しきたり」として認められていただろうか。瀬平は明治18年（一回目）と29年（二回目）にも草履格になっているが、いずれでも熨斗目麻上下の着用を示す証拠がいくつかある。

(a) 錦絵「弥生神社天覧角觝之図」（大鳴門と一ノ矢の取組）、国明筆、明治21年4月、庄五郎：熨斗目着、隣の伊之助と同じ装束。この相撲は1月24日に行われている[22]。

(b)『読売新聞』（明治28年7月15日）の「行事木村瀬平の奉納相撲」
　「相撲行司木村瀬平は旧名を庄五郎と呼び、数年間勉励の攻に依り土俵入りの際、熨斗目服紗小袖及び龍紋地の上下かつ上草履をも免許されたるものなるが、都合上に依り昨年の五月行司を辞し、年寄専業となりたるも、當時行司の無人なるため再勤したるが、（後略）」

(c)『木村瀬平』（明治31年）
　「明治29年相撲司より麻裃熨斗目の衣服、木剣、上草履等の免許を

21)　協会が帯刀だけでなく熨斗目麻上下着用にも不審を抱いているのか定かでないが、瀬平が誠道の装束にも触れていることから、装束についても不審を抱いていると判断してよい。本章では熨斗目だけに焦点を当てているので、帯刀についてはまったく触れない。
22)　明治20年12月付の同じ錦絵「海山と西ノ海の取組」（国明筆）では、庄五郎は熨斗目を着用していない。この錦絵は『東京人』（pp.26-7）にも掲載されている。

得たり」(p.5)

　瀬平が草履格でも熨斗目麻上下を着用するのは「しきたり」だと語って
いるのは、自身の体験に基づいており、揺るぎない自信である。吉田司家
から正式に許可を受けていたかどうかは定かでないが、話し合って何らか
の形で許可を受けていたことも間違いなさそうである。
　木村庄三郎（のちの 15 代庄之助）も三役の草履格だったとき、熨斗目
麻上下を着用している[23]。その証拠をいくつか示す。

(a) 松木平吉著『角觝秘事解』(明治 17 年)
　「木村庄三郎、侍烏帽子熨斗目勝色の素袍、東の花道より徐々出で（後
　略)」(p.12)

　庄三郎は熨斗目を着用している。この天覧相撲の庄三郎を熨斗目なしで
描いた錦絵があるとすれば、それは事実に即していないことになる[24]。

(b) 錦絵「御濱延遼館於テ天覧角觝之図」(梅ケ谷横綱土俵入り)、国明画、
　明治 17 年 3 月、庄三郎：朱房、熨斗目着、『図録「日本相撲史」総覧』
　(pp.40-1)。

(c) 錦絵「梅ケ谷横綱土俵入之図」(天覧相撲)、国明画、明治 17 年 3 月、

---

23)　この庄三郎は明治 18 年 5 月に 15 代庄之助を襲名している。これについては、
　たとえば『読売新聞』(明治 18 年 5 月 12 日)の「回向院相撲」を参照。『大阪朝
　日新聞』(明治 30 年 9 月 26 日)の「木村庄之助没す」には「(前略)十五代目木
　村庄之助を継続し、縮め熨斗目麻上下着用、木刀佩用、紫紐総携帯を許され(後
　略)」とあるが、この行司は三役の草履格だった頃、熨斗目麻上下を着用していた。
　この新聞記事が事実を反映しているのかどうかは、検討を要する。
24)　明治 17 年 5 月付の錦絵「梅ケ谷横綱土俵入り」(国明筆)でも木村庄三郎は熨
　斗目麻上下を着用している。この錦絵は「大谷孝吉コレクション　相撲浮世絵」
　(p.65)に掲載されている。

庄三郎：朱房、熨斗目着、堺市博物館（p.76）。

　明治17年3月の天覧相撲を描いた錦絵はいくつかあり、庄三郎が熨斗目麻上下を着用しているものもあれば、そうでないものもある。本章では、松木平吉著『角觝秘事解』（明治17年、p.12）に基づき、庄三郎はその天覧相撲では熨斗目麻上下を着用していたとしている。したがって、それを着用していなければ、その錦絵はそれをたまたま描いていないものと見做している。

　このように、立行司でない草履格の三役行司でも熨斗目麻上下の着用が許されている証拠がいくつかある。そういう状況がいつまで続いていたかとなると、はっきりしない。吉田司家は、どちらかと言えば、熨斗目麻上下は立行司に許す傾向があるが、庄五郎や庄三郎も吉田司家の許しを受けている。それが正式の許可だったのか、それとも非公式の黙認だったのか、その辺の事情がはっきりしないだけである。
　本章では、明治30年頃までは、熨斗目麻上下は立行司だけでなく、三役行司にも許されていたとしておく。なぜ30年頃までなのかとなると、明確な証拠を提示できないが、誠道が16代庄之助を襲名したとき、明治31年4月付の免許状に次のような言葉が記されているからである。

　　「　　　　　免許状
　　団扇紐紫白打交熨斗目麻上下令免許畢以来相用可申也
　　仍而免許状如件」

　これは、『東京日日新聞』（明治45年1月15日）の「明治相撲史（木村庄之助の一代）」に掲載されている。この免許状に房色だけでなく、「熨斗目麻上下」着用のことも記してある。それは、当時、立行司だけにその装束が許されていることを示唆しているかもしれない。おそらく立行司でない草履格には、それ以降、その装束は許されていないはずである。明治34年に立行司に熨斗目麻上下を許すとする新聞記事があるが、それは改

めて正式に追認しただけである。同様に、たとえば、庄三郎（のちの 17
代庄之助）も明治 37 年 5 月に草履格になったが、やはり熨斗目麻上下を
着用していない。

・錦絵「大達と梅ケ谷の取組」、国利画、明治 17 年 6 月、庄三郎：足袋、
　熨斗目着、和歌森著『相撲今むかし』（p.71）。

　この錦絵では、庄三郎は熨斗目着だが、足元は足袋である。熨斗目なら、
草履格に違いない。なぜ草履格として描かれていないか、不明である。『相
撲百年の歴史』（p.101）にほとんど同じ図柄の錦絵（国明画）があるが、
庄三郎は草履で、熨斗目を着用していない。

6.　式守鬼一郎の草履格

　明治時代の錦絵や絵図を調べているうちに、拙著『大相撲の方向性と行
司番付再訪』（2024）の第 9 章「明治 30 までの行司番付と房色（資料編）」
で、鬼一郎の草履格に昇進した年月を明治 9 年 4 月としているが、それ
は事実に即していないことがわかった。同じ図柄の錦絵が二つあり、草履
の有無だけが違っていることから、その分起点を明治 9 年 4 月と誤って
判断したのである。ところが、明治 9 年から 16 年まで錦絵や絵番付を再
度調べてみると、鬼一郎は明治 15 年 1 月か 5 月に草履を履いていること
がわかった。
　鬼一郎が描かれている錦絵と絵番付を年代順に列挙してみると、次のよ
うになる。

（a）錦絵「大相撲引分之図」（境川と梅ケ谷の取組）、国明筆、行司：足袋、
　　鬼一郎：朱房、明治 9 年 4 月。
（b）鬼一郎は 11 年 6 月の絵番付では、不明。『相撲　なるほど歴史学』（PHP
　　研究所、平成 4 年 7 月、p.45）を参照。
（c）明治 12 年 5 月と 13 年 5 月の絵番付は、図柄が同じで、行司の 3 番

と 4 番手は足袋である。鬼一郎は 3 番手なので、当時、足袋だったことがわかる。

(d) 錦絵「豊歳御代之栄」（島津別邸天覧相撲）、若嶋と梅ケ谷の取組、安次画、明治 14 年 5 月 9 日、庄之助：熨斗目着、紫房、出版人・松木平吉／酒井著『日本相撲史（中）』（p.57）。

　この錦絵では鬼一郎は三番手だが、熨斗目を着用していない。隣の庄三郎も熨斗目を着していない。鬼一郎と庄三郎は当時、足袋だったに違いない（推定）。なお、庄之助は紫房でなく、朱房だったはず。なぜ紫房で描いたのかは、不明である。

　錦絵「梅ケ谷と楯山の取組」（15 年 5 月）では、庄之助は朱房（推定）、熨斗目を着用なので、それ以前の錦絵で紫房になっているのは、正しくないことになる。15 年 2 月の錦絵「若嶋と梅ケ谷の取組」でも、庄之助は朱房である。

(e) 明治 15 年 1 月の錦絵や絵番付は見当たらない[25]。当時、鬼一郎が足袋だったのか、草履だったのか、判断できない。

(f) 鬼一郎は 15 年 5 月の絵番付(国明筆)では、草履を履いている。学研『大相撲』（p.132）を参照。

　年代順に錦絵や絵番付を調べると、鬼一郎が草履を履いたのは 15 年 1

---

25) 明治 15 年 1 月付の錦絵や絵番付を所蔵していそうな知人や相撲博物館に問い合わせたが、所蔵していないということだった。今後、どこかで見つかるかもしれない。「御請書」（明治 15 年 7 月付）が文字資料としてあるが、その中の伊之助が 7 代だとすれば、いつから草履を許されたかが必ずしも明確でない。「御請書」に関しては、たとえば、荒木精之著『相撲道と吉田司家』（pp.126-8）を参照。「御請書」では、立行司の庄之助と伊之助は熨斗目麻上下を許されるとしている、庄三郎、与太夫、庄五郎、誠道も草履格だが、その熨斗目の着用に関しては何も記されていない。この 4 人全員を草履格扱いしているが、それが妥当でないことは確かである。

月か 5 月ということになる。15 年 5 月には確実に草履を履いているが、
15 年 1 月の可能性も否定できないのである。それを判別する資料が、今
のところ、見当たらない。鬼一郎は明治 16 年 1 月に 7 代伊之助になった
ので、そのときに熨斗目麻上下の着用を許されているはずだ。それを着用
したのは、わずか 2 場所だったかもしれない。

7.　今後の課題

　本章では、庄之助と伊之助がいつから熨斗目麻上下を着用し始めたかに
ポイントを絞って調べ、一応、暫定的な結論を提示している。いくつか、
解明すべき課題があることもわかった。その課題を提示しておきたい

（1）　庄之助が熨斗目麻上下の着用を始めたのは、文政 10 年としている
　　　が、それは正しいだろうか。その文政 10 年は描かれた錦絵の年月や
　　　9 代庄之助の行司歴などから推測したもので、直接的証拠に基づいて
　　　いない。今後は、10 年だとする明確な証拠を探し、それを提示する
　　　ことである。

（2）　伊之助が熨斗目麻上下を着用し始めたのは、文久 3 年と判断してい
　　　るが、それは正しいだろうか。文久元年にその熨斗目を着用する旨の
　　　出願をしているが、実際にその着用を確認できる錦絵は、文久 3 年
　　　である。文久元年にその許可があったなら、その翌年（つまり 2 年）
　　　には着用を始めていてもおかしくない。しかし、それを確認できる 2
　　　年の錦絵はまだ見つかっていない。その決着をつけるには、文久 2 年
　　　に描かれた錦絵を他にも見つけ出すことである。さらに、本稿では「文
　　　久元年」の出願を前提にしているが、それが正しいかどうかを吟味す
　　　る必要があるかもしれない。

（3）　明治に 30 年頃までは立行司でない草履格（つまり三役行司）が熨
　　　斗目麻上下を着用している。たとえば、庄五郎（のちの瀬平）や庄三

郎（のちの 15 代庄之助）は 10 代後半から 20 年代後半まで熨斗目麻上下を着用している。それを確認できる錦絵もある。その行司たちには熨斗目の着用を許した文書が吉田司家から出されていたのだろうか、それとも黙認の形で許していたのだろうか。草履格の行司が自分の判断で勝手に熨斗目装束を着用したとは考えにくいからである。

(4) 明治 30 年代以降、熨斗目麻上下の着用は立行司だけに許されている[26]。本章では、それは明治 31 年、立行司が 3 名になった頃だとしている。具体的には、16 代庄之助の免許状に熨斗目麻上下着用の言葉が入っていることである。吉田司家は、熨斗目麻上下の着用を立行司だけに許すということを示唆しているのかもしれない。元々、江戸時代は立行司しかその熨斗目を着用できなかったので、その原点に立ち返ったわけである。その考えは正しいのだろうか。

(5) 本章では、木村瀬平は一度目の草履を許されたとき、熨斗目麻上下を着用していたとしている。それは錦絵や文字資料で確認できるからである。行司を 26 年 1 月にいったん辞めてから、2 年後の 28 年 1 月に再び行司に復帰し、二度目の草履を 29 年 6 月に許されている。30 年 1 月場所、瀬平は熨斗目麻上下を着用し、木刀を帯用している。協会幹部はそれに不審を抱き、瀬平にその理由を問いかけている。結果として、協会幹部は熨斗目の着用を黙認している。31 年春場所、瀬平は朱房の立行司となり、32 年 3 月に紫白房を許されている。このような経過を踏まえ、本章では 29 年 6 月以降、瀬平は 32 年 3 月まで、ずっと熨斗目麻上下を着用していたと判断している。その判断は正しいだろうか。立行司になる前、瀬平は熨斗目麻上下を着用していなかったのだろうか。

---

26) 明治 30 年頃の新聞記事では、審判委員（当時の検査役）によると、熨斗目麻上下は吉田司家の許しを受けて、立行司だけに許されると示唆している。3 名の立行司が誕生してからは、他の草履格には熨斗目麻上下は許されていないようだ。

(6)　熨斗目着用とは直接関係ないが、明治 9 年から 16 年の錦絵を調べ
　　ているうちに、拙著『大相撲の方向性と行司番付再訪』(2024) の第
　　9 章「明治 30 年までの行司番付と房色（資料編)」で、鬼一郎の草履
　　格昇進を明治 9 年 4 月としてあるが、その分析が誤りであることに
　　気づいた。そして、正しい年月は明治 15 年 1 月か 15 年 5 月である
　　と改めて提示した。15 年 5 月の草履を確認できる絵番付はあるが、
　　15 年 1 月に描かれた錦絵がまだ見つかっていない。今後は、その資
　　料を見つけることである。その錦絵によって、鬼一郎の草履が 15 年
　　1 月からか 15 年 5 からか、決着がつく。

　本章のテーマでは熨斗目麻上下を直接関連することを扱っているので、
もっと他にも解明したくなる課題は出てくるに違いない。本章の研究が
きっかけになり、熨斗目麻上下をめぐる研究が更に深まることを期待して
やまない。

8.　錦絵資料

　錦絵の中には、以前例示したものが再び提示されているものもある。

(1)　天明時代
　天明 7 年 12 月までは、庄之助は素足であり、熨斗目を着用していない。

(a)「東西土俵入」、春章画、天明 2 年 10 月、庄之助（推定)：素足（推定)、
　　『相撲浮世絵』(pp.40-1)。
(b)「谷風と小野川の仕切り」、春好画、天明 7 年、庄之助・素足、熨斗目なし、
　　『相撲と浮世絵の世界』(p.76)。
　・類似画：「谷風と小野川の仕切り」、春英画、天明 3 年、庄之助：素足、
　　熨斗目なし、『相撲と浮世絵の世界』(p.24)／「相撲の歴史」(p.24)。
　・類似画：「谷風と小野川の仕切り」、春好画、天明 7 年 (1987)、庄之

助：素足、熨斗目なし、『相撲と浮世絵の世界』（p.84）／「相撲の歴史」（p.35）。

(c)「鬼面山と江戸ケ崎の取組」、春章画、天明 4 年 11 月、伊之助：素足、『相撲と浮世絵の世界』（p.25）。

(d)「谷風と鬼面山の取組」、春章画、天明 6 年 3 月、伊之助：素足、『相撲と浮世絵の世界』（p.25）[27]。

(e)「江戸勧進大相撲浮絵之図」（小野川と谷風の取組）、天明 8 年春場所、春章画、庄之助：素足、『相撲の歴史』（p.36）。天明 7 年 12 月に庄之助は草履を許されているので、事実に反する。

　　『相撲浮世絵』（pp.66-7）では天明 2 年春場所としている。むしろ、このほうが正しい。また、異なるバージョンで、天明 8 年の錦絵もある（相撲博物館所蔵）。行司は草履を履いている。

(f)「江戸勧進大相撲浮絵之図」（小野川と谷風の取組）、春章画、庄之助：草履、寛政 3 年頃、石黒著『江戸の相撲』（p.18）。

(g)「日本一江戸大相撲土俵後正面之図」（庄之助の背中姿）、春章画、天明 6 年 11 月（1786）、庄之助：素足、『相撲と浮世絵の世界』（p.26）。

(h)「幕内土俵入りの図」、春好画、天明 8 年 4 月（春場所）、庄之助：朱房、草履、熨斗目なし、『相撲百年の歴史』（p.10）。

(2)　寛政時代と享和時代

　天明 8 年以降、庄之助（7 代）は草履を許されているが、熨斗目は着用していない。伊之助（初代）が庄之助同様に、草履を許されていたかどうかは不明である[28]。足元が確認できる資料が見つかれば、容易に確認でき

---

27)　『相撲と浮世絵の世界』（p.25）では、行司は庄之助となっているが、本章では軍配の形から伊之助としておく。いずれにしても、当時は、両行司とも素足である。

28)　鬼一郎（初代）は文化 6 年 9 月、草履を許されている。これに関しては、吉田長善編『ちから草』（pp.25-6）を参照。当時、伊之助は不在だった。伊之助（2 代）の在位期間は寛政 5 年から同 11 年 11 月と文化 11 年 4 月から文政 2 年 11 月である。行司の代数に関しては、『大相撲人物大事典』（2001）の「行司の代々」（pp.685-706）を参照。

るが、今のところ、そのような資料が見つからない。

(a)「横綱伝授之図」、春英画、寛政元年1月、庄之助：草履（推測）、熨斗目なし、『相撲と浮世絵の世界』（p.86）。

(b)「谷風土俵入りの図」、春英画、寛政元年11月、庄之助：草履（推定）、『相撲百の歴史』（p.11）。

(c)「谷風と小野川の仕切り」、春好画、寛政2年、庄之助：草履（推定）、熨斗目なし、『相撲と浮世絵の世界』（p.84）。

(d)「江都勧進大相撲浮絵之図」、春章画、寛政2年11月[29]、庄之助：草履、『相撲と浮世絵の世界』（p.89）。

(e)「小野川と谷風の引分け之図」、春英画、寛政3～4年、庄之助：草履、熨斗目なし、『相撲と浮世絵の世界』（p.27）。

(f)「大名御相撲の図」（藩邸内水入りの図）、春英画、寛政3年6月、庄之助：草履、堺博物館（p.40）。

(g)「雷電と陣幕の取組」（上覧相撲、春英画、寛政3年6月）、庄之助：草履、熨斗目なし（推定）、『相撲浮世絵』（pp.70-1）。

(h)「常山と高根山の取組」（上覧相撲）、春英画、庄之助（推定）：熨斗目なし（推定）、寛政6年春、『相撲浮世絵』（pp.164-5）[30]。図柄はまったく同じで、取組んでいる力士（小野川と常山）が異なる錦絵もある。『相撲と浮世絵の世界』（p.29）を参照。

(i)「小野川と雷電の取組」、春好画、寛政期、庄之助：草履、熨斗目なし（推定）、『江戸相撲錦絵』（p.68）。

　享和期に式守伊之助の足元が確認できる錦絵や文字資料は見当たらない。庄之助は、もちろん、草履を履いている。

---

29)　天明8年としたものもある。草履を履いていることから、天明8年かもしれない。この錦絵にはいくつかバージョンがあり、正確な年号は必ずしも定かでない。

30)　キャプションによれば、寛政6年の上覧相撲の模様を大名屋敷に描いたもので、番付は寛政5年3月に基づいているという。

(3)　文化時代

　式守鬼一郎（三番手）は文化 6 年 9 月に草履を許されている[31]。鬼一郎が草履を許されていたことから、上位の与太夫（二番手）もそれを許されていたに違いない[32]。

(a)「雷電と柏戸の取組」、春英画、文化 3 年 10 月、庄之助：草履、熨斗目なし、『日本相撲史（上）』（p.223）[33]。

(b)「幕内土俵入りの図」、英山画、文化 10 年、『江戸相撲錦絵』（pp.17-9）、庄之助の背中、熨斗目なし。

(c)「立神と玉垣の取組」、柳谷筆、文化 13 年 2 月、庄之助（8 代）：朱房（推定）、草履、熨斗目なし、『江戸相撲錦絵』（pp.14-6）。

(d)「勧進大相撲興行図」、春英画、文化 14 年 1 月、庄之助（推定）：背中を向けている姿、熨斗目なし、『浮世絵相撲』（pp.21-3）。学研『大相撲』（pp.52-3）では文政 2 年頃としている。

(e)「新版浮絵勧進大相撲之図」（取組んでいる力士名は不明）、英泉画、文化末期か文政初期、伊之助（2 代）：朱房（推定）、草履、熨斗目なし[34]、『江戸相撲錦絵』（p.20）[35]。

---

31)　これに関しては、吉田長善編『ちから草』（pp.25-6）を参照。それには行司免許の房色や草履のことが記されている。

32)　この与太夫（二番手）がいつ草履を許されたかは不明である。それを確認できる資料をまだ見ていない。

33)　図柄は同じだが、『相撲浮世絵』（p.71）には取組みの一部のみが裏返しになって掲載され、文化元年冬場所となっている。どの年月が正しいかは、調べてない。

34)　2 代伊之助がいつ草履を許されたかは不明である。庄之助は襲名と同時に草履を許されているが、伊之助も同じだったのかどうか不明である。もし同じだったなら、寛政 5 年 11 月か文化 11 年 4 月である。当時、庄之助と伊之助は同等の地位として見做されていなかった。差別があったので、伊之助は襲名と同時に草履を許されていないかもしれない。これに関しては、それが確認できる資料が必要である。この脚注は、脚注 (13) の再録である。

35)　この錦絵を『相撲と浮世絵の世界』（p.112）では文政期としている。本章では、

（4）　文政時代

　庄之助の熨斗目については、本文の中で詳しく扱っている。伊之助はその着用をまだ許されていない。

（5）　天保時代

　庄之助は熨斗目を着用しているが、伊之助はその着用をまだ許されていない。

A．木村庄之助

(a)「荒馬と剣山の取組」、国貞画、天保 14 年、庄之助：朱房、草履、熨斗目着、江戸相撲錦絵（pp.114-5）。

(b)「不知火と小柳の取組」、国貞画、庄之助：熨斗目着、『相撲と浮世絵の世界』（p.44）。

B．式守伊之助

(a)「勧進大相撲の図」（平岩と不知火の取組）、国貞画、天保 11 年 2 月 [36]、

---

　2 代伊之助は文化 11 年 4 月から文政 2 年 11 月なので、文化末期としておく。この錦絵には描かれた年月を確認できる手掛かり（たとえば力士名）がない。

36)　『江戸相撲錦絵』（p.74）では天保 10 年 11 月としているが、本章では天保 11 年 2 月とする。濃錦里が不知火に改名し、対戦相手の平岩の最終場所が 11 年 2 月だからである。同じ図柄だが、控え力士名が異なる錦絵もある。たとえば、『相撲と浮世絵の世界』（p.124）の錦絵は、控え力士に三ツ鱗や小松山などがいることから、天保 10 年 11 月に描かれたとも推測できるが、対戦している力士はやはり不知火と平石である。以前描かれた錦絵を単に力士名だけを改変したのかもしれない。『江戸相撲錦絵』（p.74）と『相撲と浮世絵の世界』（p.124）はともに同じ図柄だが、控えの力士がそれぞれ異なるのである。描かれた年月はいずれも異なっていたかもしれない。以前の錦絵に、後で対戦する力士を不知火と平石としている。どちらの錦絵でも「行司勘太夫改め伊之助」とあり、対戦力士名は同じである。勘太夫が伊之助を襲名したのは、10 年 3 月であり、それは番付でも確認できる。この二つの錦絵の前に、元になった同じ図柄の錦絵があるはずだが、残

（勘太夫改め）伊之助：朱房、足袋、『江戸相撲錦絵』（p.74）。

(b)「友綱と猪名川の取組」、国貞画、天保14年、伊之助：朱房、熨斗目なし、『江戸相撲錦絵』（p.100）。

(c)「勧進大相撲顔触れの図」、国貞画、天保14年、伊之助：朱房、熨斗目なし、『江戸相撲錦絵』（p.97）。

(d)「徳川治蹟年間記事」（小柳と荒馬の取組）、芳年画、天保14年9月、伊之助：草履、熨斗目なし、『相撲浮世絵』（pp.164-5）[37]。

(6) 弘化時代

庄之助は熨斗目を着用しているが、伊之助はそれを着用していない。

(a)「勧進大相撲土俵入之図」、豊国画、弘化2年11月、庄之助（推定）：熨斗目着、『相撲と浮世絵の世界』（p.44）。

(b)「秀の山と稲川の取組」、国貞画、伊之助：熨斗目なし、『相撲浮世絵』（pp.50-1）。

(c)「秀ノ山雷五郎横綱土俵入之図」、豊国画、伊之助：熨斗目なし、弘化末期、学研『大相撲』（pp.84-5）／『相撲浮世絵』（p.74）。

(7)　嘉永時代

庄之助は熨斗目を着用しているが、伊之助はそれを着用していない。

(a)「勧進大相撲興行之図」、国芳画、嘉永2年11月、庄之助：紫白房（推定）、熨斗目着、『相撲と浮世絵の世界』（pp.142-3）。

(b)「勧進大角力取組図」（常山と小柳の取組）、芳宣画、嘉永7年11月、

念ながら、それをまだ見ていない。勘太夫が伊之助を襲名したことを記してあることから、元の錦絵は10年3月頃には描かれていたかもしれない。この推測が正しいかどうかは、同じ図柄の錦絵が他にもないかどうかを調べてみる必要がある。

37)　キャプションによると、この錦絵は明治時代に、天保14年9月の上覧相撲を想像して描いている。

庄之助：朱房、草履、熨斗目着、『江戸相撲錦絵』（p.76）。

(c)「勧進大相撲之図」、豊国画、嘉永 6 年 11 月、（鬼一郎改め）伊之助（6代[38]）：草履、熨斗目なし（推定）、『江戸相撲錦絵』（pp.144-5）。

(8)　安政時代と万延時代

庄之助は熨斗目を着用しているが、伊之助はそれを着用していない。

A. 木村庄之助の熨斗目着用

(a)「小野川と響灘の取組」、国貞画、安政 7 年 2 月、庄之助：朱房、熨斗目着、『江戸相撲錦絵』（pp.79）。

(b)「勧進大相撲土俵入之図」、芳幾筆、万延元年 10 月、庄之助：熨斗目着、『相撲浮世絵』（pp.38-9）。

B. 式守伊之助は熨斗目着用なし

(a)「雲龍と境川の取組」、芳盛画、安政 4 年冬場所、伊之助：熨斗目なし、『江戸相撲錦絵』（p.62）。

(b)陣幕と不知火の取組、芳員画、安政 5 年 11 月、伊之助：朱房、熨斗目なし、『江戸相撲錦絵』（p.64）。

万延期には伊之助の熨斗目を確認できる錦絵はないが、たとえ見つかっても、熨斗目は着用していないものと推測できる。

(9)文久時代

伊之助は「文久元年」に熨斗目の着用を出願したとする文字資料があるが、錦絵でそれが確認できるのは文久 3 年である。文久 2 年には熨斗目を描いてある錦絵はまだ見つかっていない。文久 2 年は出願した翌年なので、そのような錦絵が今後、見つかるかもしれない[39]。

---

38)　6 代伊之助の在位期間は嘉永 6 年 11 月から明治 13 年 5 月である。

39)　錦絵に関しては、主として相撲関連の本を参考にしている。まだ見ていない錦

A．木村庄之助

(a)「雲龍横綱土俵入之図」、国貞画、文久元年、庄之助：熨斗目着、『江戸相撲錦絵』(pp.98-9)。『江戸相撲錦絵』(p.62)。

(b)「不知火（光）と鬼面山の取組」、豊国画、文久3年頃（推定）、庄之助：熨斗目着、『相撲浮世絵』(p.78)。

B．式守伊之助

(a)「勧進大相撲繁栄図」、国久図画、文久2年春場所、伊之助：熨斗目なし、『江戸相撲錦絵』(pp.98-9)。

(b)「不知火（光）と鬼面山の取組」、国輝画、文久3年11月、伊之助：熨斗目着、学研『大相撲』(p.115)。

(10) 元治時代と慶応時代

　伊之助は文久時代に熨斗目着用を許されているので、元治時代の錦絵にもそれが反映されている。もし反映されていなければ、絵師がたまたま描かなかったはずだ。

『注記』

　この第9章は、実は、第1章から第8章までの初稿ゲラを校正した後で、新たに追加したものである。そのため、第9章はそれまでの8章（つまり第1章から第8章）と内容的に一貫性がないものが混じっているかもしれない。もしそういう記述があれば、この第9章の分析が優先する。

絵がたくさんある。文久元年、2年、3年のそれぞれ、熨斗目を描いた錦絵が見つかる可能性はある。出願した「文久元年」でも12カ月あり、いつ頃出願したのかはわかっていない。また、その着用をいつ許可したのかもわかっていない。さらに、出願した「文久元年」を信じてよいかどうかも、検討すべきかもしれない。「文久2年」だった可能性もあり得るからである。つまり、記憶違いや勘違いもあり得る。

参考文献

雑誌や新聞等は本文の中で詳しく記してあるので、ここでは省略する。

秋葉龍一、『横綱の格式』、主婦と生活社、2008（平成 20 年）。

阿部猛（編）、『日本社会における王権と封建』、東京堂出版、1997（平成 9 年）。

綾川五郎次、『一味清風』、学生相撲道場設立事務所、1914（大正 3 年）。

荒木精之、『相撲道と吉田司家』、相撲司会、1959（(昭和 34 年）。

飯田昭一、『資料集成　江戸時代相撲名鑑(上・下)』、日本アソシエーツ、2001(平成 13 年）。

飯田道夫、『相撲節会』、人文書院、2004（平成 16 年）。

池田雅雄、『相撲の歴史』、平凡社、1977（平成 9 年）。

―――、『大相撲ものしり帖』、ベースボール・マガジン社、1990（平成 2 年）。

―――（編）、『写真図説　相撲百年の歴史』、講談社、1970（昭和 45 年）。

伊藤聡、『神道とは何か』、中央公論社、2012（平成 24 年）。

伊藤忍々洞、『相撲展望』、雄生閣、1925（昭和 14 年）。

岩井左右馬、『相撲伝秘書』、1776（安永 5 年）。

岩井播磨掾久次・他(伝)、『相撲行司絵巻』、1631(寛永 8 年）。（天理大学善本叢書の一つ）。

上田元胤（編）、『相撲早わかり』、国技書院、1918（昭和 7 年）。

内館牧子、『女はなぜ土俵にあがれないのか』、幻冬舎、2006（平成 18 年）。

―――、『大相撲の不思議』、潮出版社、2018（平成 30 年）。

『江戸相撲錦絵』（『VANVAN 相撲界』新春号）、ベースボール・マガジン社、1986（昭和 61 年）1 月。

大越愛子、『女性と宗教』、岩波書店、1997（平成 9 年）。

『大谷コレクション　相撲浮世絵（改訂版）』（大谷孝吉・三浦照子編）、発行者・大谷孝吉、1996（平成 8 年）。

大西秀胤（編）、『相撲沿革史』、編集発行・松田貞吉、1895（明治 28 年）。

大ノ里萬助、『相撲の話』、誠文堂、1930（昭和 5 年）。

大橋新太郎（編）、『相撲と芝居』、博文館、1900（明治 33 年）。

岡敬孝（編著）、『古今相撲大要』、報行社、1885（明治 18 年）。

尾崎清風（編著）、『角力読本国技』、発行所・大日本角道振興会本部、1941（昭和 16 年）。

尾崎士郎、『昭和時代の大相撲』、国民体力協会、1941（昭和 16 年）。

景山忠弘(編著)、『明治・大正・昭和大相撲グラフィティ』、カタログハウス、1994(平成 6 年)。

―――、『写真と資料で見る大相撲名鑑』、学習研究社、1996（平成 8 年）。

笠置山勝一、『相撲範典』、博文館内野球界、1942（昭和 17 年）。

風見明、『「色」の文化詩』、株式会社工業調査会、1997（平成 9 年）。

―――――、『相撲、国技となる』、大修館書店、2002（平成 14 年）。

―――――、『横綱の品格―常陸山と大相撲の隆盛』、雄山閣、2008（平成 20 年）。

加藤進、『相撲』、愛国新聞社出版部、1942（昭和 17 年）。

香山磐根＆相撲友の会グループ、『大相撲おもしろ読本』、日本実業出版社、1984（昭和 59 年）。

川端要寿、『物語日本相撲史』、筑摩書房、1993（平成 5 年）。

金指基、『相撲大事典』、現代書館、2002（平成 14 年）。

上司延貴、『相撲新書』、博文館、1899（明治 32 年）。

河原武雄・神風正一、『土俵のうちそと』、家の光協会、1965（昭和 40 年）。

北川博愛、『相撲と武士道』、浅草国技館、1911（明治 44 年）。

木梨雅子、『鶴の守る地に祈りは満ちて』、旧森岡藩士桑田、2004（平成 16 年）。

木村喜平次、『相撲家伝鈔』、1714（正徳 4 年）。

―――――（20 代、松翁）、『国技勧進相撲』、言霊書房、1942（昭和 17 年）。

―――――（21 代）、『ハッケヨイ人生』、帝都日日新聞社、1966（昭和 41 年）。

―――――（22 代）・前原太郎（呼出し）、『行司と呼出し』、ベースボール・マガジン社、1957（昭和 32 年）。本書では便宜的に、木村庄之助著『行司と呼出し』として表すこともある。

―――――（27 代、熊谷宗吉）、『ハッケヨイ残った』、東京新聞出版局、1994（平成 6 年）。

―――――（29 代、桜井春芳）、『一以貫之』、高知新聞社、2002（平成 14 年）。

―――――（33 代）、『力士の世界』、文芸春秋、2007（平成 19 年）。

―――――（36 代）、『大相撲　行司さんのちょっといい話』、双葉社、2014（平成 26 年）。

木村清九郎（編）、『今古実録相撲大全』、1885（明治 18 年）。

木村政勝、『古今相撲大全』、1763（宝暦 13 年）。

『木村瀬平』（雪の家漁叟記、小冊子）、漬和堂、1898（明治 31 年）。

窪寺紘一、『日本相撲大鑑』（新人物往来社、平成 4 年（1992）

栗島狭衣、『相撲通』、実業之日本社、1913（大正 2 年）。

―――――、『相撲百話』、発行人・櫻木俊晃、発売所・朝日新聞社、1940（昭和 15 年）。

小池謙一（筆）、「年寄名跡の代々（1~135）」『相撲』（平成元年（1989）9 月～平成 13 年（2001）1 月）。

小泉葵南、『お相撲さん物語』、泰山書房、1917（大正 6 年）。

好華山人、『大相撲評判記』、大阪・川内屋長兵衛、1836（天保 7 年）。

『国技大相撲の 100 傑―宝暦から現代まで』、1978（昭和 53 年）。

「国技相撲のすべて」（別冊『相撲』秋季号）、ベースボール・マガジン社、1996（平成 8 年）。

小島貞二（監）、『大相撲事典』、日本文芸社、1979（昭和 54 年）。

―――――、『相撲史うらおもて（その二）』、ベースボール・マガジン社、1992（平成 4 年）。

『古事類苑　武技部（19)』（復刻版）、吉川弘文館、1980（昭和 55 年）。

寒川恒夫（編）、『相撲の宇宙論―呪力をはなつ力士たち』、平凡社、1993（平成 5 年）。

堺市博物館（制作）、『相撲の歴史』、堺・相撲展実行委員会、1998（平成 10 年）。

酒井忠正、『相撲随筆』、ベースボール・マガジン社、1995（平成 7 年）。1953（昭和 28 年）
　　版の復刻版。

――――、『日本相撲史』（上・中）、ベースボール・マガジン社、1956（昭和 31 年）
　　／ 1964（昭和 39 年）。

沢田一矢（編）、『大相撲の事典』、東京堂出版、1995（平成 7 年）。

塩入太輔（編）、『相撲秘鑑』、厳々堂、1886（明治 19 年）。

式守伊之助（19 代、高橋金太郎）、『軍配六十年』、1961（昭和 36 年）。

―――（26 代、茶原宗一）、『情けの街の触れ太鼓』、二見書房、1993（平成 5 年）。

式守蝸牛、『相撲穏雲解』、1793（寛政 5 年）。『VANVAN 相撲界秋季号』（ベースボール・
　　マガジン社、1983）の相撲古典復刻『相撲穏雲解』（pp.82-133）を参照。

式守幸太夫、『相撲金剛伝』（別名『本朝角力之起原』）、1853（嘉永 6 年）。

清水健児・清水晶著『昭和相撲大観』、文政社、1937（昭和 12 年）。

ジョージ石黒、『相撲錦絵蒐集譚』、西田書店、1994（平成 6 年）。

杉浦善三、『相撲鑑』、昇進堂、1911（明治 44 年）。

杉山邦博（監）・佐藤孔亮（著）、『大相撲のことが何でもわかる本』、廣済堂、1995（平
　　成 7 年）。

鈴木正崇、『女人禁制』、吉川弘文館、2002（平成 14 年）。

―――、『女人禁制の人類学』、法蔵館、2021（令和 3 年）。

鈴木要吾、『相撲史観』、人文閣、1943（昭和 18 年）。

『相撲浮世絵』（別冊相撲夏季号）、ベースボール・マガジン社、1981（昭和 56 年）6 月。

『相撲起顕（初輯〜十輯）』（復刻版）、ベースボール・マガジン社、2001（昭和 60 年）。
　　　原本は天保 9 年（1838）〜安政元年（1854）。

『相撲極伝之書』（南部相撲資料の一つ。他に『相撲故実伝記』、『相撲答問詳解抄』など
　　もある）。

『相撲拾遺』、編集兼発行人・根岸静次郎、清美堂活版所、1911（明治 44 年）。

『相撲　なるほど歴史学』（『歴史街道』7 月特別増刊号）、PHP 研究所、1992（平成 4 年）。
　　　『相撲錦絵展』、田原町博物館篇、1996（平成 8 年）。

『相撲』編集部、『大相撲人物大事典』、ベースボール・マガジン社、2001（平成 13 年）。

―――、『知れば知るほど行司・呼出し・床山』、ベースボール・マガジン社、2019（平
　　成 31 年）。

『角力読本国技』、大日本角道振興会本部、1941（昭和 16 年）。

「相撲今昔物語巻七と巻八」『新燕石十種（第四巻）』に所収、1913（大正 2 年）。

瀬木新郎九、『相撲起顯』、発兌所・山下万之助、1909（明治 42 年）。

寒川恒夫（編）、『相撲の宇宙論』、平凡社、1993（平成 5 年）。

大日本相撲協会（編）、『国技相撲』、大日本相撲協会、1939（昭和 14 年）。

高埜利彦、『相撲』、山川出版社、2022（令和 4 年）。

高橋義孝（監）、『大相撲の事典』、三省堂、1985（昭和 60 年）。

竹内誠、『元禄人間模様』、角川書店、2000（平成 12 年）。

―――、『徳川幕府と巨大都市江戸』、東京堂出版、2003（平成 15 年）。

竹田恒泰、『現代語古事記〈ポケット版〉』、学研プラス、2016（平成 28 年）。

竹森章（編）、『相撲の史跡』、相撲史跡研究会、1973（昭和 48 年）〜 1993（平成 5 年）。

―――、『京都・滋賀の相撲』、発行者・竹森章、1996（平成 8 年）。

立川焉馬（撰）、『角觝詳説活金剛伝』（写本）、1828（文政 11 年）。

―――（序文）・歌川国貞画、『相撲櫓太鼓』、1844（天保 15 年）。

―――（作）、『当世相撲金剛伝』、1844（天保 15 年）。

土屋喜敬、『相撲』、法政大学出版局、2017 年（平成 29 年）。

出羽（之）海谷右衛門（述）、『最近相撲図解』、岡崎屋書店、1918（大正 7 年）。

出羽海秀光、『私の相撲自伝』、ベースボール・マガジン社、1954（昭和 29 年）。

東京角道会（編）、『相撲の話』、黒耀社、1925（大正 14 年）。

『東京人』（特集「相撲の真髄」）、都市出版、2009（平成 21 年）年 6 月。

戸谷太一（編）、『大相撲』、学習研究社、1977（昭和 52 年）。（本書では「学研（発行）」
　　として表す）。

戸矢学、『陰陽道とは何か』、PHP 研究所、2006（平成 18 年）。

中英夫、『武州の力士』、埼玉新聞社、1976（昭和 51 年）。

中村倭夫、『信濃力士伝』（昭和前篇）、甲陽書房、1988（昭和 63 年）。

成島峰雄、『すまゐ（い）ご覧の記』、1791（寛政 3 年 6 月）。

鳴戸政治、『大正時代の大相撲』、国民体力協会、1940（昭和 15 年）。

南部相撲資料（『相撲極伝之書』、『相撲故実伝記』、『相撲答問詳解抄』など。他に相撲
　　の古文書が数点ある）。

新山善一、『大相撲ミニ事典』、東京新聞出版局、1997（平成 9 年）。

西山松之助、『家元ものがたり』、秀英出版、1971（昭和 46 年）。

新田一郎、『相撲の歴史』、山川出版社、1994（平成 6 年）。

―――、『相撲　その歴史と技法』、日本武道館、2016（平成 28 年）。

根間弘海、『ここまで知って大相撲通』、グラフ社、1998（平成 10 年）。

――――、『Q&A 形式で相撲を知る SUMO キークエスチョン 258〈英語の書名：
　　SUMO:258 Key Questions〉』（岩淵デボラ英訳）、洋販出版、1998（平成 10 年）。

―――、『大相撲と歩んだ行司人生 51 年』、33 代木村庄之助と共著、英宝社、2006（平
　　成 18 年）。

―――、『大相撲行司の伝統と変化』、専修大学出版局、2010（平成 22 年）。

―――、『大相撲行司の世界』、吉川弘文館、2011（平成 23 年）。

─────、『大相撲行司の軍配房と土俵』、専修大学出版局、2012（平成 24 年）。

─────、『大相撲の歴史に見る秘話とその検証』、専修大学出版局、2013（平成 25 年）。

─────、『大相撲行司の房色と賞罰』、専修大学出版局、2016（平成 28 年）。

─────、『大相撲立行司の軍配と空位』、専修大学出版局、2017（平成 29 年）。

─────、『大相撲立行司の名跡と総紫房』、専修大学出版局、2018（平成 30 年）。

─────、『詳しくなる大相撲』、専修大学出版局、2020（平成 31 年）。

─────、『大相撲行司の松翁と四本柱の四色』、専修大学出版局、2020（平成 32 年）。

─────、『大相撲の神々と昭和前半の三役行司』、専修大学出版局、2021（令和 3 年）。

─────、『大相撲の行司と階級色』、専修大学出版局、2022（令和 4 年）。

─────、『大相撲行司の格付けと役相撲の並び方』、専修大学出版局、2023（令和 5 年）。

─────、『大相撲の方向性と行司番付再訪』、専修大学出版局、2024（令和 6 年）。

半渓散史（別名・岡本敬之助）、『相撲宝鑑』、魁真書桜、1894（明治 27 年）。

肥後相撲協会（編）、『本朝相撲之吉田司家』、1913（大正 2 年）。

彦山光三、『土俵場規範』、生活社、1938（昭和 13 年）。

─────、『相撲読本』、河出書房、1952（昭和 27 年）。

─────、『相撲道綜鑑』、日本図書センター、1977（昭和 52 年）。

常陸山谷右衛門、『相撲大鑑』、常陸山会、1914（大正 3 年）。

ビックフォード、ローレンス、『相撲と浮世絵の世界』、講談社インターナショナル、1994（平成 6 年）。英語の書名は SUMO and the Woodblock Print Master（by Lawrence Bickford）である。

秀ノ山勝一（編）、『公認相撲規則』、大日本相撲協会、1958（昭和 33 年）

藤島秀光、『力士時代の思い出』、国民体力協会、1941（昭和 16 年）。

─────、『近代力士生活物語』、国民体力協会、1941（昭和 16 年）。

二子山勝治（監修）・新潮社（編著）、『大相撲の世界』、新潮社、1984（昭和 59 年）。

古河三樹、『江戸時代の大相撲』、国民体力大会、1942（昭和 17 年）。

─────、『江戸時代大相撲』、雄山閣、1968（昭和 43 年）。

堀内信（編）、『南紀徳川史（第七巻）』、名著出版、1971（昭和 46 年）。

枡岡智・花坂吉兵衛、『相撲講本』（復刻版）、誠信出版社、1978（昭和 53 年）／オリジナル版は 1935（昭和 10 年）。

松木平吉（編）、『角觝秘事解』、松壽堂、1884（明治 17 年）。

─────（編）、『角觝金剛伝』、大黒屋、1885（明治 18）。原稿者・桧垣藤兵衛とある。

三河屋治右衛門（編）、『相撲起顕』（初輯～十輯）、復刻版、発行者・池田雅雄、ベースボール・マガジン社、1985（昭和 60 年）。

三木愛花、『相撲史伝』、発行人・伊藤忠治、発売元・曙光社、1901（明治 34 年）／『増補訂正日本角力史』、吉川弘文館、1909（明治 42 年）。

─────、『国技角力通』、四六書院、1930（昭和 5 年）。

三木貞一、『江戸相撲の角力』、近世日本文化史研究会、1928（昭和 3 年）。

───・山田伊之助（編）、『相撲大観』、博文館、1902（明治 35 年）。

源淳子（編）、『女人禁制』Q&A、解放出版社、2005（平成 17 年）。

───（編）、『いつまで続く「女人禁制」』、2020（令和 2 年）。

武蔵川喜偉、『武蔵川回顧録』、ベースボール・マガジン社、1974（昭和 49 年）。

武者成一、『史談　土俵のうちそと』、雲母書房、2002（平成 14 年）。

森和也、『神道・儒教・仏教』、筑摩書房、2018（平成 30 年）。

山田伊之助（編）、『相撲大全』、服部書店、1901（明治 34 年）。

山田知子、『相撲の民俗史』、東京書籍株式会社、1996（平成 8 年）。

山田野理夫、『相撲』、ダヴィッド社、1960（昭和 35 年）。

山田義則、『華麗なる脇役』、文芸社、2011（平成 23 年）。

山本義一、『相撲起顕（増補）』、新興亜社、1944（昭和 19 年）。

鎗田徳之助、『日本相撲傳』、大黒屋畫舗、1902（明治 35 年）。

吉田追風（編）、『ちから草』、吉田司家、1967（昭和 42 年）。

吉田長孝、『原点に還れ』、熊本出版文化会館、2010（平成 22 年）。

吉成勇（編）、『図説「日本相撲史」総覧』、新人物往来社、1992（平成 4 年）。

吉野裕子、『陰陽五行と日本の民俗』、人文書院、1983（昭和 58 年）。

吉村楯二（編）、『相撲全書』、不朽社、1899（明治 32 年）。

和歌森太郎、『相撲今むかし』、川出書房新社、1963（昭和 38 年）。

Simmons, Doreen & Nema, Hiromi, Japaese Sumo、専修大学出版局、2022（令和 4 年）。

あとがき

　本書では、行司に関する話題のうち、特に解明されていないものに焦点を当ててきた。きれいに解明されなくても、その糸口を見つけようと試みている。その内で、以前よりは少し前進したものもあったし、暗闇の中でなかなか穴の底にたどり着けないものもあった。解明しようと試みた課題はたくさんある。どのような課題を解明しようとしていたかは、それぞれの章に目を通せば、容易にわかる。それぞれの章には、関連することも取り上げられている。

　参考までに、取り上げた課題をいくつか提示しておく。そうすれば、どういう課題に関心を抱いているのか、かなり推測できるかもしれない。

（1）　竜五郎（のちの 16 代木村庄之助）は東京相撲を脱退し、改正組に同行した明治 6 年 11 月ころ、幕下十枚目（青白房）だっただろうか、それとも幕下（黒房か青房）だったのだろうか。

（2）　玉治郎（のちの 17 代木村庄之助）は大阪相撲から東京相撲に入ったが、明治 20 年 1 月は紅白房だっただろうか。本人は雑誌記事の中で紅白房だったと語っているので、その通りのはずである。しかし、星取表では、青白房（十枚目格）扱いになっている。いずれが、事実を正しく反映しているのだろうか。

（3）　鶴之助が紅白房を許されたのは、大正 2 年 5 月である。それでは、朱房はいつ許されたのだろうか。たとえば『報知新聞』（大正 7 年 5 月 14 日）の「行司の昇格」では大正 7 年 5 月となっているが、式守与太夫・他談『夏場所相撲号』（大正 10 年 5 月）の「行司さん物語―紫総を許される迄」ではまだ「紅白房」扱いである。大正 11 年 1

月場所に、朱房は許されたという指摘もある。いずれが事実を正しく反映しているだろうか。確かな年月を裏付ける証拠はないだろうか。

(4)　15代木村庄之助は明治25年春巡業の際、吉田司家から准紫房を特別に授与されている。明治25年5月場所でもその准紫房で土俵を裁くという記事がある。つまり、准紫房は黙許で使用している。ところが、吉田司家の文書では、その准紫房は明治31年に正式に許されたとなっている。この庄之助の最後の場所は30年5月だが、9月に亡くなっている。吉田司家は亡くなった翌年に准紫房を授けたのだろうか。司家の文書に誤りはないだろうか。

(5)　木村瀬平は明治29年6月に草履を許された。その翌年の本場所、熨斗目麻上下を着用し、帯刀もしている。しかし、協会側はその帯刀を不審の思い、問いただしている。それに対し、瀬平は草履格になれば、帯刀は「しきたり」だと答えている。協会側は、結局、それを黙認している。当時、草履格は帯刀を本当に許されていたのだろうか。すなわち、瀬平が語っているように、帯刀は「しきたり」だったのだろうか。もしそうでないとすれば、草履格はいつから帯刀しなくなったのだろうか。

(6)　明治の頃、朱房・足袋格は階級として「三役格」だったが、ある時期から「幕内格」になっている。三役格から幕内格になったのは、いつからだろうか。新聞記事では、明治の30年代に朱房・足袋格が「幕内格」扱いされている。その変化の年月を確定できるのだろうか。その年月を確定する資料はないだろうか。明治末期には朱房・足袋格は「幕内格」であるという新聞記事があるが、その変化は突然決まったのだろうか、それとも一定の猶予期間があったのだろうか。

(7)　本書では、明治前半の行司番付や嘉永以降の行司番付を別々の章で扱っている。その時代の行司番付を行っている論考はこれまでにない。

本書が初めてである。行司番付は提示してあるが、その分析が正しいのか、誤りがあるのか、判断するのが難しい。基本的には、番付表に基づいて分析してあるが、番付表の見方に誤りがあるかも知れない。以前の番付の記載法は、現在と異なる。見方を少しでも誤れば、行司の順位付けにもおのずと影響する。

(8)　本書では、土俵祭も扱っているが、過去の土俵祭の事例を提示してあるにすぎない。土俵を清めるには、相撲にゆかりのある神々をお招きしたり、その神々にお願いをしたりする。では、相撲にゆかりのある神々は昔から同じなのだろうか、そうでないのだろうか。神々と神道との関係はどうなっているのだろうか。土俵祭の祝詞や口上を調べると、その中に神々が登場する。現在の神々の名は以前と異なることがわかる。現在の相撲には「三神」がゆかりのある神として招かれるが、その三神だけで十分だろうか。以前の天神七代・地神五代や万の神々は、もう相撲とかかわりがないのだろうか。

　私はこれまで、相撲の中で行司に関連することに焦点を当てて研究してきたが、それによってわかってきたものもあれば、まったくお手上げのものある。行司のシンボルである軍配や房色でさえ、現在に至る変遷は必ずしも明らかでないものもある。たとえば、黒房がいつ頃現れたのか、いつ頃最下位の房色として定められたのか、あるいは青白房が現れた正確な年月さえも、まだ確定していない。大きな流れは大体見当がつくが、細かいことになると、まだ究明されていないことがたくさんある。

　現在の黒房に定着する前は、もしかすると、上位行司の房色以外であれば、どの色でもよかったかもしれない。つまり、上位行司の房色を「留め色」とし、それ以外の色を使用するのである。文政末期以降は、錦絵やおもちゃ絵で確認できるように、幕下以下は「黒房」を使用しているが、それは一般的な傾向であって、規則化されていなかったかもしれない。たとえば、「新版子供遊び相撲の図」（国貞画、文政末期か天保初期）や「勧進大相撲繁栄之図」の中の一コマ「本中出世之図」（国輝画、慶応２年）などでは、

黒房で描かれている。明治 43 年 5 月には、幕下以下は黒房か青房と決まっているが、藤島秀光著『力士時代の思い出』（昭和 16 年、pp.86-7）には、昭和になっても十両以上の留め色以外であれば、どの色でもよいとしている。それをどのように理解すればよいのか、今のところ、不明である。このように、幕下以下の房色が「黒」か「青」に決まるまで、どの色を使用していたか、またそれがいつ決まったかなど、もっと調べる必要がある。

　私は拙著『行司の格付けと役相撲』（2023）の第 7 章「行司の格付けと房色の定着」で地位としての朱房・足袋行司は天保初期に現れたかもしれないと指摘しているが、それを確証する錦絵や文字資料を提示していない。単にそれを示唆しているだけである。したがって、朱房・足袋行司がいつ実際に現れたかとなると、その確実な年月は定かでない。足袋・紅白房行司は文政 11 年には確実に現れているが、それ以前にすでに足袋・朱房行司が現れていたのかとなると、実は不明である。草履を履けば足袋も履くという慣習がいつまで続いていたのかも不明である。3 代式守伊之助は文政 11 年に草履を許されているが、そのとき同時に足袋も履いたのか、それとも以前から足袋を履いていていたのか、はっきりしない。そのいずれであったかによって、足袋・朱房行司がいつ現れたのかの年月も変わる。私は、足袋・朱房行司が足袋・紅白房行司より先に現れたていたという見方をしているが、実はその逆だったという見方もあり得る。このように、足袋・朱房行司がいつ現れたかを解明することは、行司階級の現れ方にも関係する。

索　引

拙著と拙稿

【拙著】

(1) 1998、『ここまで知って大相撲通』、グラフ社。
(2) 1998、『Q&A 形式で相撲を知る SUMO キークエスチョン 258』（岩淵デボラ訳）、洋販出版。
(3) 2006、『大相撲と歩んだ行司人生 51 年』、33 代木村庄之助と共著、英宝社。
(4) 2010、『大相撲行司の伝統と変化』、専修大学出版局。
(5) 2011、『大相撲行司の世界』、吉川弘文館。
(6) 2012、『大相撲行司の軍配房と土俵』、専修大学出版局。
(7) 2013、『大相撲の歴史に見る秘話とその検証』、専修大学出版局。
(8) 2016、『大相撲行司の房色と賞罰』、専修大学出版局。
(9) 2017、『大相撲立行司の軍配と空位』、専修大学出版局。
(10) 2018、『大相撲立行司の名跡と総紫房』、専修大学出版局。
(11) 2020、『詳しくなる大相撲』、専修大学出版局。
(12) 2020、『大相撲行司の松翁と四本柱の四色』、専修大学出版局。
(13) 2021、『大相撲行司の神々と昭和前半の三役行司』、専修大学出版局。
(14) 2022、『大相撲の行司と階級色』、専修大学出版局。
(15) 2022、Japanese Sumo（Doreen Simmons と共著）、専修大学出版局。
(16) 2023、『大相撲行司の格付けと役相撲の並び方』、専修大学出版局。
(17) 2024、『大相撲の方向性と行司番付再訪』、専修大学出版局。

【拙稿】

(1) 2003、「相撲の軍配」『専修大学人文科学年報』第 33 号、pp.91-123。
(2) 2003、「行司の作法」『専修人文論集』第 73 号、pp.281-310。
(3) 2003、「行司の触れごと」『専修大学人文科学研究所月報』第 207 号、pp.18-41。
(4) 2004、「土俵祭の作法」『専修人文論集』第 74 号、pp.115-41。
(5) 2004、「行司の改姓」『専修大学人文科学研究所月報』第 211 号、pp.9-35。
(6) 2004、「土俵祭の祝詞と神々」『専修人文論集』第 75 号、pp.149-77。
(7) 2005、「由緒ある行司名」『専修人文論集』第 76 号、pp.67-96。
(8) 2005、「土俵入りの太刀持ちと行司」『専修経営学論集』第 80 号、pp.169-203。
(9) 2005、「行司の改名」『専修大学人文科学研究所月報』第 218 号、pp.39-63。
(10) 2005、「軍配の握り方を巡って（上）」『相撲趣味』第 146 号、pp.42-53。
(11) 2005、「軍配の握り方を巡って（中）」『相撲趣味』第 147 号、pp.13-21。
(12) 2005、「軍配の握り方を巡って（下）」『相撲趣味』第 148 号、pp.32-51。

(13) 2005、「軍配房の長さ」『専修人文論集』第 77 号、pp.269-96。

(14) 2005、「四本柱の色」『専修経営学論集』第 81 号、pp.103-47。

(15) 2005、「軍配房の色」『専修経営学論集』第 81 号、pp.149-79。

(16) 2006、「南部相撲の四角土俵と丸土俵」『専修経営学論集』第 82 号、pp.131-62。

(17) 2006、「軍配の型」『専修経営学論集』第 82 号、pp.163-201。

(18) 2006、「譲り団扇」『専修大学人文科学研究所月報』第 233 号、pp.39-65。

(19) 2006、「天正 8 年の相撲由来記」『相撲趣味』第 149 号、pp.14-33。

(20) 2006、「土俵の構築」『専修人文論集』第 79 号、pp.29-54。

(21) 2006、「土俵の揚巻」『専修経営学論集』第 83 号、pp.245-76。

(22) 2007、「幕下格以下行司の階級色」『専修経営学論集』第 84 号、pp.219-40。

(23) 2007、「行司と草履」『専修経営学論集』第 84 号、pp.185-218。

(24) 2007、「謎の絵は南部相撲ではない」『専修人文論集』第 80 号、pp.1-30。

(25) 2007、「立行司の階級色」『専修人文論集』第 81 号、pp.67-97。

(26) 2007、「座布団投げ」『専修経営学論集』第 85 号、pp.79-106。

(27) 2007、「緋房と草履」『専修経営学論集』第 85 号、pp.43-78。

(28) 2008、「行司の黒星と規定」『専修人文論集』第 82 号、pp.155-80。

(29) 2008、「土俵の屋根」『専修経営学論集』第 86 号、pp.89-130。

(30) 2008、「明治 43 年 5 月以降の紫と紫白」『専修人文論集』第 83 号、pp.259-96。

(31) 2008、「明治 43 年以前の紫房は紫白だった」『専修経営学論集』第 87 号、pp.77-126。

(32) 2009、「昭和初期の番付と行司」『専修経営学論集』第 88 号、pp.123-57。

(33) 2009、「行司の帯刀」『専修人文論集』第 84 号、pp.283-313。

(34) 2009、「番付の行司」『専修大学人文科学年報』第 39 号、pp.137-62。

(35) 2009、「帯刀は切腹覚悟のシンボルではない」『専修人文論集』第 85 号、pp.117-51。

(36) 2009、「明治 30 年以降の番付と房の色」『専修経営学論集』第 89 号、pp.51-106。

(37) 2010、「大正時代の番付と房の色」『専修経営学論集』第 90 号、pp.207-58。

(38) 2010、「明治の立行司の席順」『専修経営学論集』第 92 号、pp.31-51。

(39) 2010、「改名した行司に聞く」『専修大学人文科学年報』第 40 号、pp.181-211。

(40) 2010、「立行司も明治 11 年には帯刀しなかった」『専修人文論集』第 87 号、pp.99-234。

(41) 2010、「草履の朱房行司と無草履の朱房行司」『専修経営学論集』第 91 号、pp.23-51。

(42) 2010、「上覧相撲の横綱土俵入りと行司の着用具」『専修経営学論集』第 91 号、pp.53-69。

(43) 2011、「天覧相撲と土俵入り」『専修人文論集』第 88 号、pp.229-64。

(44) 2011、「明治時代の四本柱の四色」『専修大学人文科学年報』第 41 号、pp.143-73。

(45) 2011、「行司の木村姓と式守姓の名乗り」『専修人文論集』第 89 号、pp.131-58。

(46) 2011、「現役行司の入門アンケート調査」『専修経営学論集』第 91 号、pp.1-28。

(47) 2012、「土俵三周の太鼓と触れ太鼓」『専修人文論集』第 90 号、pp.377-408。

(48) 2012、「明治と大正時代の立行司とその昇格年月」『専修大学人文科学年報』第 42 号、pp.123-52。

(49) 2012、「大正期の立行司を巡って」『専修経営学論集』第 94 号、pp.31-51。

(50) 2012、「大正末期の三名の朱房行司」『専修人文論集』第 91 号、pp.143-74。

(51) 2013、「江戸時代の行司の紫房と草履」『専修大学人文科学年報』第 43 号、pp.171-91。

(52) 2013、「足袋行司の出現と定着」『専修人文論集』第 92 号、pp.165-96。

(53) 2013、「十両以上の行司の軍配」『専修経営学論集』第 96 号、pp.49-69。

(54) 2015、「軍配左端支えと軍配房振り」『専修人文論集』第 97 号、pp.510-32。

(55) 2016、「紫房の異種」『専修人文論集』第 99 号、pp.479-515。

(56) 2017、「総紫房の出現」『専修人文論集』第 101 号、pp.201-24。

(57) 2018、「地位としての草履の出現」『専修人文論集』第 103 号、pp.301-22。

(58) 2019、「地位としての足袋の出現」『専修人文論集』第 104 号、pp.195-214。

(59) 2019、「大相撲の松翁」『専修人文論集』第 105 号、pp.334-63。

(60) 2020、「赤色の四本柱と土俵の四方位」『専修人文論集』第 108 号、pp.139-63。

(61) 2021、「大相撲立行司の紫房再訪」『専修人文論集』第 109 号、pp.417-43。

(62) 2022、「大相撲朱房行司の変遷」『専修人文論集』第 111 号、pp.195-224。

(63) 2023、「幕下以下行司の房色―青か黒」『専修人文論集』「第 112 号、pp.151-76。

(64) 2003、「明治 30 年以降の行司番付再訪（資料編）」『専修人文論集』「第 113 号、pp.209-34。

(65) 2024、「大正期の行司番付再訪（資料編）」『専修人文論集』「第 114 号、pp.243-70。

(66) 2024、「明治前半の十枚目行司の昇格年月再訪」『専修人文論集』「第 115 号、pp.255-78。

根間弘海（ねま　ひろみ）

　昭和18年生まれ。専修大学名誉教授。専門は英語音声学・音韻論・英語教授法。趣味は相撲（特に行司）とユダヤ教の研究。英語テキストと相撲に関する著書は共著を含め、本書で101冊目となる。『専修大学外国語教育論集』（第41号、根間弘海教授退職記念号、平成25年3月、pp.1-15）と『専修経営学論集』（第96号、根間弘海教授退職記念号、平成25年3月、pp.83-90）に拙著リストがある。なお、国会図書館蔵書検索（根間弘海で検索）も参照。

　(a) 相撲では『ここまで知って大相撲通』(グラフ社)、『SUMOキークエスチョン258』(岩淵デボラ英訳、洋販出版)、『大相撲と歩んだ行司人生五一年』(33代木村庄之助共著、英宝社)、『大相撲行司の世界』(吉川弘文館)、『大相撲行司の伝統と変化』、『大相撲行司の軍配房と土俵』、『大相撲の歴史に見る秘話とその検証』、『大相撲行司の房色と賞罰』、『大相撲立行司の軍配と空位』、『大相撲立行司の名跡と総紫房』、『詳しくなる大相撲』、『大相撲行司の松翁と四本柱の四色』、『大相撲の神々と昭和前半の三役行司』、『大相撲の行司と階級色』、『大相撲行司の格付けと役相撲の並び方』、『大相撲の方向性と行司番付再訪』、Japanese Sumo: Q and A（Ms. Simmonsと共著、専修大学出版局））がある。

　(b) 英語では『英語の発音演習』（大修館）、『英語の発音とリズム』（開拓社）、『英語はリズムだ！』、『英語のリズムと発音の理論』（英宝社）、『リズムに乗せれば英語は話せる』（ブレーブン・スマイリー共著、創元社）、『こうすれば通じる英語の発音』（ブレーブン・スマイリー共著、ジャパンタイムズ）などがある。

大相撲行司の昇格・口上・持ち物

2025年5月7日　第1版第1刷

著　者　　根間　弘海

発行者　　上原　伸二

発行所　　専修大学出版局

　　　　　〒101-0051　東京都千代田区神田神保町3-10-3

　　　　　株式会社専大センチュリー内　電話03-3263-4230

印　刷
製　本　　モリモト印刷株式会社

ISBN978-4-88125-403-5

詳しくなる大相撲	根間弘海	3,080 円
Japanese Sumo: Q & A	Doreen Simmons Hiromi Nema	2,970 円
大相撲行司の格付けと役相撲の並び方	根間弘海	3,300 円
大相撲の行司と階級色	根間弘海	3,080 円
大相撲の神々と昭和前半の三役行司	根間弘海	3,080 円
大相撲立行司の松翁と四本柱の四色	根間弘海	2,970 円
大相撲立行司の名跡と総紫房	根間弘海	2,860 円
大相撲立行司の軍配と空位	根間弘海	2,860 円
大相撲行司の房色と賞罰	根間弘海	2,860 円
大相撲の歴史に見る秘話とその検証	根間弘海	品　切
大相撲行司の軍配房と土俵	根間弘海	3,520 円
大相撲行司の伝統と変化	根間弘海	3,960 円
大相撲行司の方向性と行司番付再訪	根間弘海	3,300 円

※価格は税込価格（10%）